世界で一番やさしい

木材 最新改訂版

木の研究会＝著

JN090541

25

木材図鑑

木材にはさまざまな樹種があり、その表情も異なる。代表的な樹種の特徴と板材（板目、柾目）を紹介する。

スギ

針葉樹　ヒノキ科スギ属

板目

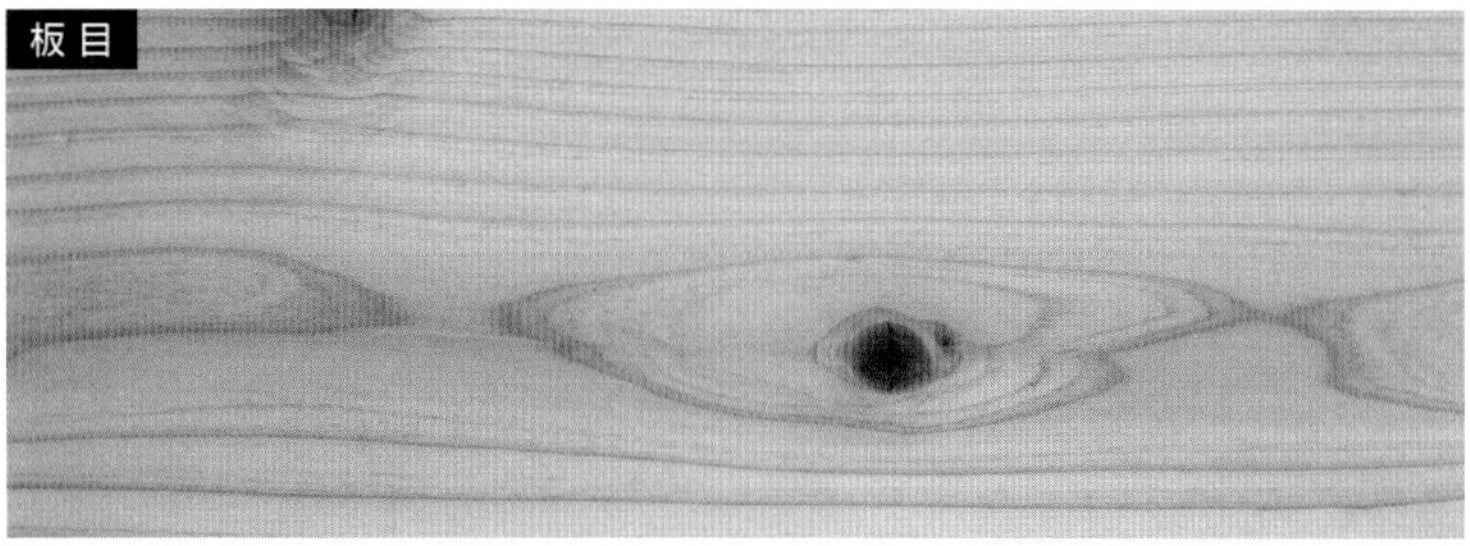

柾目

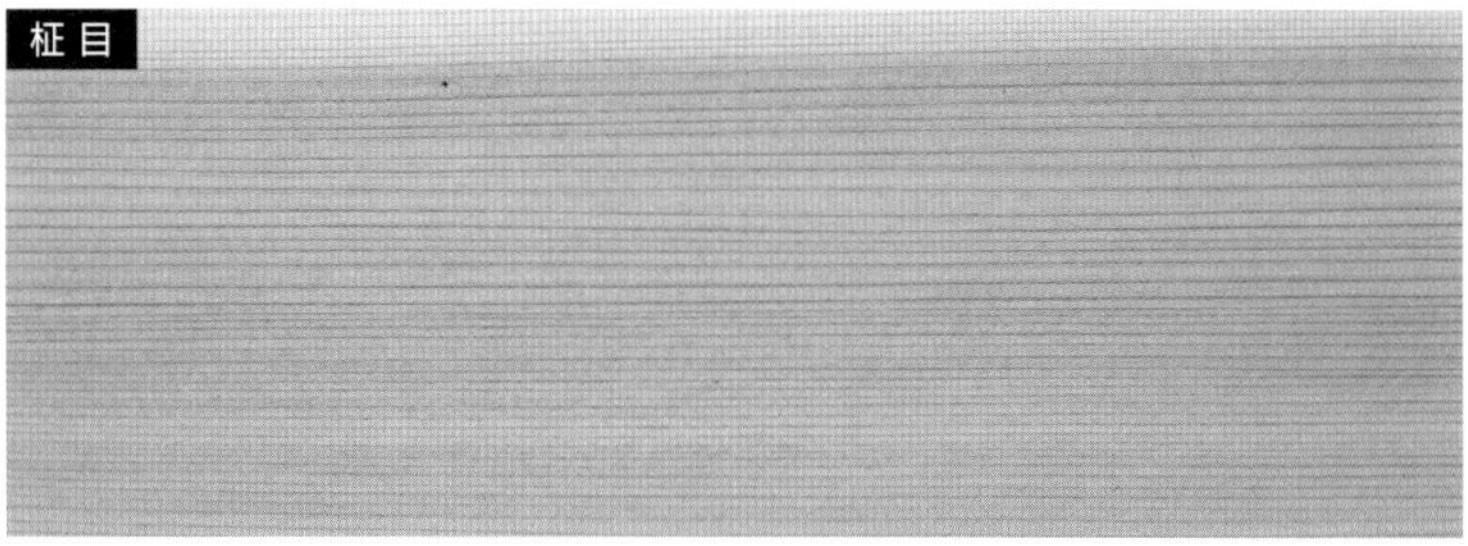

函館を北限とする北海道から九州に分布する。木目は通直でやわらかく、加工が容易である。耐水性にやや難がある。辺材と心材の境界ははっきりしている。辺材は淡黄色、心材は淡紅色～黒褐色までさまざまである。

ヒノキ

針葉樹　ヒノキ科ヒノキ属

板目

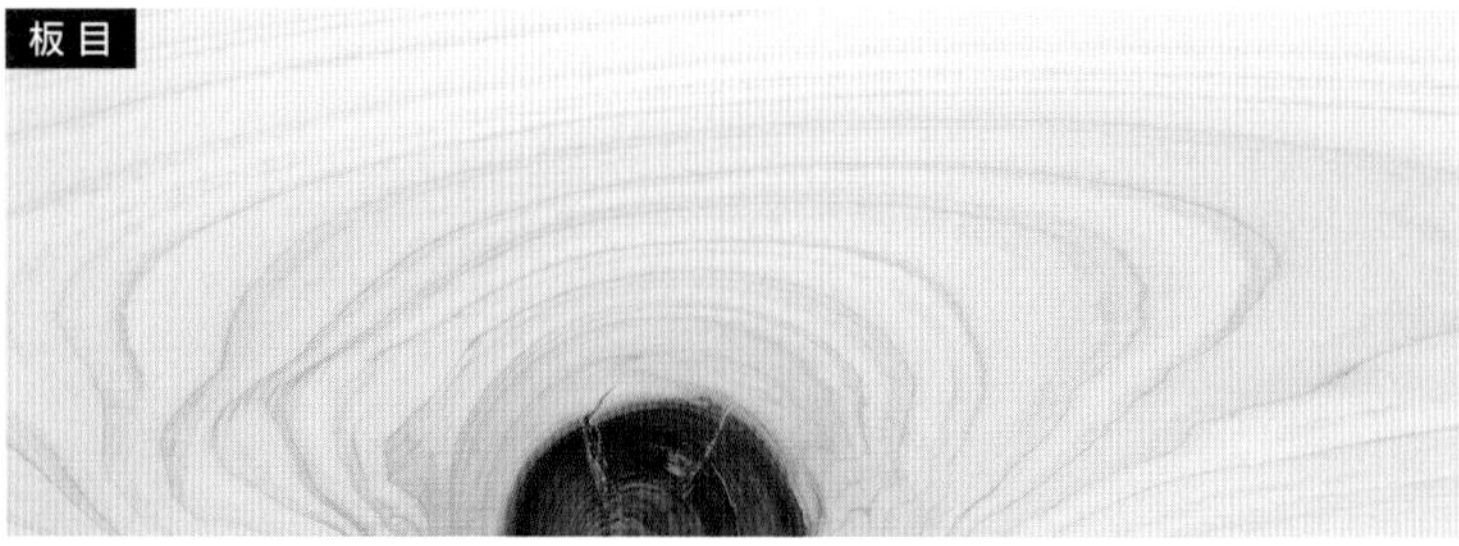

柾目

福島県南部以南の本州、四国、九州に分布する。木理が通直で均質であるため、狂いが少なく加工性がよい。耐温・耐水性に優れ、保存性が高い。辺材と心材の差がはっきりしないことが多い。辺材は淡い黄白色、心材は黄白色ないし淡紅色。

カラマツ

針葉樹　マツ科カラマツ属

板目

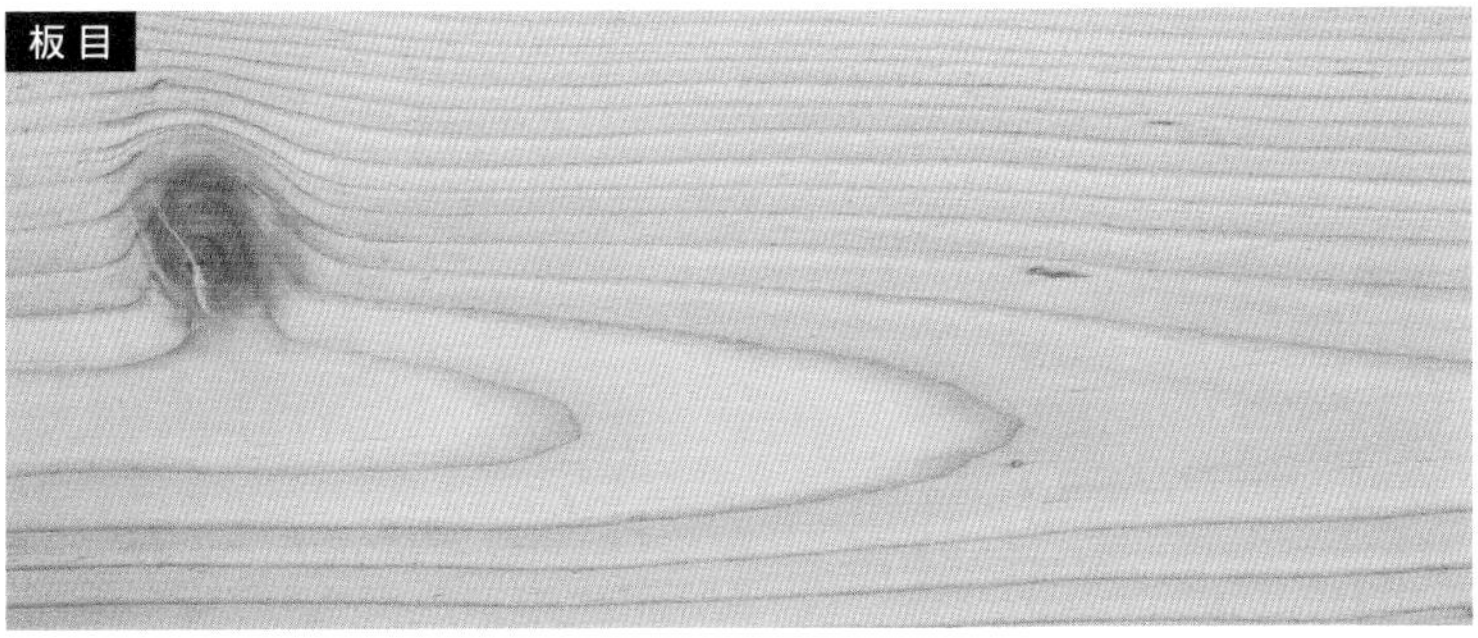

柾目

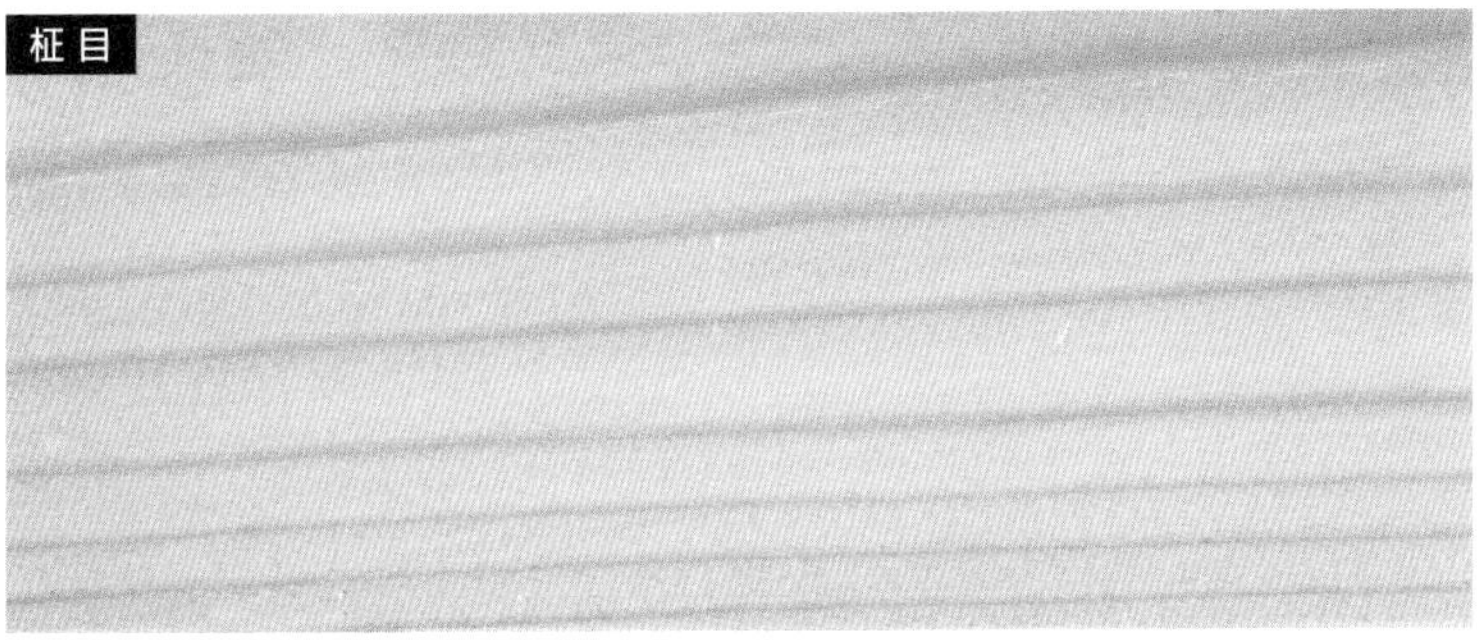

信州の小諸地区を原産とし、岐阜以北から北海道に分布する。水に強く高い耐久性がある。割裂性はよいが重硬で、加工しにくい面がある。辺材は黄白色で、心材は褐色、色差がくっきりとしている。

トドマツ

針葉樹　マツ科モミ属

板目

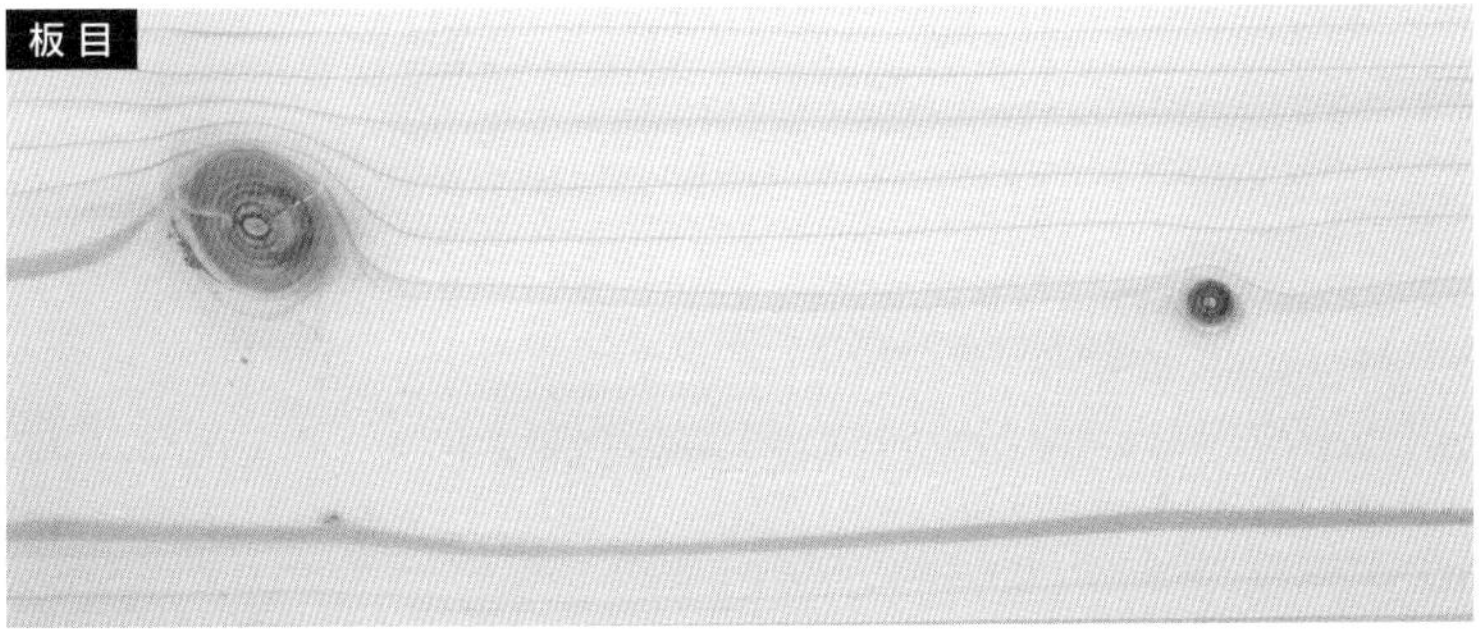

柾目

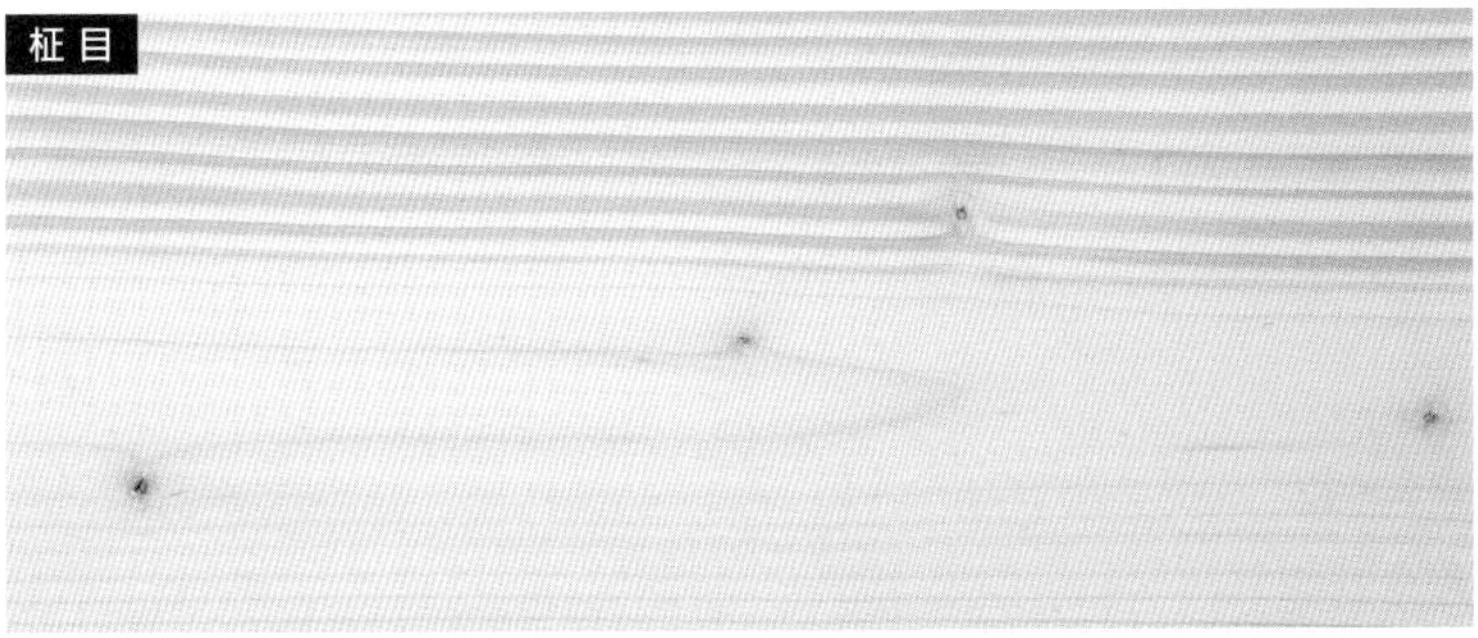

北海道に広く分布する。乾燥が容易で、加工性もよい。ただし、ほかのモミ属と同じように耐久性は低い。年輪は比較的はっきりしているが、心材と辺材の差は不明瞭である。色は、一様に白色もしくは黄白色である。

ヒバ

針葉樹　ヒノキ科アスナロ属

板目

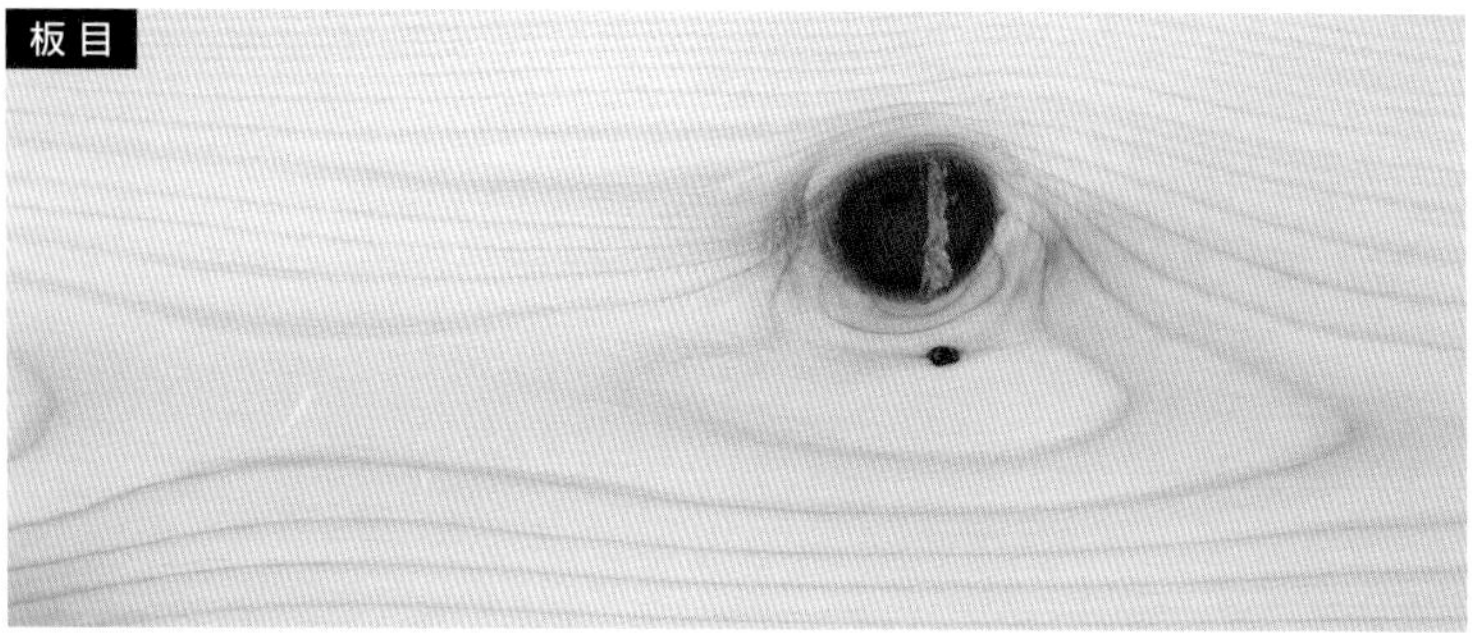

柾目

北海道（南部）、本州（青森県・栃木県・佐渡島・能登あたり）に分布する。ヒノキチオールという抗菌性に優れた精油分により独特の香りがする。耐水性にたいへん優れ、耐久性もある。辺材は黄白色、心材は淡黄色。

アカマツ

針葉樹　マツ科マツ属

板目

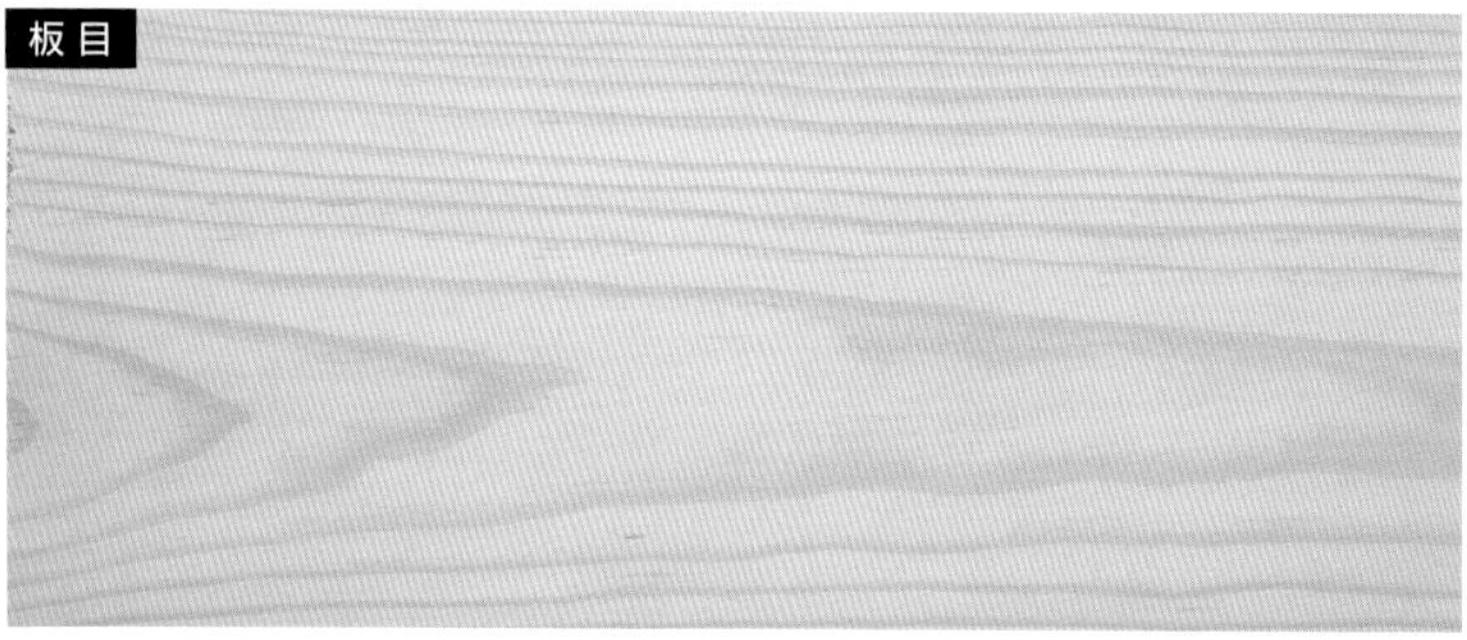

柾目

北海道～九州まで広く分布する。現在の主産地は東北と長野県などの高地。木質は密で、加工は容易である。また、水湿に強く耐久性に富む。辺材と心材の境界はやや不明瞭。辺材は黄色に近く、心材は褐色である。

ツガ

針葉樹　マツ科ツガ属

板目

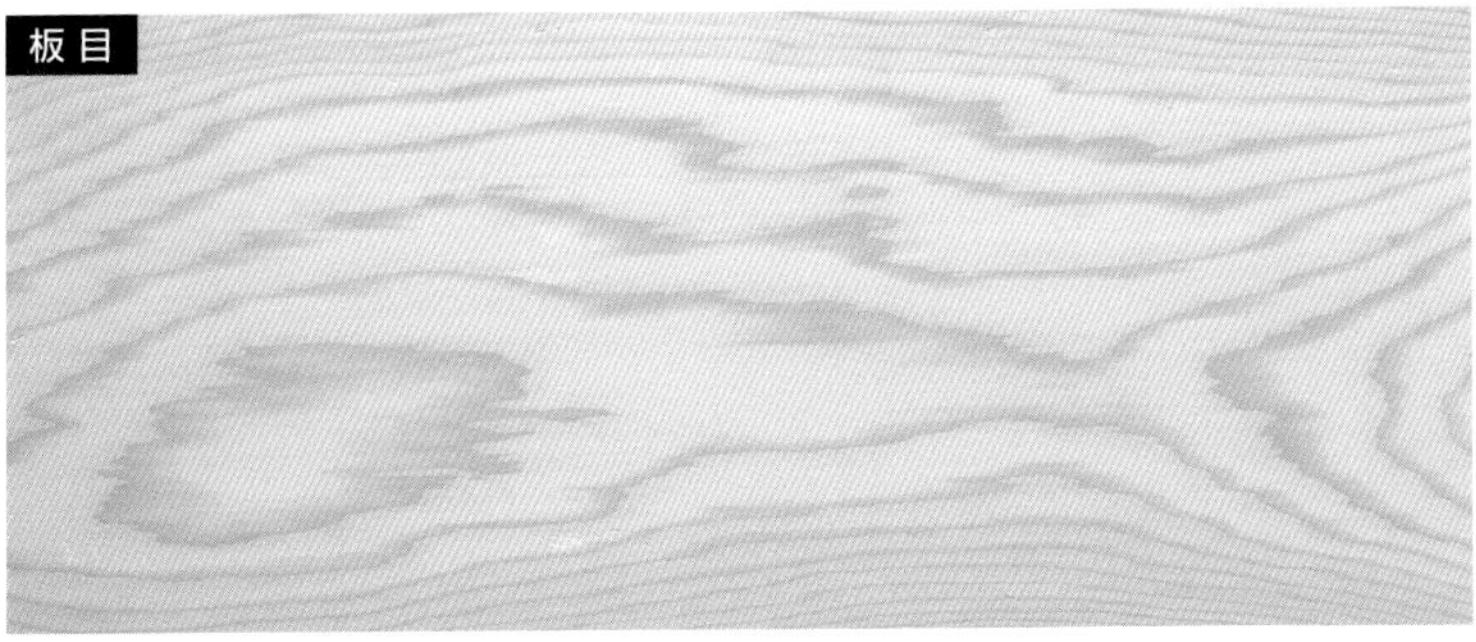

柾目

本州南部、四国、九州に分布する。標高1000m付近の高地、高山に生育し、大きく木取りできる硬い材は高級材として扱われる。特に高知県の土佐ツガは有名。辺材と心材の境界ははっきりしており、辺材は淡色、心材は淡褐色である。

レッドシダー

針葉樹　ヒノキ科ネズコ属

板目

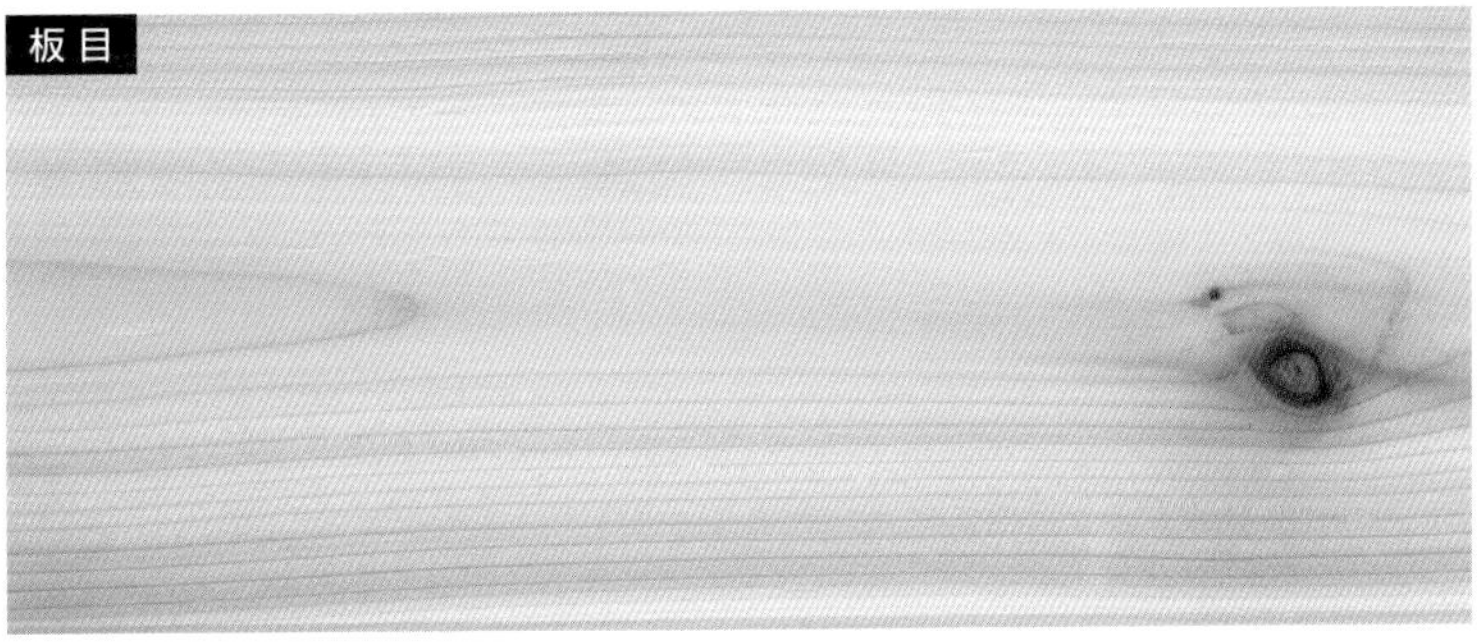

柾目

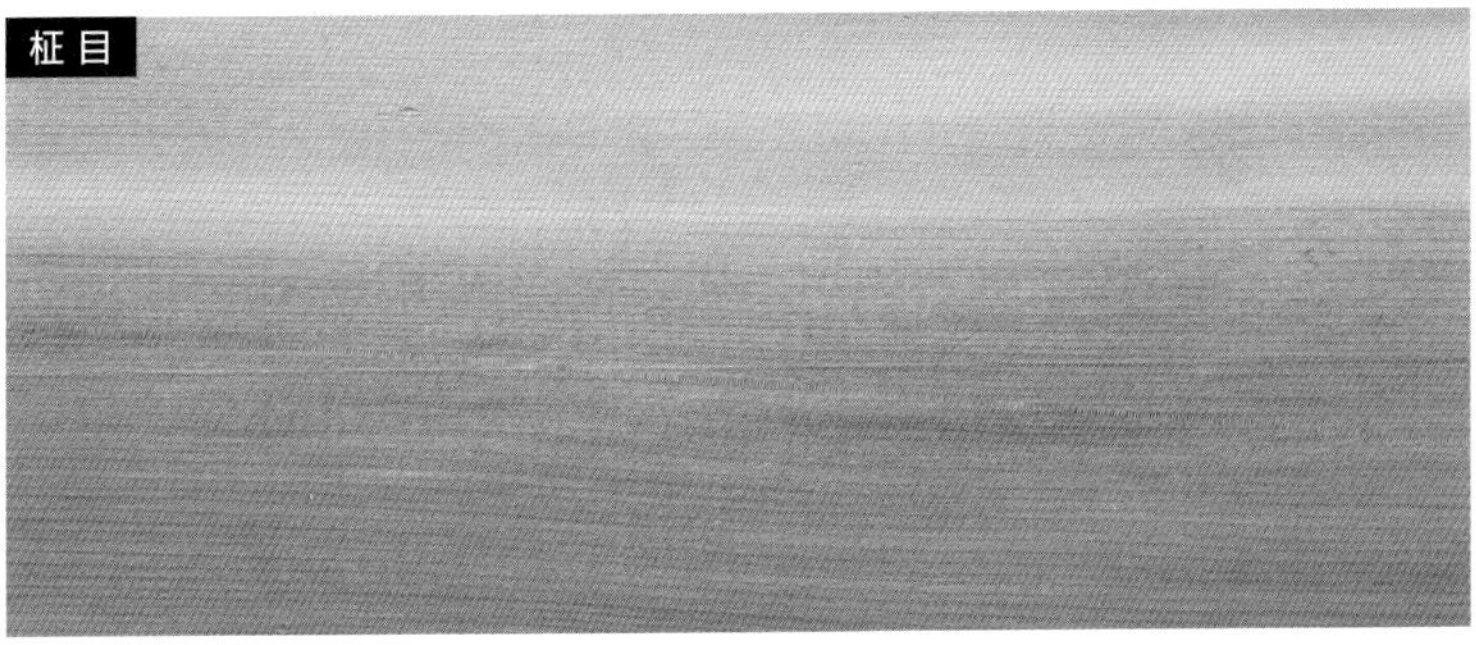

北米大陸西部地区一帯に分布する。木理は通直で独特の芳香がある。強度は低いが軽く、加工性がよい。乾燥後の収縮が少なく、耐朽性・耐久性が高い。辺材は白く、心材は赤褐色だがその色調はさまざまである。製材後、さらに褐色にくすんでいく。

キリ

広葉樹　ゴマノハクサ科キリ属

板目

柾目

北海道南部、本州、四国、九州に分布する。国産の木材のなかで最も軽い。また、湿気を通しにくく、発火性も低い。強度にやや難はあるが、加工性はよい。辺材と心材の色差が少なく、くすんだ白色をしている。

ホオノキ

広葉樹　モクレン科モクレン属

板目

柾目

日本、南千島、中国、朝鮮半島に分布する。肌触りはやわらか。柔軟で狂いが少なく、木目が細かいため、たいへん加工しやすい。辺材と心材の色差は大きいが、境界は比較的明瞭。辺材は淡い黄白色、心材はくすんだ灰緑褐色で、色味は濃いものから薄いものまで変化の多い材。

ケヤキ

広葉樹　ニレ科ケヤキ属

板目

柾目

本州、四国、九州、朝鮮半島に分布する。水に強く、弾力性と硬さをもち合わせ、耐久性がある。年輪は明瞭で光沢がある。 また、素直で上品な木目が特徴。辺材と心材の境界は明瞭で、辺材は灰白色、心材は黄褐色である。

クリ

広葉樹　ブナ科クリ属

板目

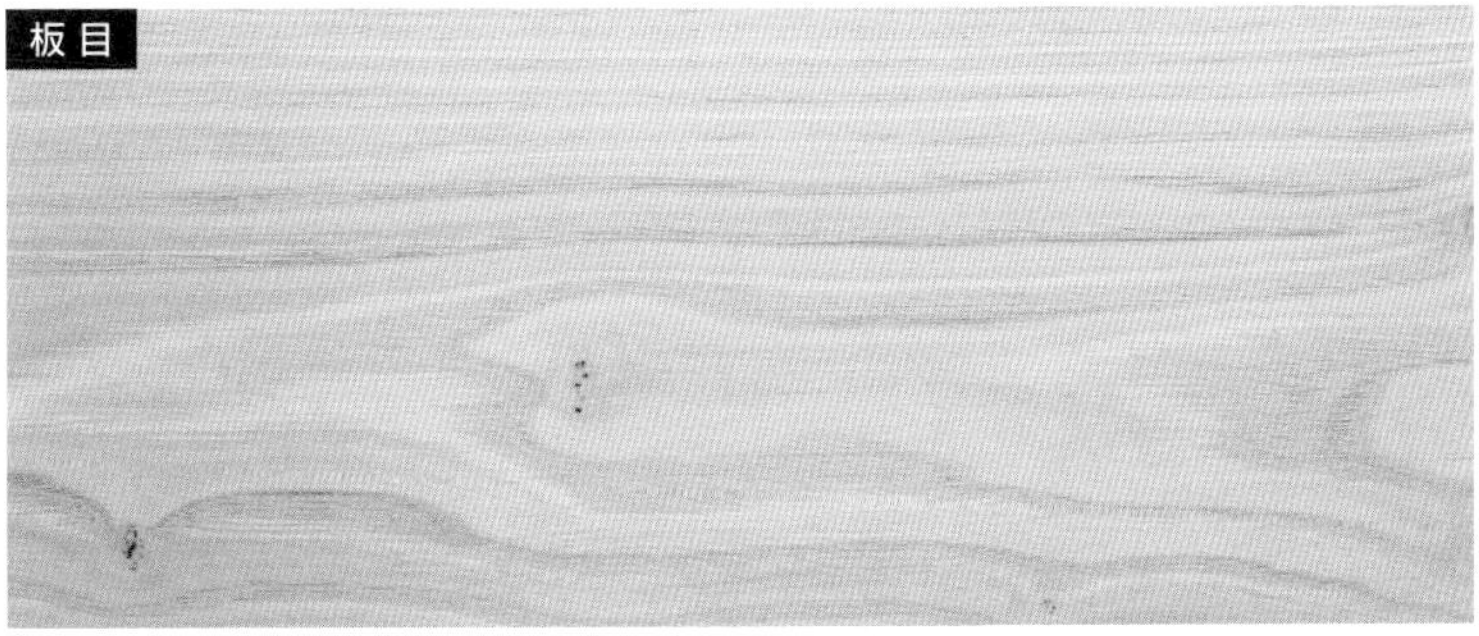

柾目

北海道南部、本州、四国、九州、朝鮮半島に分布する。東北地方が産地として有名。水に強く保存性が極めて高い。加工にやや難があるが、耐朽性・耐久性に優れ、重硬で弾力に富む。辺材は褐色を帯びた灰白色、心材は褐色である。

ミズナラ

広葉樹　ブナ科コナラ属

板目

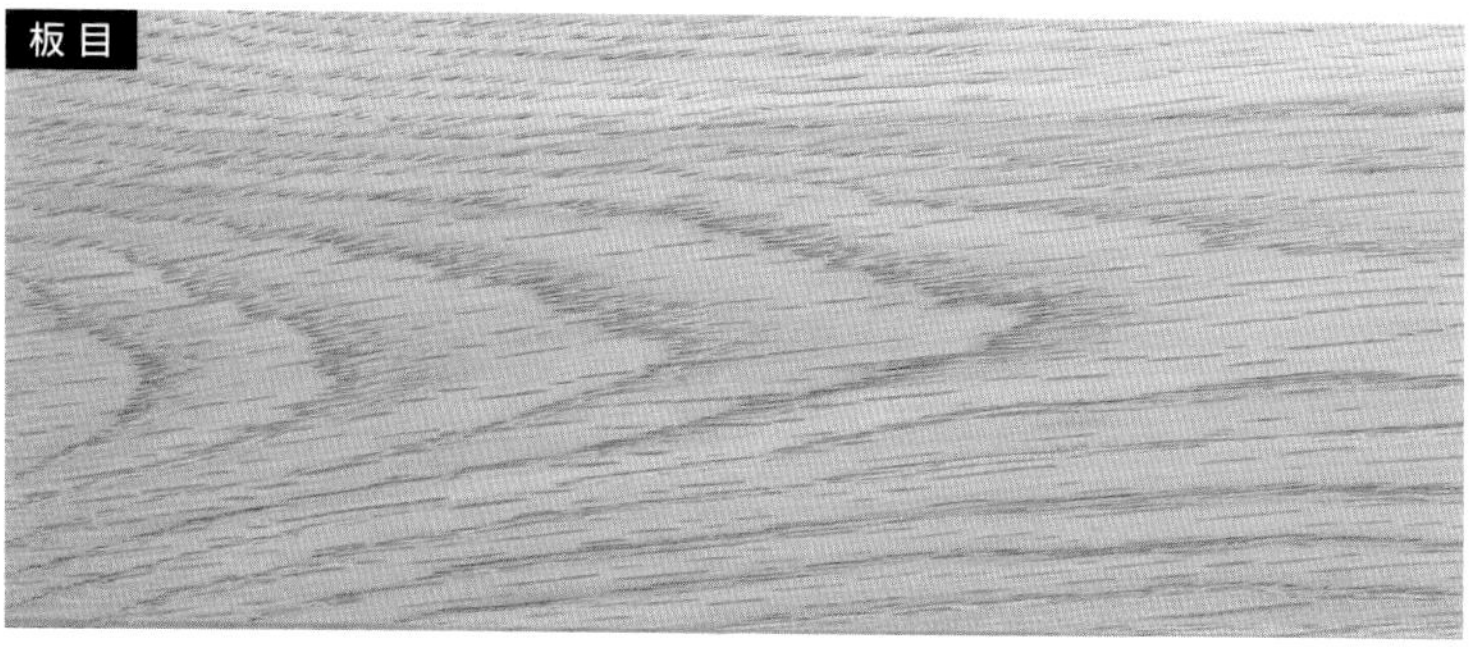

柾目

北海道、本州、四国、九州に分布し、一般的にはナラとして流通している。重硬なことから、床材として人気の樹種である。ただし、板目は割れやすく、加工性に難があるため建築には柾目を使う場合が多い。柾目面には虎斑（とらふ）が現われる。辺材は灰白色、心材は暗灰褐色である。

ブナ

広葉樹　ブナ科ブナ属

板目

柾目

北海道南部から九州まで分布する。海外では、東アジア、北米、ヨーロッパなどにも分布する。重硬で均質だが、耐朽性に難がある。辺材と心材の境界は不明瞭。いわゆる心材がなく、偽心材を形成する。辺材は白色、淡黄色または淡紅色、偽心材は褐色または紅褐色。

タモ

広葉樹　モクセイ科トネリコ属

板目

柾目

北海道、本州北部に分布する。木目が縦に真っすぐ通っており、材質は均質、粘りがある。弾性が高く、加工性もよい。辺材と心材の境界は明瞭で、辺材は明るく白っぽい黄土色、心材は淡い黄褐色がかった銀鼠色である。

カバ

広葉樹　カバノキ科カバノキ属

板目

柾目

北海道、本州中部以北、南千島に分布する。木目は緻密、重硬で強度がある。辺材と心材の境界は明瞭である。辺材は白桃のようなやわらかな白色であり、心材は薄桃色から紅褐色までの色差がある。

イタヤカエデ

広葉樹　カエデ科カエデ属

板目

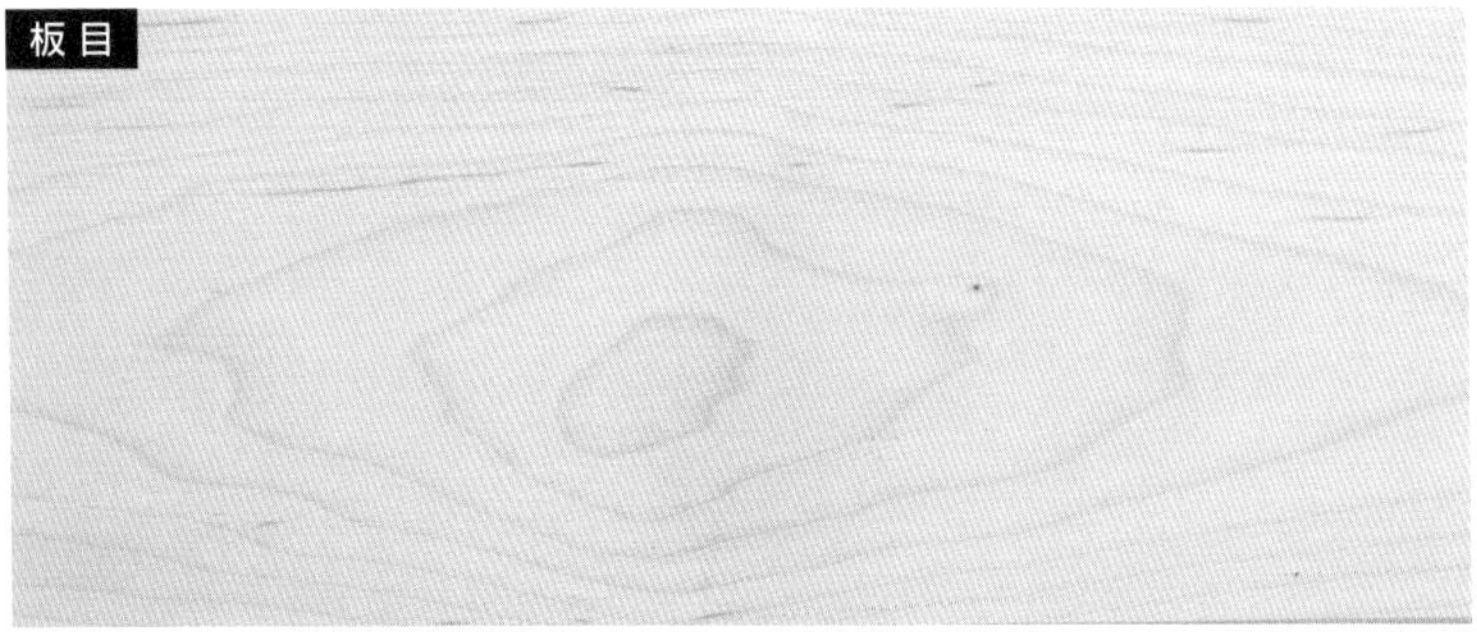

柾目

北海道を中心に、全国に広く分布する。緻密で複雑な木目が見られる。硬く丈夫であり、加工はやや困難である。辺材と心材の境界は不明瞭。色合いは、全体的に白っぽく、心材はやや赤みを帯びている。

アサダ

広葉樹　カバノキ科アサダ属

板目

柾目

北海道の中南部を中心に自生する。国産材のなかで最高レベルの強度を有する。木目は不明瞭で、あまり目立たない。ただし、心材と辺材の境界ははっきりしている。心材は濃い赤褐色、辺材は非常に白い。

ウォルナット

広葉樹　クルミ科クルミ属

板目

柾目

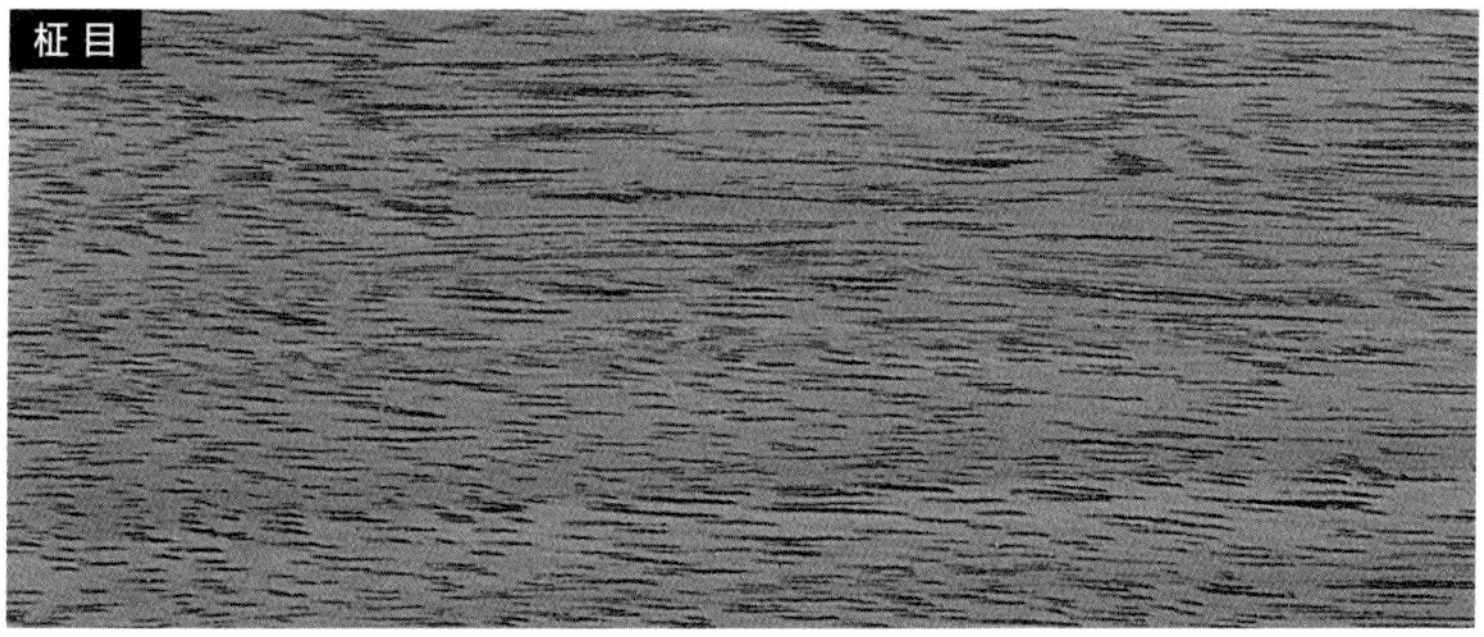

米国東部、カナダに分布する。肌目はやや粗く、木理は直通。木質は重硬だが、弾力性があり切削しやすい。家具や仕上げ材など、広く使用される。辺材は乳白色～灰紫色、心材は紫色がかった褐色。

クルミ

広葉樹　クルミ科クルミ属

板目

柾目

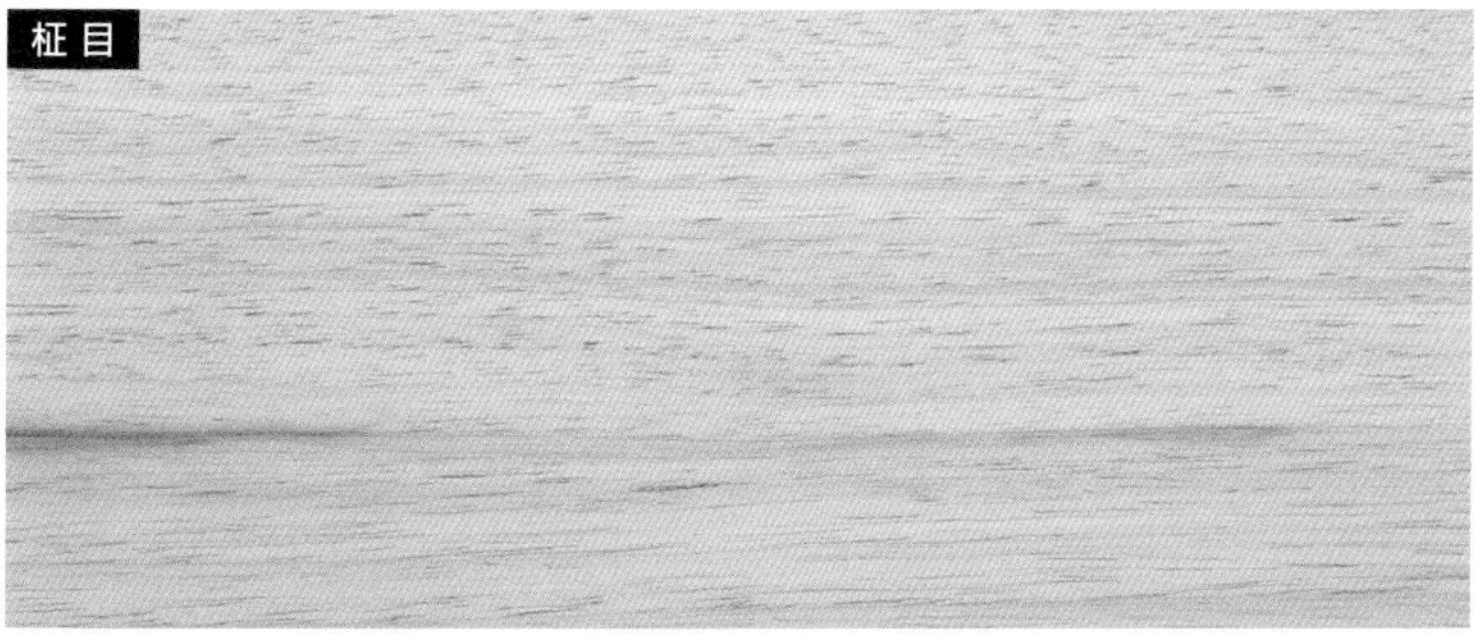

北海道、本州、四国、九州に分布する。適度な強度と加工性のよさを併せもつ。辺材と心材の境界は明瞭である。辺材が灰白色。心材は橙色っぽい褐色で、塗装をすることでさらに明るく変化する。

ヤマザクラ

広葉樹　バラ科サクラ属

板目

柾目

本州、四国、九州、朝鮮半島に分布する。加工性に優れ、着色性もよいことから、家具材、楽器材として使われる。年輪はやや不明瞭だが、辺材と心材の境界ははっきりしている。辺材は淡い黄褐色で、心材は褐色である。

集成材

エンジニアードウッド

角材

ラミナ（製材された挽き板）を選別、組み合わせ、接着剤で積層したものをいう。構造用集成材と造作用集成材がある。構造用集成材はJAS（日本農林規格）で強度規定があるが、造作用集成材にはない。

板材

三層クロスパネル

エンジニアードウッド

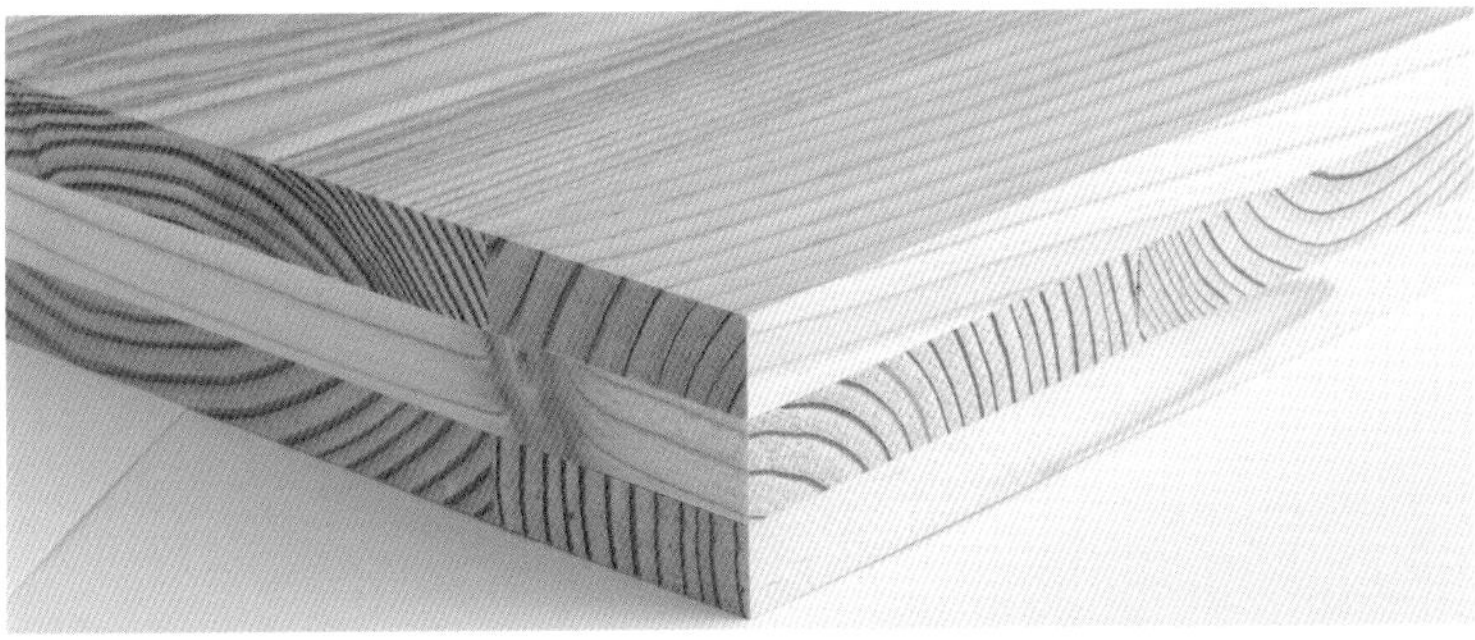

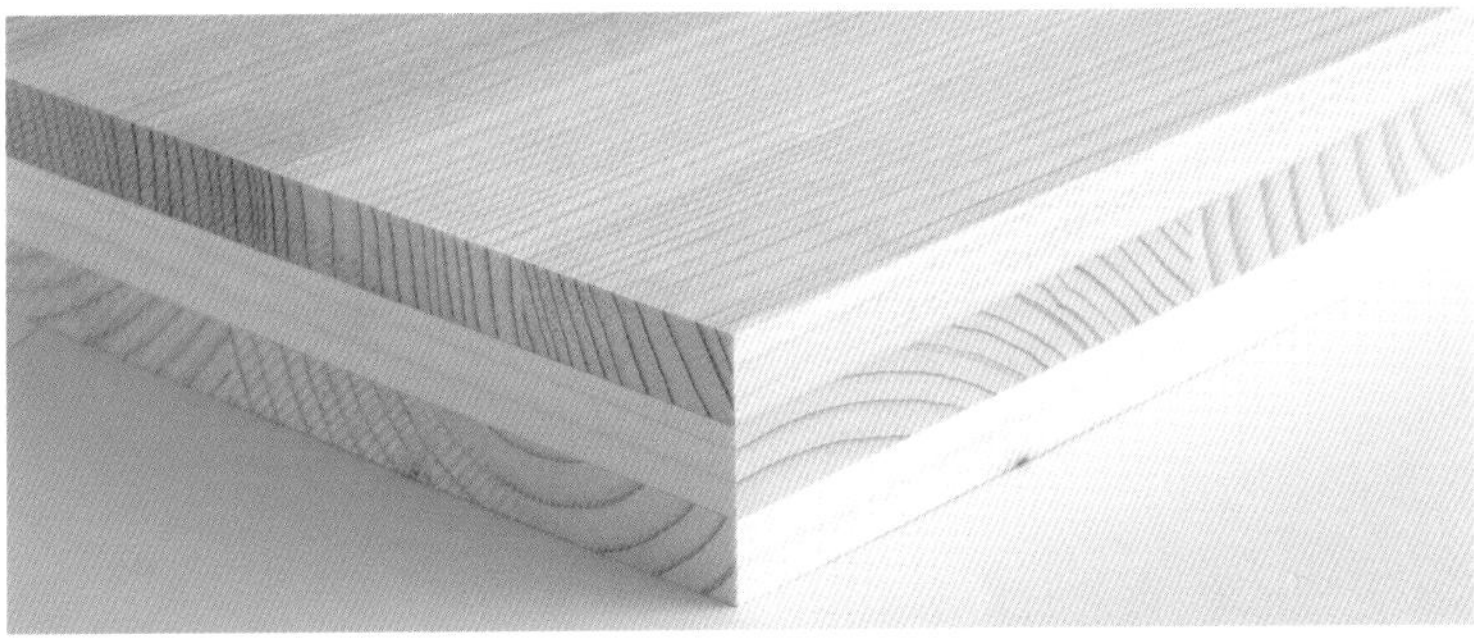

ムクの小幅板を横方向に幅矧ぎ加工し、直交に重ね合わせて3層にした木質パネル材である。樹種としてはスギ、ヒノキ、カラマツ、トドマツがある。3層にする材料としては、間伐材が使用されることが多い。

合板

エンジニアードウッド

かつらむきした木材（単板）を、繊維方向が交互に直交するように接着剤で貼り合わせた材料である。強度が高く水に強いなどの優れた性質を保持する。木材の割れやすい、伸び縮みが大きいという欠点を克服している。

LVL

エンジニアードウッド

構造用

造作用

かつらむきなどにより製造した木材（単板）を、同方向に積層した材料である。強度が高く、寸法安定性や精度に優れている。スギ、カラマツ、ヒノキなどの国産針葉樹のほか、ラジアータパイン、ベイマツなどの樹種が使用される。

MDF

エンジニアードウッド

木材繊維を原料とし、接着剤を加えて熱圧締により製造する。成型圧締や彫刻加工も可能である。最大の特徴は、表面の平滑度に優れること。また、比較的透湿性が低いため、耐力壁の面材に使用される。

心材と辺材

心材とは中心部の色の濃い部分をいい、辺材とは樹皮側の色の白い部分をいう。建築業界では一般的に、心材を赤身、辺材を白太と呼ぶ。

■スギ

■ヒノキ

■カラマツ

■マツ

■ケヤキ

■サクラ

輸入される樹種

外国産材は広葉樹・針葉樹ともに多数ある。ここには家具材・造作材として広く使われている一部を掲載。

チーク

広葉樹　クマツヅラ科

ブラックチェリー

広葉樹　バラ科

メープル

広葉樹　カエデ科

アルダー

広葉樹　カバノキ科

ビーチ

広葉樹　ブナ科

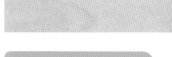

バーチ

広葉樹　カバノキ科

ホワイトオーク

広葉樹　ブナ科

レッドオーク

広葉樹　ブナ科

ホワイトアッシュ

広葉樹　モクセイ科

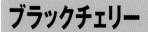

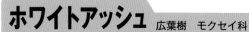

ウォルナット

広葉樹　クルミ科

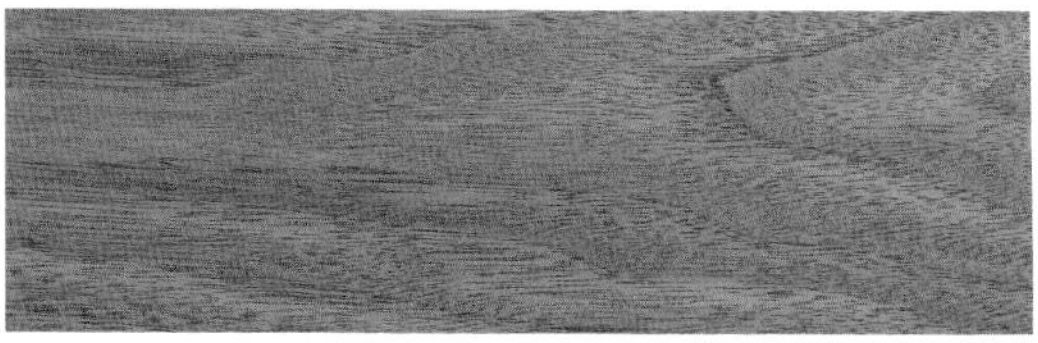

はじめに

木材の元となる樹木は、いうまでもなく生き物です。樹種ごとに多様な個性があり、一つの固体中にも成長の過程で生じた性質の違うさまざまな部分が共存しています。本来、建築物に木材を使用しようとするなら、そうした樹木の特徴を理解していて然るべきですが、果たして建築関係者の理解度は、実際のところいかばかりでしょうか。

私自身、木材に関しては往事より並々ならぬ関心をもち、自らの設計活動においてもその品質に十分な検証を繰り返してきましたが、あらためて「本当に木のことを知っているのか」と問われれば、若干の疑問を抱かずにはいられません。それほど木という素材は、奥深く、深遠なものです。

本書は、林業、製材業、工務店、設計事務所など、さまざまな分野のプロフェッショナルが集まった、木材に関する勉強会「木の研究会」により執筆されたものです。木材を多用した木の家に強い関心をもち、本当によい木の家とはどのようなものかという共通課題に取り組むために集まったグループが、その活動を通して見聞きし、検証してきた成果がこの本になったともいえます。目指すところは、建設業に関わる多くの人たちに木材の基礎的な知識をお伝えすることです。

今回の改訂にあたり最新の情報をできるだけ取り入れることを心掛け、諸官庁、研究機関の方々へのヒアリングも行いました。

日本の森林資源の有効活用をするにあたり、本書が木を扱うすべての人たちにとって、その一助となれば幸いです。

古川 泰司（木の研究会を代表して）

目次

木材図鑑

スギ、ヒノキ …… 2
カラマツ、トドマツ …… 3
ヒバ、アカマツ …… 4
ツガ、レッドシダー …… 5
キリ、ホオノキ …… 6
ケヤキ、クリ …… 7
ミズナラ、ブナ …… 8
タモ、カバ …… 9
イタヤカエデ、アサダ …… 10
ウォルナット、クルミ …… 11
ヤマザクラ、集成材 …… 12
三層クロスパネル、合板 …… 13
LVL、MDF …… 14
心材と辺材、針葉樹と広葉樹 …… 15
輸入される樹種 …… 16

Part 1 木材の基礎知識

01 日本における木材の現状 …… 22
02 山から製材までの流れ …… 24
03 プレカットと手刻み …… 26
04 輸入材と国産材 …… 28
05 木材の性質 …… 30
column 木材の防火性能 …… 32

Part 2 構造材

06 構造材の産地 …… 34
07 スギ 加工性に優れる …… 36
08 ヒノキ 国産材の王様 …… 38
09 カラマツ 生長が早く、寒さに強い …… 40
10 マツ（ジマツ） 国産針葉樹でトップクラスの硬さ …… 42
11 トドマツ 北海道に広く分布 …… 44
12 ベイマツ 構造用の輸入材として有名 …… 46
13 ベイツガ 輸入量1～2位を争う北米材 …… 48
14 ベイヒバ 外国産のヒノキの一種 …… 50
15 構造材の選び方 …… 52

16 木に含まれる水分……54
17 ヤング係数……56
18 流通規格（JAS）……58
19 強度（JAS）……60
20 含水率（JAS）……62
21 目視等級と機械等級（JAS）……64
22 無等級材……66
23 標準偏差……68
24 未成熟材と成熟材　心材と辺材……70
25 天然乾燥材……72
26 人工乾燥材……74
27 乾燥による収縮と割れ……76
28 地域材とプレカット……78
29 ムク材と集成材……80
30 エンジニアードウッド……82
31 エンジニアードウッド① 構造用集成材……84
32 エンジニアードウッド② 矧ぎ板……86
33 エンジニアードウッド③ 三層クロスパネル……88
34 エンジニアードウッド④ 合板、構造用合板……90
35 エンジニアードウッド⑤ LVL……92
36 エンジニアードウッド⑥ MDF……94
column 集成材の可能性……96

Part 3

造作材

37 造作材の産地……98
38 針葉樹と広葉樹……100
39 ヒノキ　きめ細かい木肌……102
40 スギ　やわらかくポピュラー……104
41 ヒバ　耐湿性に優れる……106
42 アカマツ　床材として注目……108
43 カラマツ　黄葉する針葉樹……110
44 サワラ　軽く加工しやすい……112
45 ツガ　高級材として重宝……114
46 レッドシダー　フェノールを多く含む……116
47 ブナ　均一な肌色……118
48 ホオノキ　独特の色みが魅力……120
49 ケヤキ　さまざまな杢が出る……122
50 クリ　優しい表情……124

51 ミズナラ　深みがあり男性的……126
52 タモ　均質で粘りがある……128
53 カバ　やわらかな色合い……130
54 イタヤカエデ　絹糸のような光沢……132
55 アサダ　赤白の強いコントラスト……134
56 ウォルナット　独特な茶褐色……136
57 オニグルミ　きれいな肌色……138
58 板目と柾目……140
59 造作材の加工方法……142
column 森と街をつなぐ木材コーディネート……144

Part 4
適材適所な使い方

60 木材を使うメリット……146
61 土台に適した材……148
62 柱に適した材……150
63 梁に適した材……152
64 下地に適した材……154
65 外壁に適した材……156
66 デッキに適した材……158
67 内装に適した材……160
68 内部水廻りに適した材……162
69 床に適した材……164
70 枠に適した材……166
71 家具に適した材……168
72 TVOCの影響……170
73 表面仕上げ……172
74 オイル塗装、ウレタン塗装、ワックス……174
75 防腐処理……176
76 シロアリによる被害……178
77 防蟻処理……180
78 薬剤処理による不燃木材……182
79 経年変化とメンテナンス①……184
80 経年変化とメンテナンス②……186
索引……188

編集協力　伊藤茂樹／キャデック
カバー・表紙デザイン　秋山伸＋刈谷悠三／schtücco
本文デザイン　川上明子

Part 1
木材の基礎知識

０１ 日本における木材の現状

●木材需要は回復傾向が続く
●木材自給率は向上し、製材用材は国産材の割合が高くなっている

需要は回復傾向

日本の木材需要は、戦後復興、高度経済成長を契機に大幅に増大した。ピーク時の１９７０年以降は、おおむね１年間に１億㎥を超える木材需要量（国民１人当たり１㎥超）があった。

しかし１９９６年以降は、景気の低迷、住宅着工数の大幅な減少などの影響を受け、木材需要量は大きく減少し、２００９年には７千万㎥を下回った。近年は８千万㎥に回復している。

用途別の割合は、２０１８年時点で製材用が３割、パルプ・チップ用が４割弱、合板用が１割強（図１）。

国産材の供給量は増加傾向

一方の供給は、１９６４年の輸入全面自由化以降、外材の供給量が急増した。そのため、２００２年には自給率が18・8%と過去最低水準となった（図２）。

しかし近年は、人工林資源の充実などにより、国産材の供給量が増加傾向にあり、２０１８年には３０２０万㎥、自給率36・6%まで向上している。特に製材用材については、国産材の割合が高く、２０１８年の自給率は49%である。

国産材の樹種別供給割合は、スギが58%と最も多く、ヒノキが13%、カラマツが10%となっている（図３）。

期待される国産材

わが国は、国土の３分の２が森林という世界有数の森林国である。そのうちの４割がスギ、ヒノキなど、針葉樹を主体とする人工林である。その大半は戦後植栽されたもので、これらが今、木材として利用可能な時期を迎えている（図４）。

このため国は、２０１６年に「森林・林業基本計画」を変更し、10年後の２０２５年に国産材供給量４０００万㎥を目指し、施策を講じていくことにしている。将来的に、国産材の利用が大いに期待される。

図1 木材の需給構造（2018年）

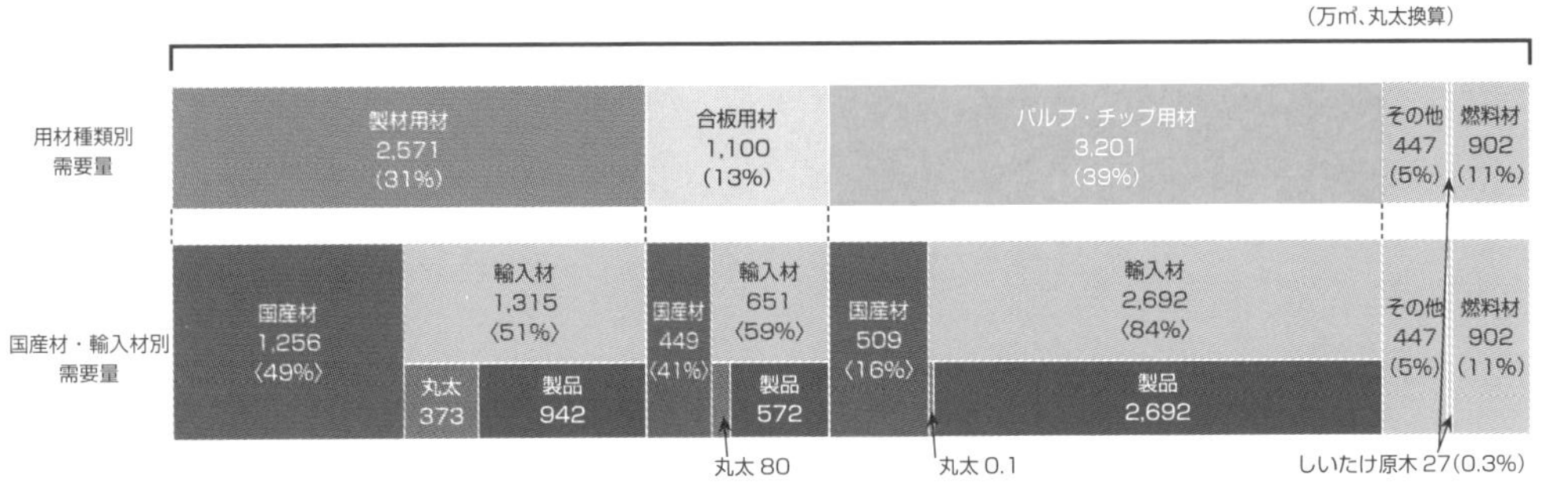

注1：その他には、加工材、再生木材、構造用集成材等が含まれる。
注2：燃料材とは、木炭、薪、燃料用チップ及びペレットである。
注3：数値は丸太換算値。数値と割合それぞれの合計は四捨五入のため計と一致しない場合がある。また、〈　〉内の数字は各種別需要量における割合。

資料：林野庁「平成30年木材需給表」

図2 木材の供給量と木材自給率の推移

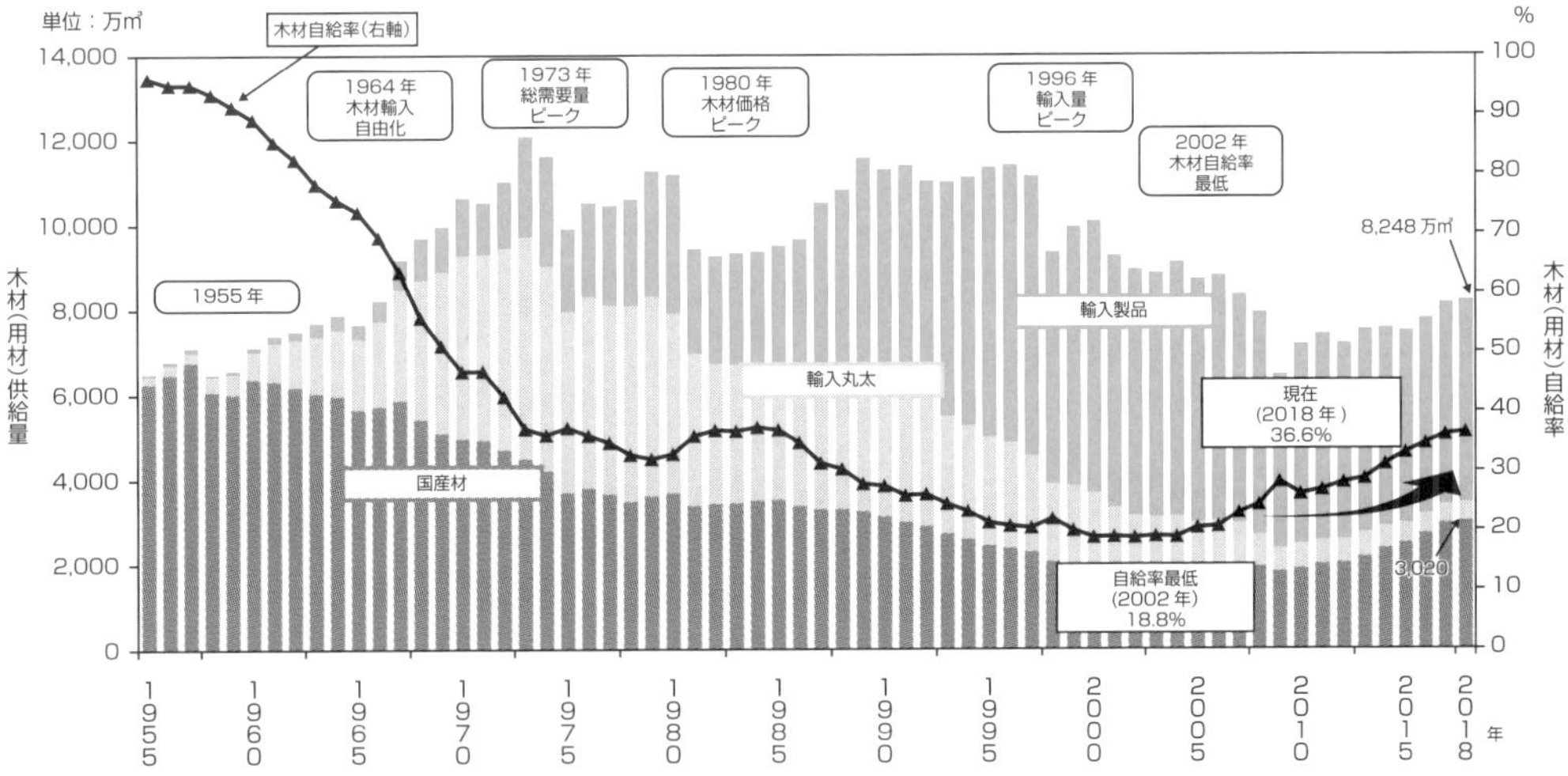

注1：数値の合計値は、四捨五入のため計と一致しない場合がある。
注2：輸入製品には、輸入燃料材を含む。

資料：林野庁「木材需給表」

図3 樹種別国産材生産量（2018年）

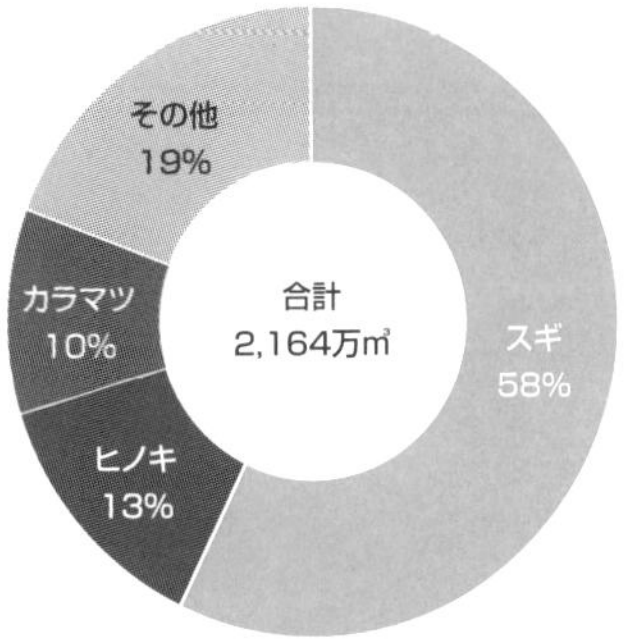

資料：農林水産省「木材需給報告書」

図4 人工林の齢級別面積

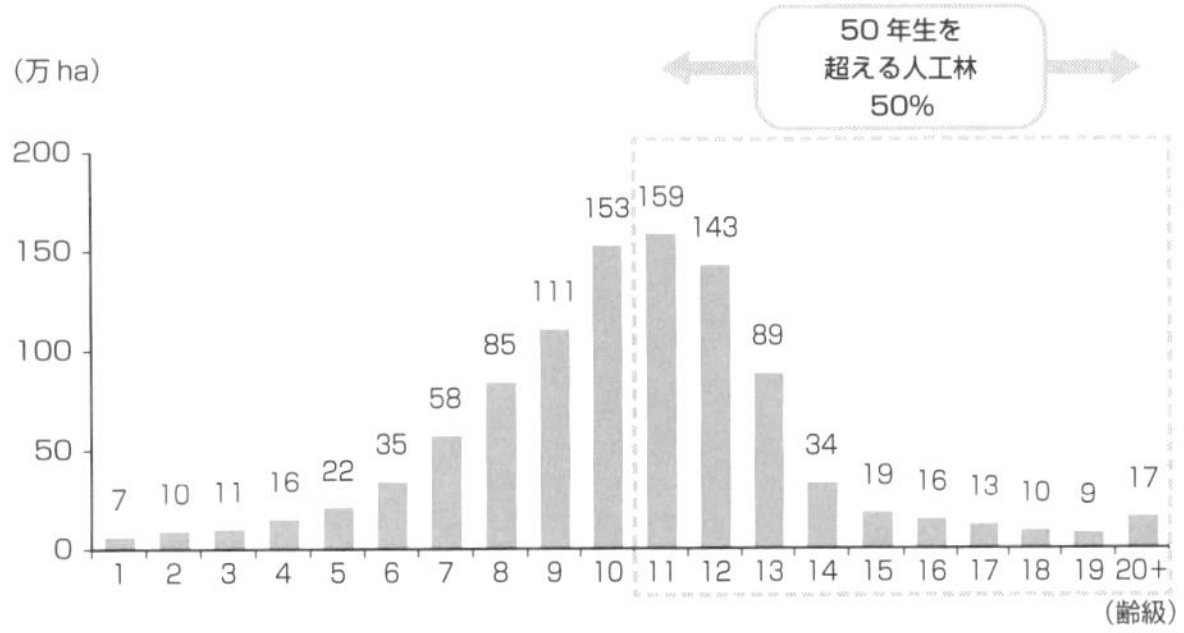

注1：齢級（人工林）は、林齢を5年の幅でくくった単位。苗木を植栽した年を1年生として、1～5年生を「1齢級」と数える。
注2：森林法第5条及び第7条の2に基づく森林計画の対象となる森林の面積。

資料：林野庁「森林資源の現況」（平成29年3月31日現在）

執筆：長野麻子

02 山から製材までの流れ

●植林による針葉樹が市場を占める
●林道整備の遅れが木材の流通に影響を与える

針葉樹材より少ない広葉樹材

国産材（建築用材）を大きく分類すると、針葉樹と広葉樹に分けられる。

針葉樹はそのほとんどが植林された山から切り出される。秋田の「天杉」（天然秋田杉）のように、一部の地域からは樹齢数百年の素晴らしい木が出てくるが、多くは30～80年生の人工林のスギ、ヒノキである。そのほかの針葉樹としては、マツ、サワラ、青森ヒバ、高野《こうや》マキなどがあるが、戦後に植林されたスギやヒノキに比べると、その量は微々たるものである。

広葉樹については、植林された山がまだ少なく、国有林などからの搬出（近年はほとんどなくなった）や民間林で自然に育ったものが伐採され、市場に出てくる程度である（写真1）。

主な用途は家具や特殊な造作材だが、ケヤキのように社寺建築で多く利用されたり、クリのように土台に使用されるものもある。計画的な育林がまだまだ未整備で、現在の取扱量は銘木程度しかない。

流通は林道の整備状況に左右

山で「伐《き》り旬」と呼ばれる時期（彼岸から彼岸ともいわれるが、10月～12月が多いようだ）に伐採された木は、そのほとんどが伐採後ただちに玉切り（3m、4m、6mなど定尺に切ること。写真2）され、麓の土場に搬出される。あるいは、伐採後に葉をつけたまま山で放置乾燥し、1～2月頃に山から搬出する（これを「葉枯《はが》らし」という）。

山からの搬出は、林道が整備された地域は恵まれているが、日本の多くの山では、そのつど道をつくったり、ワイヤーで吊ったり、場合によってはヘリコプターを使用して行っている。国の補助がなければとても成り立たない林業の実情である。

麓に出てきた丸太は、素材業者によって原木市場に持ち込まれる。原木市場からは、製材業者の手に渡り、各種製品に加工・乾燥され（写真3）、流通していく（図）。

写真1 森林での伐採

チェーンソーで1本1本伐採する

写真2 玉切りされた木材

写真3 加工された製材

図 国産材の流れ

木材は山で伐採されると、図のような経路で消費者に届けられる

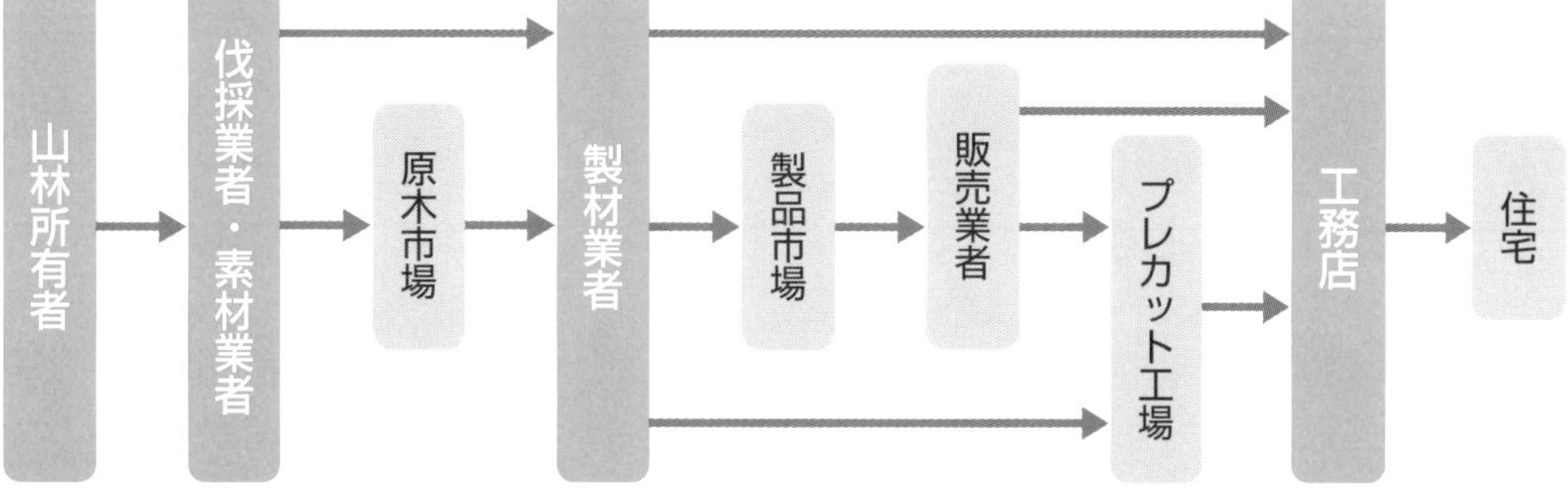

執筆：松澤静男

03 プレカットと手刻み

●プレカット加工の普及で、小売材木業者の役割が変わった

●手刻み加工への回帰がもたらす小売材木業者の新たな役割

木材流通と材木業者の買いつけ

一般に、木材は各地の製材業者によって加工、製品化され、消費地にある市売りや木材センターと呼ばれる木材市場に運ばれる。木材市場は、問屋が集まった協同組合や、木材商社と呼ばれる大きな問屋が運営している。そこでは定例日に競り売りや個別売りが行われ、小売りの材木業者に木材が販売される。

材木業者は、まず大工や工務店からの注文を受け、注文内容に応じて木材を買いつける。買いつけた木材は、自社の作業場や大工、工務店の作業場で墨付け、刻み加工をして木材製品にする。

部材ごとに変化した流通経路

昔から大工が受け継いできた在来軸組構法では、木材製品は、骨組みに使用する構造材、下地材に使う端柄材、仕上げに使う造作材に分けられ、すべて小売りの材木業者を通して流通していた。

ところが近年、構造材に関しては、各作業場で墨付け、刻み加工をするいわゆる「手刻み」から、コンピュータによる自動化で墨付けから刻み加工までを工場内で行うプレカット加工に移行している（写真1）。そのため、建築現場には加工された構造材や根太、垂木などの補助構造材が、直接納入されるようになった。プレカット加工方式の普及により、町場の材木業者に役割の変化が生じているということである。

ただし、こうした傾向に疑問や物足りなさをもつ設計者、大工も現れている。なぜならプレカット加工は、生きた木を選別することなく、画一化された製品として加工することが多いからである。そこには、大工が1本1本の木と向き合い、木の節《ふし》、木表《きおもて》、木裏《きうら》などの特徴を生かしながら手刻みで墨付け、加工する際の「木を読む」という工程がない。それが一部ではあるが、最近になって見られるようになった手刻み加工への回帰につながっているといえそうである（写真2）。

写真1 工場でのプレカット加工

加工機には、刻み、加工方法がCADで入力され、柱、梁などの構造材が墨付けすることなく全自動で刻まれていく。1日で75棟分（30坪/棟として）も生産する工場もある。垂木、間柱などの端柄材もプレカットできる

写真2 施工現場での手刻み加工

丸太や曲がった材は、プレカットでは加工できないため、手刻みになる。写真は、現場で丸太にホゾ加工するために寸法確認しているところ

執筆：堀井満夫

04 輸入材と国産材

●世界の森林を守ることが日本の森林を守る
●木材自給率は２００２年の18・２％を境に上がり始めている

違法伐採を排除する動き

木材は、需要があれば世界中を飛び回る「国際商品」である。ただ、なかには各国の法令に違反して伐採された木材（違法伐採）が少なくない。

違法伐採は、木材生産国の森林破壊や世界の木材市場の歪曲などを引き起こす要因となる。また、コストをかけずに不当な廉価で輸出される木材は、消費国の持続可能な森林経営を著しく阻害する要因にもなる。

違法伐採が多いと指摘されているのは、東南アジア、ロシア、アフリカ、ブラジルなどである。そのため最近は、そうした木材を排除する動きが活発になってきている。輸入材の約30％をこれらの地域に頼っている日本もその例外ではない。今後は、合法木材の使用などを積極的に推し進めていくことがますます重要になるであろう。

国産材の有効活用

地球環境や社会・経済の持続性に対し世界的な危機感の高まり、持続可能な開発目標（ＳＤＧｓ）への関心の高まりをみせている。地球温暖化対策としてCO_2排出量の目標が掲げられている。木材は重量の50％が炭素と言われている。樹木は、光合成によって吸収した大気中のCO_2を体内に固定することで大きく成長する。木材は樹木から用材へそして自然に帰る。吸収・固定・再生を繰返し万能な用材として活用できる資源だ。

日本の森林蓄積量は52億４千万㎥と公表（２０１７年３月31日現在）されており、世界的にみると23位の森林資源保有国。１年間の森林成長量を仮に２％とすると、成長量だけで日本の年間消費量を十分賄える計算になる。国は木材自給率を50％に目指す政策を掲げている。国産材活用は環境維持保全・輸送によるCO_2排出軽減も図ることができる。現在では、国産材のコスト競争力は輸入材に負けない生産性と供給力を有し乾燥技術やＪＡＳ表示による品質向上が進んでいる。

図 木材供給量と木材自給率の推移

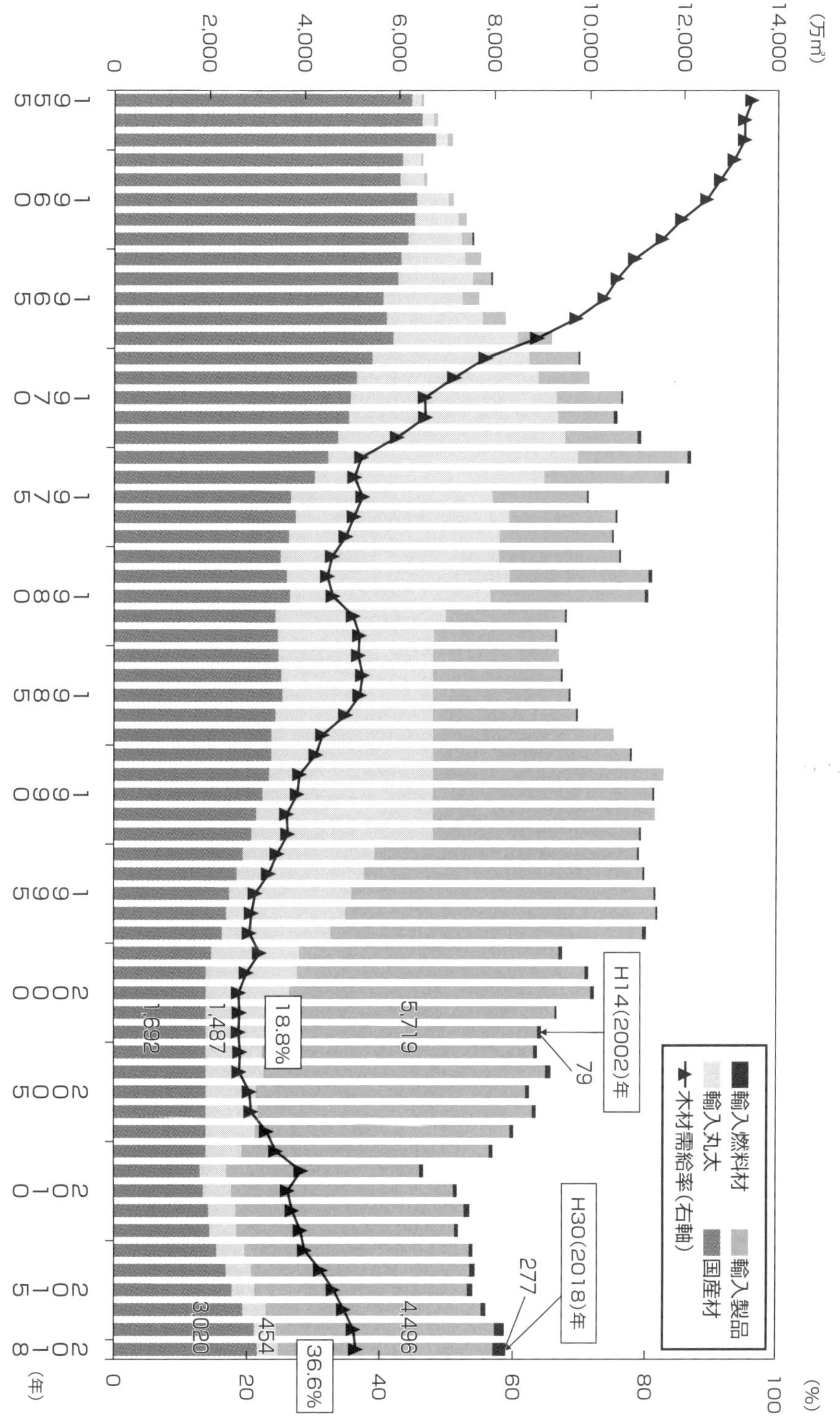

資料：林野庁「木材需給表」

出典：林野庁令和元年度　林業・林業白書（令和2年6月16日公表）

執筆：松浦薫

05 木材の性質

●木材は木目の美しさや肌触りのよさなど魅力あふれる素材である
●重さと強さのバランスに優れる

軽くて強い木材

木材は中空の細胞組織の集まりで、自然に形成されたハニカム構造をなす（図1）。そこから、軽くて強いという性質をもつ。しかし、素材そのものの強度は、たとえば鉄とスギ材を比べると、鉄の４０００kg／cm^{2}に対してスギ材は350kg／cm^{2}と弱いのも事実である。

ただし、構造材は強度が高ければよいというものではない。建物の自重を支えなくてはならないため、それ自体の重さも問われる。つまり、強さと重さのバランスが大切だということになる。

そのバランスを示すのが「比強度」（自重に対する強度）である。これを鉄とスギ材で比べると、鉄は510kg／cm^2、スギ材は920kg／cm^{2}で、スギ材のほうが重さと強さのバランスのとれた構造材料であると分かる。

木材の強度は繊維方向で違う

木材には繊維方向があり、それによって強度に著しい違いがある。たとえばスギ材の場合、繊維方向の力に対するヤング係数は75で、それに直交する半径方向は6、接線方向は3である。前述の比強度も繊維方向での比較であることに注意する必要がある（表1、2）。

やわらかくて温かい

木材は、触ったときに鉄や石・タイルなどに比べて冷たくない。これは熱伝導率の違いによるものである。たとえばスギ材の熱伝導率は０・12W／mKだが、鉄は53W／mK、アルミニウムはなんと200W／mKである（表3）。

木材の熱伝導率が低いのは、ハニカム構造により気泡をたくさん含んでいるからで、そのため熱が伝わりにくく、触れたときに「温かみ」を感じる。

また、気泡を多く含むことは、やわらかく柔軟な性質を併せもつことにもつながる。そのため、床材に使えば歩行時のショックを和らげてくれる。その点で木材は人に優しい素材だといえる。ただし、やわらかいがゆえに傷がつきやすいという弱点ももっている。

図1 木材の微細構造

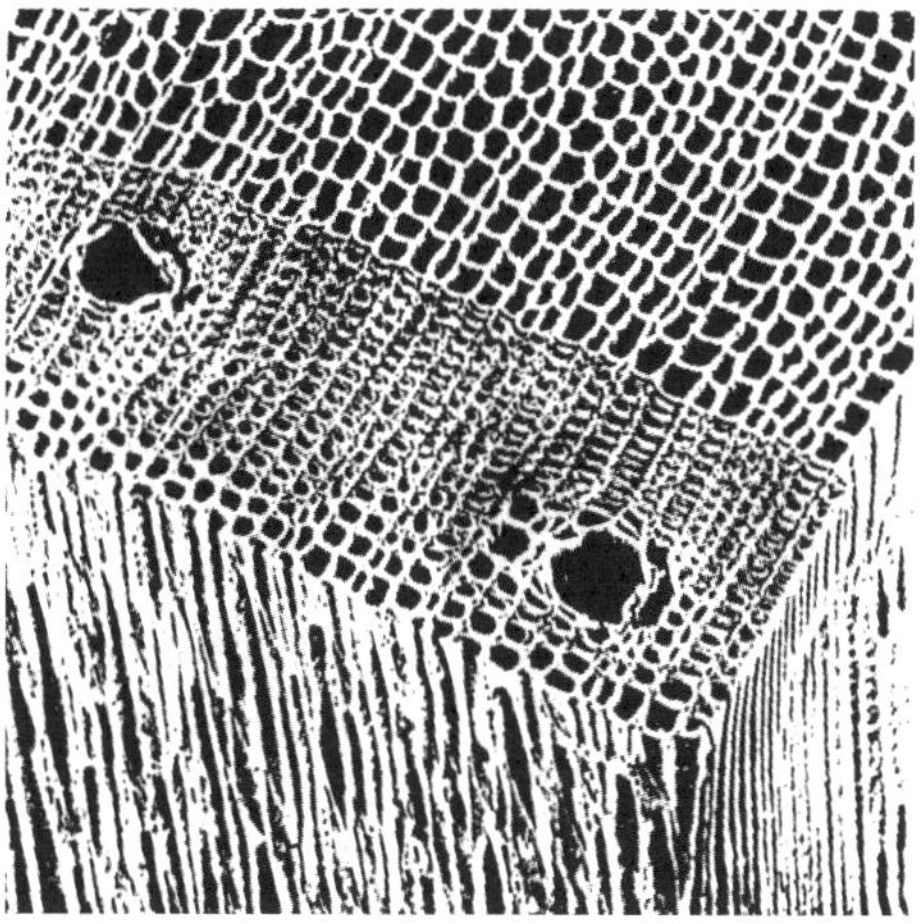

アカマツの3断面。中空の細胞組織が集まった、ハニカム構造になっているのが分かる

表1 建築材料の密度、比強度

材料の種類	密度 g/cm^3	強度 kg／cm^2	比強度 kg／cm^2
スギ	0.38	350	920
ヒノキ	0.44	400	910
コンクリート	2.35	250	110
ガラス	2.5	1,000	400
アルミニウム	2.7	2,000	750
鉄	7.85	4,000	510

強度、比強度：圧縮（繊維方向）

鉄などの素材に比べ、木材は比強度が優れている

表2 木材の強度、収縮の異方性

樹種	密度（気乾）	ヤング係数（10^3kg／cm^2）			気乾収縮率（%）		
		L	R	T	L	R	T
スギ	0.38	75	6	3	3.5	1.1	0.03
ミズナラ	0.70	115	14.5	7.5	5.9	2.0	0.24

L：繊維方向、R：半径方向、T：接線方向

木材は繊維方向によって強度に大きな違いがある

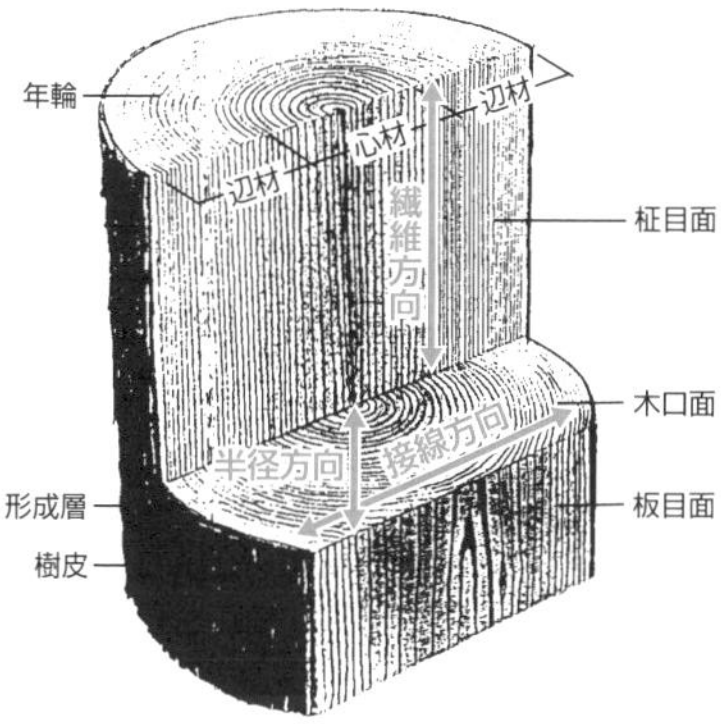

表3 建築材料の熱伝導率

建築素材	熱伝導率（W/mK）
コンクリート	1.6
耐火レンガ	0.99
アルミニウム合金	200
鋼材	53
スギ	0.12
ブナ	0.19
マツ	0.15

熱伝導率の低い木材は、温かみのある素材といえる

執筆：古川泰司

column 木材の防火性能

◆防火性能論議の混乱

建物や建築材料の防火性能を議論する際、「異なる防火性能を同一に論じる」という混乱がよく見られる。ひとくちに防火性能といっても、目標とする性能によってさまざまな視点がある。分類すると、①着火防止性能、②発熱・発煙防止性能、③延焼防止性能、④崩壊抑制性能となる。

①と②は、主として建築材料に必要とされる防火性能で、「燃えないこと」を良とするものである。③と④は、主として建物の外壁や床などの部材に必要とされる防火性能で、「燃え抜けないことや壊れないこと」を良とするものである。

建築基準法では、①や②の性能を有する材料を不燃材料(20分間燃えないもの)、準不燃材料(10分間燃えぬけないもの)、難燃材料（5分間燃えぬけないもの）と位置づけ、居住者が安全に避難できるように、不特定多数の人が利用する施設やコンロなどの火気を使用する部屋の壁、天井の仕上材を規制している（内装制限)。また、③や④の性能を有する部材を防火構造、準耐火構造、耐火構造と位置づけ、密集地の建物や高層建物の外壁や床、柱、梁などの主要構造部に用いるよう規制している（構造制限）。

◆木材の燃え方

木材は可燃物であるので、外部から強い加熱を受けると表面に着火する。ただし、着火と同時に表面に炭化層を形成する。炭化層は空洞に空気を含んだ断熱材といえるので、木材表面に均一に炭化層が形成されると内部へ入る熱量が軽減され、なかなか内部に燃え進まない。材料が太いほど、また厚いほど、炭化層は脱落することなく均一に形成される傾向がある。たとえば、150㎜角以上の大断面の材料が燃え進む速度は0.6㎜/分程度、12㎜厚の板は1.0㎜/分程度といわれている。すなわち、木材は、着火はするがゆっくり燃え進む材料といえる。したがって、材料を太く厚く使うことで、③や④の延焼防止性能や崩壊抑制性能を向上させることができるのである。

一方、①や②の防火性能を確保するには、木材に難燃薬剤を含浸させ、発炎・発熱・発煙しないように改質する必要がある。現在、不燃材料や準不燃材料の国土交通大臣認定を取得した木材（樹種や厚さの制限がある）が実用化され、流通している。

崩壊防止と延焼防止の概念

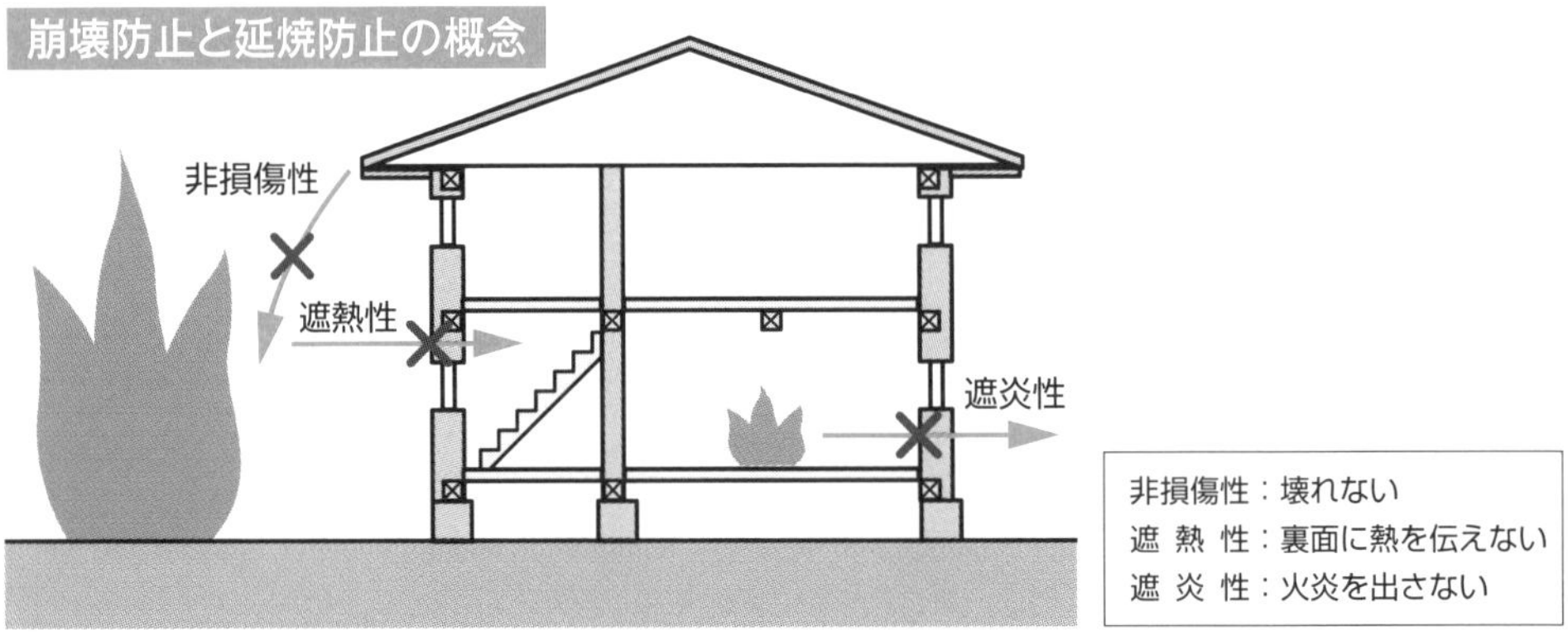

執筆：安井昇

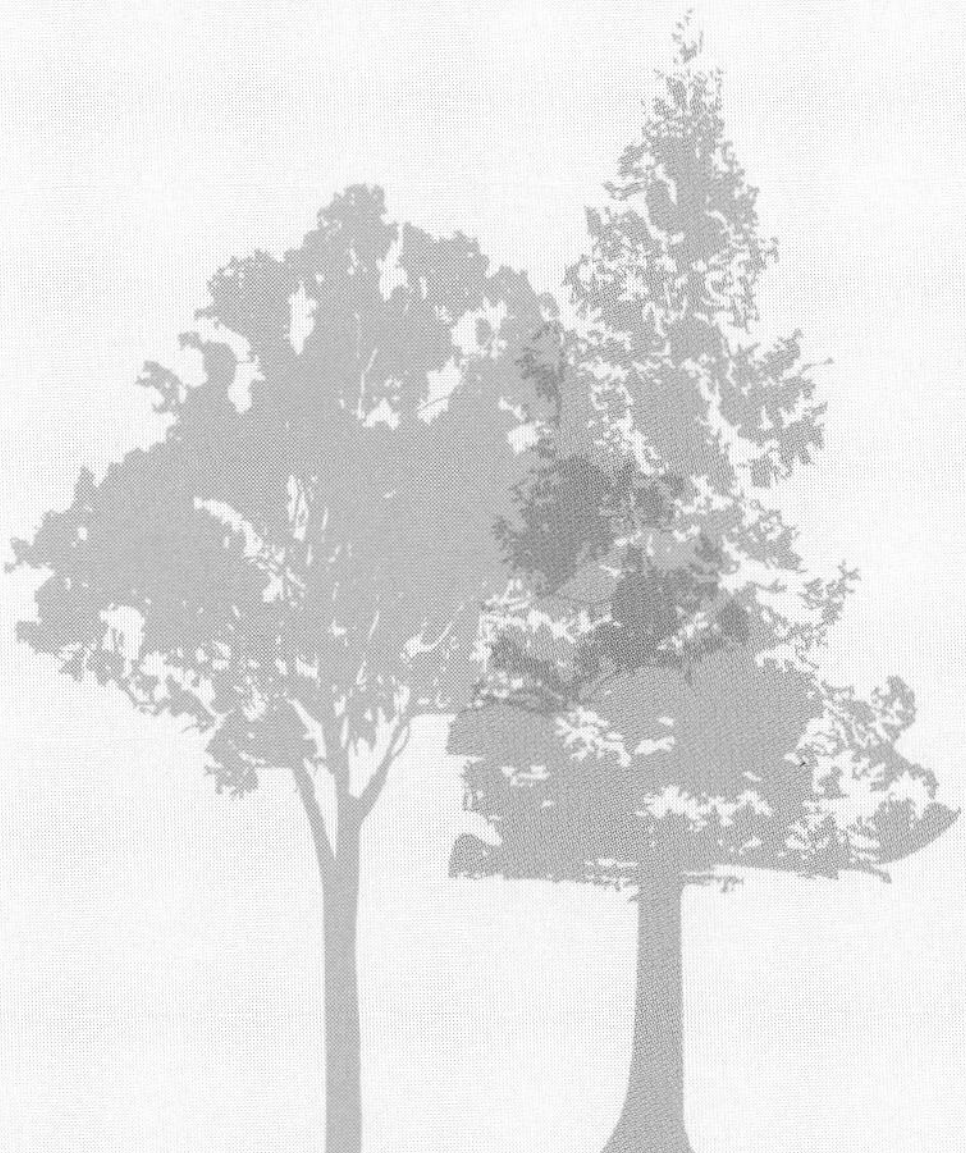

Part 2
構造材

06 構造材の産地

●スギ、ヒノキが国内で最も広く分布している
●関東を境に、スギとヒノキの生息圏が逆転する

河川流域が産地

木材は建築用資材として用いられる最も身近な資源であり、計画的に利用すれば、再生可能な循環型の資源である。また、CO_2を吸収し固定化することから、地球環境的にも貴重だといえる。

木材を供給する森林は、私たちが生活するうえで最も重要な水を、保水したり浄化したりする役割を担う。森林に保水された水は、やがて川となり海に辿り着く。その源流、河川流域が構造材となる木材の産地である。

国産材の産地

我が国の人工林の主要樹種の構成比は、スギ44%、ヒノキ25%、カラマツ10%、マツ類（アカマツ、クロマツ、リュウキュウマツ）8%、トドマツ8%、広葉樹3%となっている。２０１７年3月末現在で約52臆m^3となっている（林野庁平成30年度森林・林業白書）。

産地の詳細は図のとおりで、北海道にはカラマツ、トドマツなどの針葉樹、タモ、ナラなどの広葉樹がある。東北には、建築環境や自然環境の変化などで産出量が減った青森ヒバやアカマツ（ジマツ）、秋田スギ、金山スギがある。東北南部以西はスギ、ヒノキが多く、北関東の八溝《やみぞ》材や日光材、関東の西川材、東海の天竜材、近畿関西の東濃《とうの》ヒノキや吉野材、紀州材、九州の飫肥《おび》スギ、屋久スギなどがある。

輸入材の現況

輸入材で一般的に知られているのは、ベイマツである。北米材のベイスギ（レッドシダー）やベイヒバ、豪州材の豪州ヒノキ（サイプレス）、北洋材のアカマツ、欧州材のホワイトウッドやレッドウッド（欧州アカマツ）など多彩である。

輸入材は、気候や樹種の性質を理解したうえで使用したい。また、海外では違法伐採などの問題を抱えている材もあるので、各材について、使う側も理解を深める必要がある。

図 構造材の産地マップ

神宮美林の巨木ヒノキ

カラマツ・トドマツ
：北海道
青森ヒバ
：青森県全域
秋田スギ
：秋田県全域
金山スギ
：山形県金山地域
アカマツ、カラマツ
：長野県安曇野地域
能登ヒバ
木曽ヒノキ
：長野県南部木曽地方
東濃ヒノキ
：岐阜県東濃地方・裏木曽
智頭スギ
北山スギ
京都府産材
岡山材
美作材：スギ・ヒノキ
節の少ない役柱なども生産されている
大分材
日田スギ、佐伯スギ
小国スギ
：熊本県小国地域
飫肥スギ
宮崎県地域から産出される材：ヒノキ・スギ（飫肥スギなど）
久万材
土佐湾へ流れ込む仁淀川《によどがわ》から分岐した、面河川《おもごがわ》、久万川流域材：スギ・ヒノキ
南部アカマツ・カラマツ
岩手県久慈地方で産出されるアカマツ
岩手県全域：カラマツ、クリ
八溝材（八溝多賀流域材）
福島・栃木・茨城県境にまたがる八溝山系から産出される材：スギ・ヒノキなど
西川材・秩父材
埼玉県秩父・飯能地域から産出される材：スギ・ヒノキ
山武スギ・大多喜スギ
：山武地方・大多喜地方（千葉県）
天竜材
静岡県天竜川流域から産出される材：スギ・ヒノキ
松坂材
三重県松坂地域から産出される材：ヒノキ・スギ
吉野材
奈良県吉野地域：スギ・ヒノキ役柱、床柱の産地
紀州材
和歌山県地域から産出される材：ヒノキ・スギ
土佐材
土佐スギ

執筆：松浦薫

07

スギ

加工性に優れる

●構造材から造作材まで、使用範囲の広い樹種である
●産地ごとに多様な造林方法で産出される

本州以西に広く分布

スギは本州、四国、九州に分布する日本の代表的な樹種の一つである。最近では天然の材は少なく、ほとんどが人工造林されたものである。

心材と辺材の色の差がはっきりしているが、産地により違いがあり、桃色から濃赤褐色まで、それぞれの色にかなり幅がある。ときには黒いものもあるが、黒心のスギは含水率が高いので、使う場所を考慮したい。

特有の芳香をもっており、消臭効果の高い材ともいわれる。年輪は、夏目と冬目がはっきりしており、肌目は比較的粗い。

幅広い用途

材としてはやわらかく、加工性が高い。また、産地ごとに多種多様な方法で造林が行われている。古木になると独特の木目が出る材もあり、一般材から高級材までその用途は幅広い。ただし床材として使う際は、肌触りがよく温かさを感じられる反面、比較的やわらかいという樹種の特性をよく理解して使用個所に留意する必要がある。

用途としては、梁、桁、柱、母屋などの構造部材に使われる。また、間柱、根太、垂木、貫、胴縁、野縁などの端柄材としても使われる。そのほか、枠材、幅木、鴨居、廻り縁、床板、羽目板、天井板などの造作材、あるいは建具材、家具材としても使われる。

このように、スギは加工のしやすさや用途範囲の広さという点で、万能な木材といえる。

針葉樹　スギ
名称：杉、椙
分類：スギ科
分布：本州、九州、四国

【物理的性質】
気乾比重：0.38、平均収縮率：0.25%（接線・木目方向）、0.10（放射・柾目方向）
【機械的性質】
曲げヤング係数：7.4GPa、圧縮強さ：34MPa、曲げ強さ：64MPa、せん断強さ：5.9MPa

写真1 立木

真っすぐに伸びる常緑の高木

写真2 樹皮

赤褐色または暗赤褐色で、縦に長く裂ける

写真3 葉

若木の葉は真っすぐで、老木になるとやや内側に曲がってくる

写真4 木口面

心材と辺材の色差がはっきりしている

写真5 スギを梁に使用した例

柔軟性があり、加工性もよいことから、梁以外にも造作材や建具材として使われる

執筆：松浦薫

08 ヒノキ

国産材の王様

●加工性、保存性に優れる
●現在、国内で流通しているのは人工林のヒノキが一般的

保存性の高いヒノキ

ヒノキは、日本に産するほかの木材（マツ、スギなど）に比べて比較的乾燥が容易である。また、木理が通直・均質であるため、狂いが少なく加工性がよいという特性をもっている。

耐湿・耐水性にも優れ、保存性が高く、表面をよく研がれたカンナなどで仕上げると、特有の光沢が出る。

建築用材の王様

ヒノキは古くから建築用材として広く用いられてきた。世界最古の木造建物といわれる法隆寺が建立された飛鳥時代より、強度・耐久性・加工性のよさ、色艶、香りなどの点で、「木材の王様」の地位を確立していたものと推測される。

天然林と人工林

現在、一般に建築用材として使われているヒノキは、ほとんどが江戸末期から戦後にかけて植林され、人工的に管理された、人工林のものである。

一方、天然林のヒノキは、江戸時代中期に幕府直轄の山で厳重に管理され、一般の建築物には使用できないとされたものである。戦後、その多くが国有林とされ、国有林から切り出された天然のヒノキ材を「官材」、人工造林されたものを「民材」と厳密に区分した。両者の価格が著しく違ったためである。

現在流通しているヒノキの産地は、天然林は木曽のみで、人工林は主に吉野、尾鷲、東濃、天竜、和歌山などである。

針葉樹　ヒノキ
名称：桧、檜
分類：ヒノキ科ヒノキ属
分布：福島県以南の本州、四国、九州に分布

【物理的性質】
気乾比重：0.44、平均収縮率：0.23%（接線・木目方向）、0.12（放射・柾目方向）
【機械的性質】
曲げヤング係数：8.8GPa、圧縮強さ：39MPa、曲げ強さ：74MPa、せん断強さ：7.4MPa

写真1 立木

常緑樹で多くは高木だが、低木もある

写真2 伐採の様子

樹齢を考慮し、1本1本伐採される。労力を必要とする作業だ

写真3 葉

ほとんどが鱗片状だが、針状のものを交えるものもある

写真4 木口面

辺材と心材の境目はそれほど明瞭ではなく、黄白色

写真5 ヒノキを柱に使用した例

耐湿性に優れ、加工性もよいことから構造材として広く使われる

執筆：中島創造

09 カラマツ

生長が早く、寒さに強い

- 横架材として期待がふくらむ樹種
- 戦後、大面積で造林されたため、資源量は豊富

はっきりとした木目

カラマツは、日本の針葉樹のなかでは珍しく、秋には黄色く紅葉し、落葉する高木である。長野県の佐久地方を原産とする。かわいい新芽は、寒い地域に春の訪れを告げてくれる。

生長が早く、寒さや病害虫に強いことから、戦後、信州～東北・北海道で大面積に植林された歴史がある。また、ジマツと異なり、真っすぐ天に向かって育つ。ただし「旋回木」であるため、捻じれながら生長する。

外観は、製材直後は肌色っぽいが、経年変化により赤みの強い渋い褐色となり、脂気が多いことから次第に美しい飴色になっていく。また、夏目と冬目の境界が明瞭で、木目がはっきりとしていて多彩である。

横架材として優れた性質をもつ

カラマツは、横架材に求められる曲がりにくさ（指標は曲げヤング係数）に優れているため、梁桁材に適する。見かけ・構造としての性質共に、流通量の多いベイマツと似ているため、国産材振興の観点から、これに代わる材として、国産カラマツには期待がかかる。前述のように、戦後、大面積に造林されたことから資源量が多く、現在は構造材がとれるくらいの大きさにまで生長してきている。

捻れがあるクセのある樹種だが、近年は乾燥・加工技術が発展してきたおかげで、構造材としての使用も容易になり、その需要が増加している。構造材として、これから期待のかかる樹種といえる。

針葉樹　カラマツ

名称：唐松、落葉松

分類：マツ科カラマツ属

分布：北海道、本州岐阜県以北

【物理的性質】

気乾比重：0.50、平均収縮率：0.28%（接線・木目方向）、0.18（放射・柾目方向）

【機械的性質】

曲げヤング係数：9.8GPa、圧縮強さ：44MPa、曲げ強さ：78MPa、せん断強さ：7.8MPa

写真1 立木

落葉樹で高木。生長が早い

写真2 樹皮

タンニンを含んでいる。不規則な鱗片状にはがれる

写真3 葉

線形の葉で、長い枝では互生し、短い枝では一緒に出る

写真4 木口面

心材は褐色で、辺材は白色だが、経年変化で飴色になる

写真5 カラマツを梁として使用した例

曲がりにくさに優れていることから、横架材として使われる

執筆：西田和也

10 マツ（ジマツ）

国産針葉樹でトップクラスの硬さ

●東北から九州以南まで広く分布
●国産材は減少傾向だが、横架材として高く評価されている

内陸、海岸沿いに広く分布する

マツは東北から四国、九州以南まで広く分布し、アカマツ、クロマツと呼び分けられる。アカマツは雌松《めまつ》とも呼ばれ、内陸に多く生息する。クロマツは雄松《おまつ》（男松）と呼ばれ、耐潮性が高いため、海岸沿いの防風林としても多く見受けられる。見た目はどちらも似ているため見分けにくい。なお、国産のマツをジマツ、輸入材のマツをアカマツと呼び分けることもある。

マツ材は松脂を多く含むため、火着きがよく、陶芸の登り窯のマキにも使われる。辺材と心材の境界はやや不明瞭で、辺材は淡い黄白色、心材は黄色を帯びた淡褐色である。木目は鮮明で、水湿に強い特性がある。

国産材は希少材に

マツは、スギ、ヒノキに比べて硬く、曲げヤング係数が平均110と、国産針葉樹のなかではトップクラスである。そこから、横架材向きの樹種といえ、見た目にも力強さを感じさせてくれることから、古くから社寺建築などにも使用されてきた。

社寺以外でも、梁・桁材・丸太梁・太鼓梁などの構造材、端柄材、造作材などとして広く用いられる。

ただし、国産のマツ材はカミキリムシが媒介するマツ材線虫病（マツクイムシ）による被害で、建築部材として生産されるエリアが限られてきている。現在、岩手県、福島県、長野県、岐阜県の一部で産出されているが、生産量は年々減少し、希少材となっている。

針葉樹　マツ
名称：松
分類：マツ科マツ属
分布：本州、九州、四国

【物理的性質】
気乾比重：0.52、平均収縮率：0.29%（接線・木目方向）、0.18（放射・柾目方向）
【機械的性質】
曲げヤング係数：11．3GPa、圧縮強さ：44MPa、曲げ強さ：88MPa、せん断強さ：9.3MPa

写真1 立木

常緑樹の高木。幹の直径は1.3～2mになる

写真2 樹皮

やや厚い鱗片状で、はがれ落ちる

写真3 葉

10～15㎝と長く、太くて厚い

写真4 木口面

木目は鮮明で、辺材は淡い黄白色、心材は淡褐色

写真5 マツを梁、桁として使用した例

硬く、曲げに強いことから、横架材として広く用いられる。写真は丸太の梁（ちょうな風仕上げ）と、角材の梁桁

執筆：松浦薫

11 トドマツ

北海道に広く分布

- 北海道では建築の主材料として使われる
- 本州では仕上材として使用されることが多い

北海道の主力材

トドマツは北海道に広く分布し、エゾマツや広葉樹などと混合林をつくっている樹種である。

北海道の木材総備蓄量の4分の1はトドマツで、針葉樹備蓄に至っては2分の1を占める。人工林だけでも80万haほどあり、北海道内の建築における主材料と位置づけられる。

用途としては、間伐材を利用した2×4材や構造用の集成材として使われており、近年は、ムクの柱材としても使われている。

こうした状況から、本州以南と木材の調達方法の異なる北海道では、40～60年生のカラマツとトドマツが、今後の構造材の主流になっていくものと思われる。

仕上材としても使いやすい

トドマツの年輪は比較的はっきりしているが、心材と辺材の差は不明瞭。色は、一様に白色もしくは黄白色である。スギなどに比べて乾燥が容易で、加工性もよい。

また、ほかのモミ属同様、カビやシロアリに対する耐朽性が低い。そのため、北海道以外で構造材として使用するのは、あまりお勧めできない。

ただし、心材と辺材の色差が少なく、節もあまり大きくないことから、内装の仕上材としても使いやすい。材の色合いが濃厚でなく、主張しすぎない点が有利に働くからである。輸入材のホワイトウッドやパイン材とも相性がよい。

針葉樹　トドマツ

名称：椴松

分類：マツ科モミ属

分布：北海道、南千島、サハリン

【物理的性質】

気乾比重：0.40、平均収縮率：0.35%（接線方向）、0.14%（放射・柾目方向）

【機械的性質】

曲げヤング係数：80tf／㎠、圧縮強さ：330kgf／㎠、曲げ強さ：650kgf／㎠、せん断強さ：65kgf・㎠

写真1 立木

常緑樹の高木で、大木になる

写真2 樹皮

灰青色で、壮齢樹になるとざらつきが出る

写真3 葉

先端がわずかにくぼんでいて、下面がやや白い

写真4 木口面

木口の拡大写真。年輪が比較的はっきりしている

写真5 トドマツを梁に使用した例

北海道では構造材の主流として期待されている

執筆者：西田和也

12 ベイマツ

構造用の輸入材として有名

●辺材と心材の色の違いが明確
●重硬な材で、構造用の輸入材として広く知られている

北米大陸の太平洋岸に生息

マツという名前がついているが、国産のアカマツなどのマツ類とは別の樹種である。北米大陸の太平洋沿岸に分布し、カナダのブリティッシュコロンビア州から米国のカリフォルニア州まで生育している。国内輸入量が最も多い樹種で、ベイツガと1～2位を争う。樹脂道があるため、国産のマツ同様、〝やに〟が表面ににじみ出ることがある。

構造材として知られる

辺材と心材の色の違いが明らかで、年輪もはっきりしており、肌目は粗めである。生長の仕方により心材の色にも違いがあり、黄色ないし黄色を帯びた赤褐色を見せる。年輪幅が狭く比重が低い材はイエローファー、赤褐色で年輪幅が広く比重の高い材はレッドファーと呼ばれる。

針葉樹のなかでは重硬な材で、耐朽性、保存性も高い。大径の丸太が多く、木取りは心《しん》持《も》ち材より割角材のほうが多い。耐久性、加工性に優れており、建築用材としての使用率が高い。

構造用の輸入材として最もよく知られており、無垢梁、桁、母屋、大引などに用いられる。また、根太、屋根垂木、筋かいなどの端柄材、枠や化粧垂木などの造作材にも使われる。化粧用としては、特に、古木で目細のピーラーと呼ばれる良質材に人気がある。最近は集成材としても利用され、異樹種混合のスギとベイマツをあわせたハイブリッドビームなどもある。

針葉樹　ベイマツ
名称：米松
分類：マツ科トガサワラ属
分布：米国、カナダ

【物理的性質】
気乾比重：0.51、平均収縮率：0.33%（接線・木目方向）、0.14（放射・柾目方向）
【機械的性質】
曲げヤング係数：11.8GPa、圧縮強さ：44MPa、曲げ強さ：81MPa、せん断強さ：8.8MPa

写真1 立木

高木で、樹高が90mに達する大木もある

写真2 樹皮

厚い鱗状で、がさがさしている

写真3 木口面

年輪が鮮明で、辺材は淡黄色、心材は赤褐色

写真4 ベイマツを梁に使用した例

重硬で耐朽性、加工性に優れていることから、横架材として使用されることが多い

執筆：松浦薫

13 ベイツガ

輸入量1~2位を争う北米材

●北米産出の低価格材で、最大の輸入量を誇る
●保存処理することで構造材、造作材として利用される

米国アラスカ州が産地

生息地は、米国のアラスカ州南部から南西部までの太平洋岸地域である。カナダで産出されるカナダツガもある。日本国内で流通している材は、ベイツガとカナダツガの両者が占めている。国内に輸入される際は、モミ類と共に、ヘムファーとも呼ばれる。

北米大陸から日本国内へ輸入される製材のうち、ベイツガの輸入量は1~2位を争う。輸入量が多い理由は、低価格が大きな魅力だからだろう。ただし、材料強度や材質のバラツキが大きいため、米国ではあまり高く評価されていないようである。

桃色で緻密な肌目が特徴

ベイツガは、全体に桃色を帯びた白色ないしは淡い黄白色で、辺材・心材の境目がはっきりしない。木理は通直、肌目は緻密で国産のツガと比べても遜色がない。やや軽軟で加工性はよいが、割れやすい傾向にある。耐朽性は低く、入皮のような欠点が多く見られる。気乾比重の平均値は0・48で、特に水分があるところでは比較的腐りやすい。また、耐久性の問題から、使用用途により保存処理（薬品処理）される。

柱や土台などの構造材として使われるが、丸太自体が太い材で製材されるため、割角（芯をもたない角材）も多い。土台として使う場合は、薬品で保存処理する。同様に、保存処理により貫、胴縁などの端柄材としても用いられる。このほか、鴨居、長押、枠材などの造作材としても使われる。

針葉樹　ベイツガ
名称：ウェスタンヘムロック、米栂《べいつが》
分類：マツ科ツガ属
分布：米国アラスカ州、米国南西部

【物理的性質】
気乾比重：0.48、平均収縮率：0.32%（接線・木目方向）、0.10（放射・柾目方向）
【機械的性質】
曲げヤング係数：10.3GPa、圧縮強さ：40MPa、曲げ強さ：74MPa、せん断強さ：7.8MPa

写真1 立木

高木で、日陰でも生育する

写真2 樹皮

縦に裂け、鱗片状にはがれる

写真3 木口面

全体に桃色を帯び、辺材と心材の境目がはっきりしない

写真4 ベイツガを土台に使用した例

軽軟で加工性がよいことから、柱や土台などに使われる

執筆：松浦薫

14 ベイヒバ

外国産のヒノキの一種

●米国、カナダを主要産地とするヒノキ科の樹種
●衝撃に強く粘り強い高級材

世界的に少ないヒノキの一種

北米大陸の太平洋沿岸地域、アラスカ州南東部からオレゴン州にわたって分布する。

ヒバという名がつけられているが、学術的にはヒノキ科ヒノキ属の針葉樹である。世界的にも数少ないヒノキの一種で、主要産地は米国、カナダである。

耐朽性の高い材

材の色は鮮やかな黄色。辺材と心材の境目ははっきりせず、国産のヒバに似た独特の香気がある。その臭いと黄色という材色から、表面に出るような部材に使われる例は少ない。反面、耐朽性が高く、水湿に強いので、土台として使われることが多い。

年輪内の細胞は形の違いが少ないため、年輪はあまりはっきりしない。肌目は精、木理も通直であり、加工のしやすい材である。

また、乾燥による収縮が少なく、衝撃に強くて粘り強い。非常に腐食しにくいため、現地の先住民族は、カヌーやトーテムポールなどの用材として使用してきた。

日本では、社寺仏閣で土台や柱に使用される。前述のように、独特の臭いがあることと耐朽性に優れていることから、一般には土台として使用されることが多いが、社寺仏閣では、特に古木の良質材は柱としても使用される。また、家具などにも高級材として使われる。その意味では、日本のヒノキと用途が競合するところもある樹種といえる。

針葉樹　ベイヒバ
名称：米檜葉
分類：ヒノキ科ヒノキ属
分布：北米大陸の太平洋沿岸地域

【物理的性質】
気乾比重：0.51、平均収縮率：0.18%（接線・木目方向）、0.08（放射・柾目方向）

【機械的性質】
曲げヤング係数：9.8GPa、圧縮強さ：37MPa、曲げ強さ：69MPa、せん断強さ：7.8MPa

写真1 立木

常緑樹の高木で、樹幹は真っすぐである

写真2 樹皮

鱗片状で縦に裂ける

写真3 木口面

辺材と心材の境目ははっきりしない。全体的に鮮やかな黄色

写真4 ベイヒバを柱に使用した例

一般には表面に出る部材として使われる例は少ないが、乾燥による収縮が少なく、腐食しにくいため、良質材は社寺建築で柱などに使用される

執筆：松浦薫

15 構造材の選び方

●生育条件によって素性の善し悪しが決まる
●ＪＡＳ、強度の検査表示が目安

素性と方向性を見極める

木には素性のよい木と悪い木がある。生育条件がよい平坦地では均一な素性のよい木に育つ。一方、急峻な斜面地に育つと、斜面にしがみつこうと根が張るので木の内部に偏った強さが出てくる。これを「アテ」というが、「アテ」の強い木は製材したときに曲がりやすいため、素性の悪い木といえる。

柱には、素性のよい丸太を使う。ただし、木が本来生えていた方向と上下逆にして使用する「逆さ柱」には注意が必要だ。心持ちの角材に製材した際、根元（元口）のほうに赤身（木材の心材部分）が多く出て、先の方（末口）に白太が多く出るためである。

同じように、梁・桁材にも使用に適した方向性がある（背・腹）。斜面で生育した木の場合、立ち木の状態で頂上側に向いていた面を腹（梁の下面）、谷側に向いていた面を背（梁の上面）として使うとよい（図）。

構造材の選択基準

近年の住宅は、高気密・高断熱の建物が多い。そのため、湿気がこもりやすく、通気・換気計画が重要になる。構造材は、乾燥材を選択する。最低限の目安としてＪＡＳ（日本農林規格）がある共通の基準指標としてＪＡＳ制度があり、品質がどの基準にて生産されているものか製品に対し表示されたものである。ＪＡＳ認定機による強度計測を行った機械等級区分製材認証工場も少しずつではあるが増えてきている。計測データの蓄積管理が進み樹種別に強度分布出現率も明らかになっている。設計計画をする際、生産地の材料の平均基準強度を確認しておくと良い。

構造材の品質を保つには、加工技術も重要である。大工による手刻み、仕口形状を簡略化したプレカットなど、加工の方法はさまざまあるが、加工の際は木材の性質を理解しておくなど、製造・設計・施工まで含めた相互の連携が重要になる。

図 木材の素性と方向性

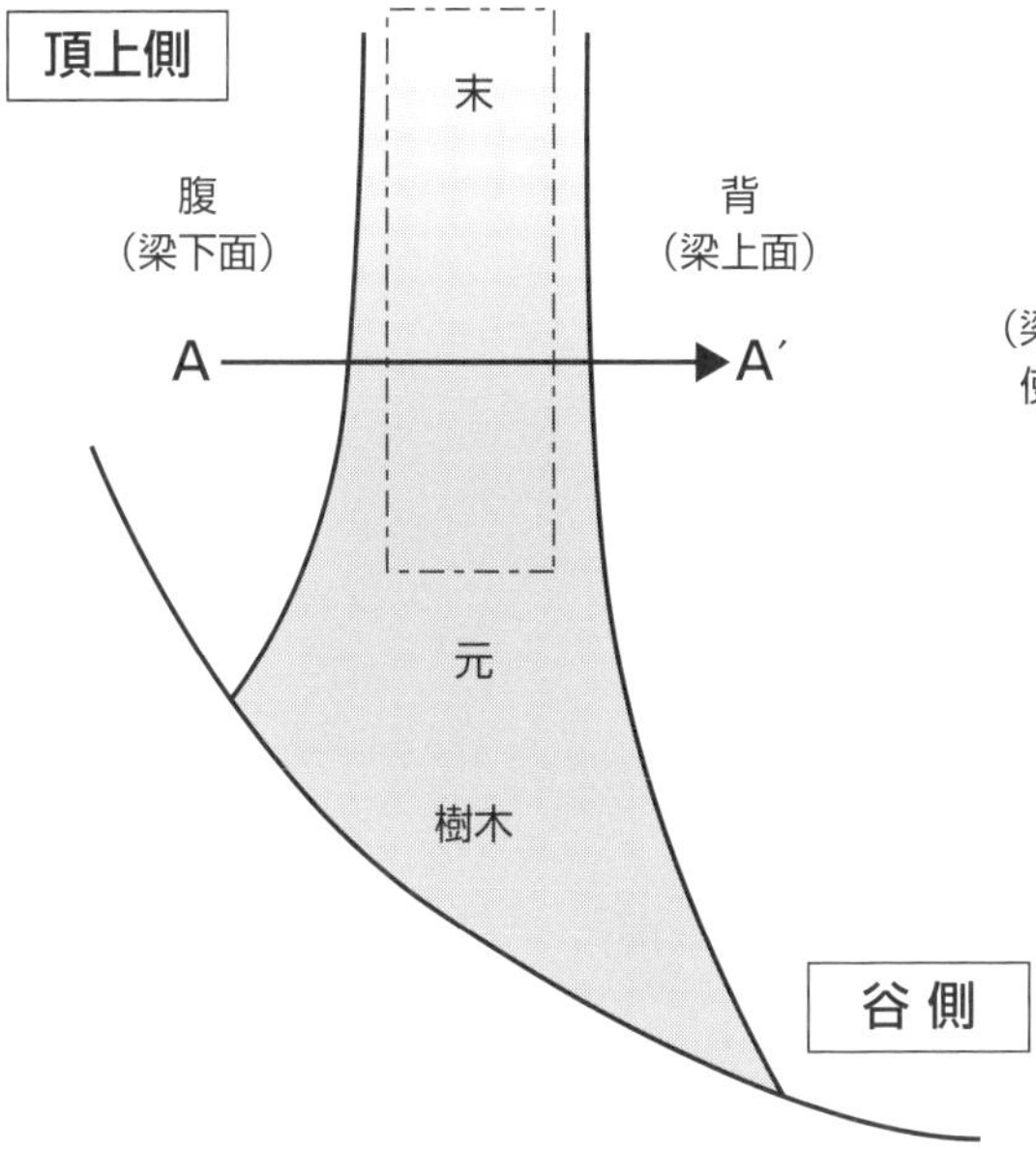

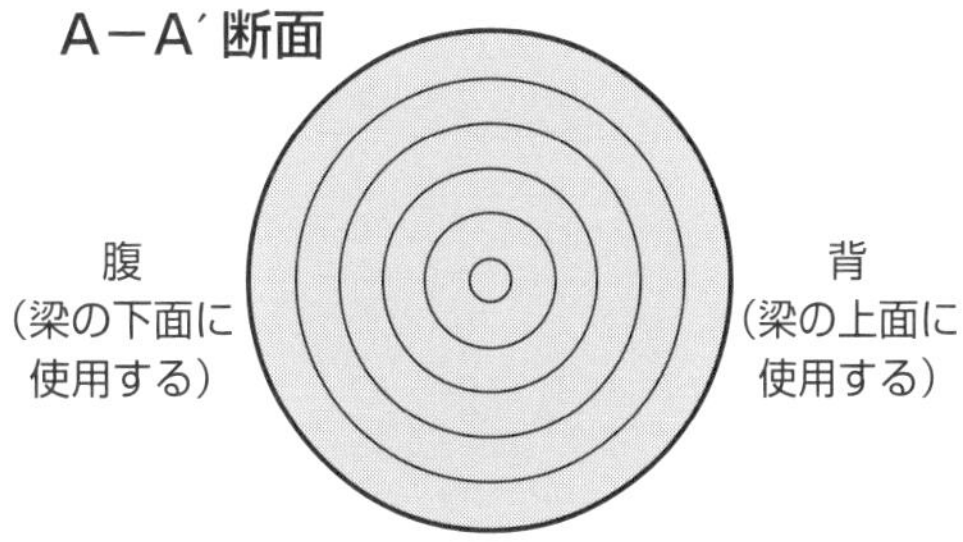

樹木（立木）がどのような方向性をもっているかで、梁材として使用する際の上下が決まる。また、どう使うかによって製材の仕方も変わる（図は一例）。社寺の隅木《すみぎ》などでは、背腹を逆に使う場合もある。さらに、目の方向によっても違う場合がある

写真 グレーディング材（材面にスペックが表示された材）

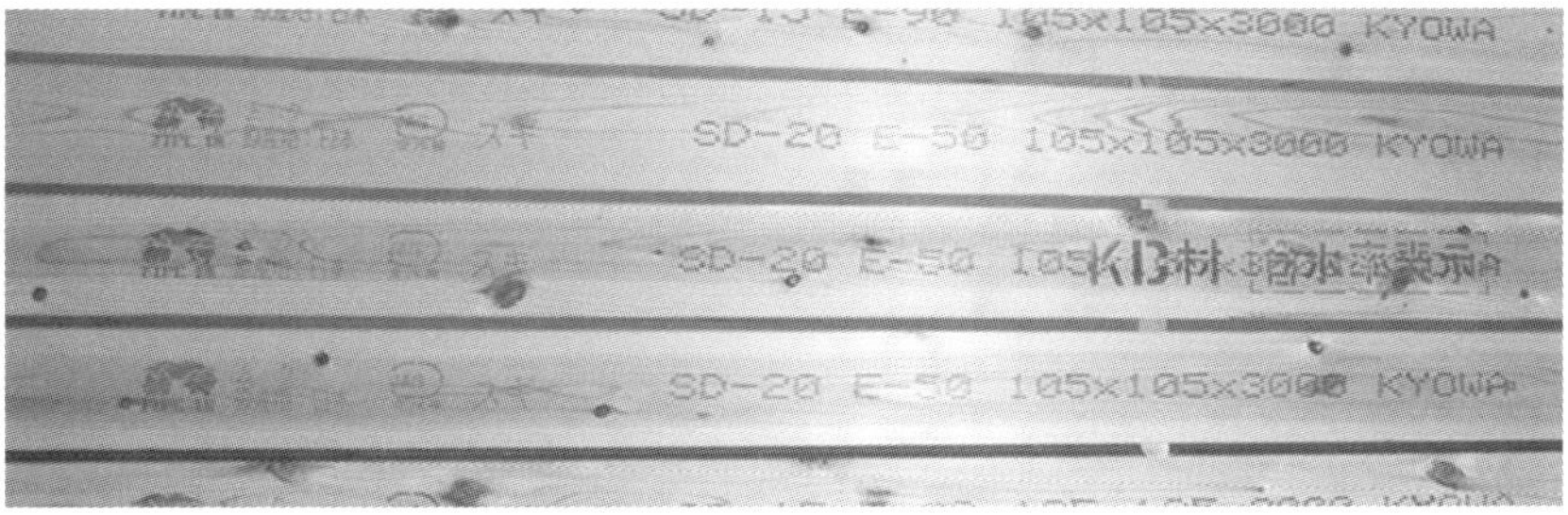

データ

管柱3m　105×105
FIPCL（木材表示推進協議会　合法木材・原産地表示）長期優良住宅対応
JASマーク（全木検）日本農林規格
含水率　SD-15、SD-20（製造時の含水率が15%以下、20%以下であることを表記）
強度（ヤング係数）E-50、E-70、E-90ほか
規格サイズ　105×105×3000
KYOWA（製造メーカー名：協和木材㈱）
製造年月日＋ロットNo.200811252555（2008年11月25日2555番目に製造）

注　原産地や製造元・製造年月日まで表記した製材メーカーもある

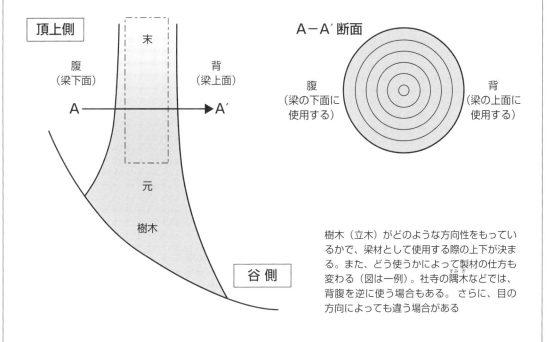

16 木に含まれる水分

- 含水率は木材の収縮に影響する
- 木材に含まれる水分は、自由水と結合水に分けられる

自由水と結合水

木材に含まれる水分量は、次の式で示される含水率で表現される。

含水率（%）＝100（W−Wo）／Wo

W：ある水分状態での重さ

Wo：水分0（全乾）の状態での重さ

伐採後の生材は、通常多量の水分を含んでいて、特にスギのような針葉樹は全乾状態の重量の2倍もの水分を含む（含水率200%）場合がある。

木材に含まれる水分は、内部の空隙にたまる自由水と、細胞壁と化学結合した結合水に分けられる。伐採した生材を放置していると、まず自由水が抜け始め、含水率28〜30%に達すると自由水がなくなり、結合水のみとなる（この変換点を繊維飽和点と呼ぶ）。

その後、結合水が抜け始めるが、結合水が抜けると結合水が占めていた細胞壁内容積が減っていき、木材の収縮が進行する（こうした収縮は自由水が抜けていく段階では起きない）。

乾燥が進むと、含水率は木材の置かれた温度や相対湿度と均衡し、15%前後の平衡含水率に至る（図1、2）。

水分傾斜とは

木材の乾燥は空気に接する外周から進み、中心部は高い含水率を維持する。特に赤味部分の水分が抜けにくいスギなどは、中心部の含水率が高い（表1）。

このように、同一木材のなかで含水率が異なる状態を、「水分傾斜が存在する」という。水分傾斜が残っていたり平衡含水率に至っていない木材を建築用材に使用すると、さらなる収縮や変形が進行する。

平衡含水率と部位・気候

わが国では含水率15%を気乾状態としている。木材の平衡含水率は、周辺の温度や相対湿度と平衡する（樹種による大きな差はない）。そのため、平衡含水率は建物内で使用される部位により異なり（表2）、気候の年変化により変動する（図3）。この変動に伴い、木材は微小な伸縮を繰り返す。

図1 木材の含水率推移

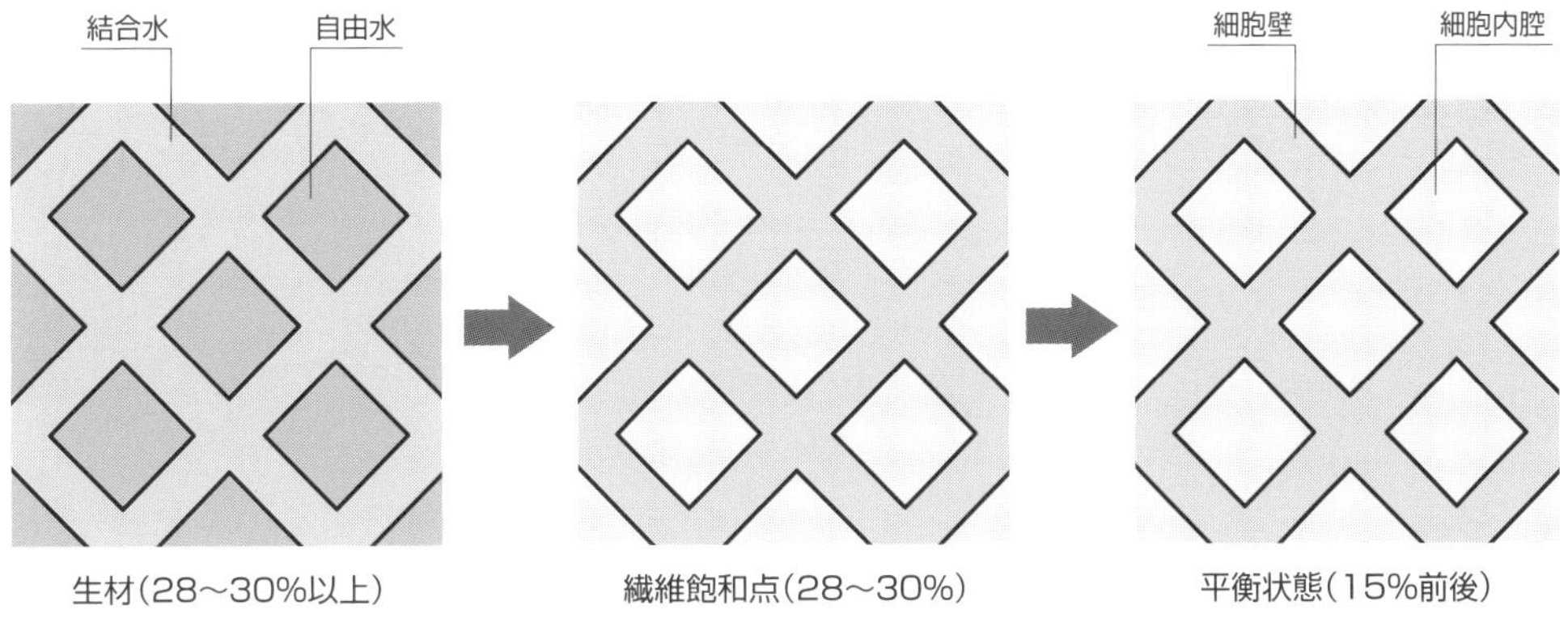

図2 105㎜角材の天然乾燥経過

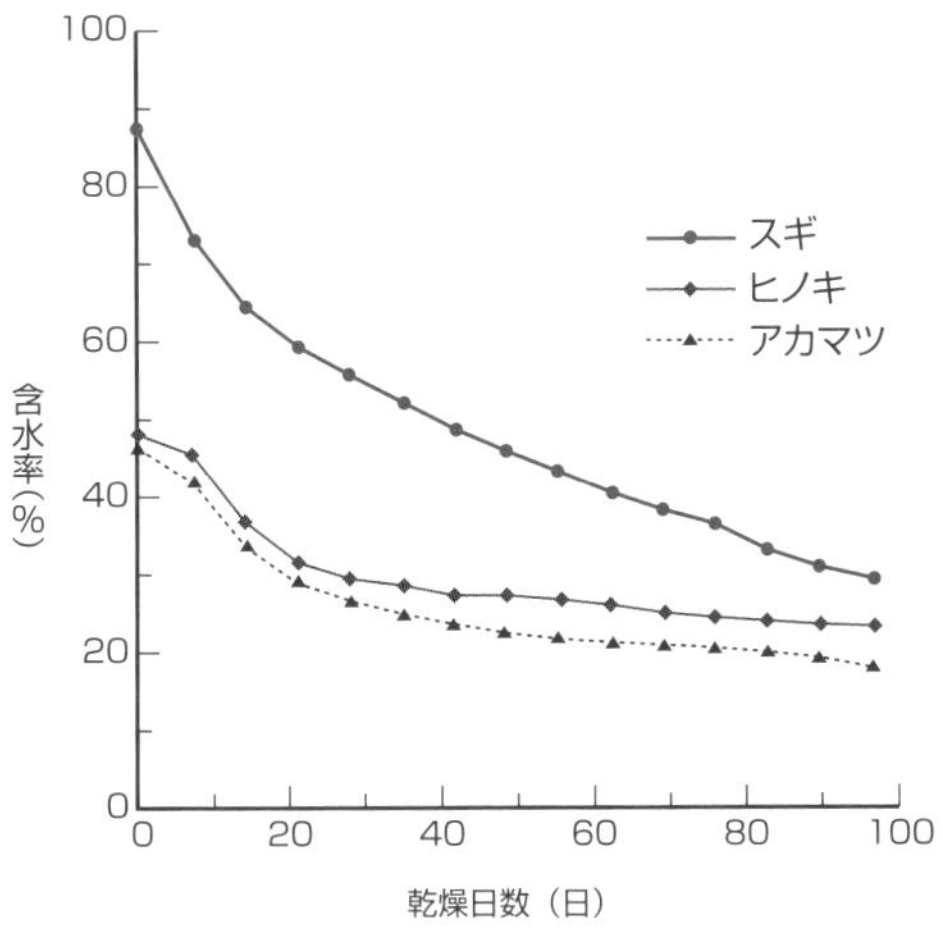

乾燥日数の経過と共に含水率は減少し、次第に一定となる（美濃市・冬期）

図3 地域別平衡含水率の幅

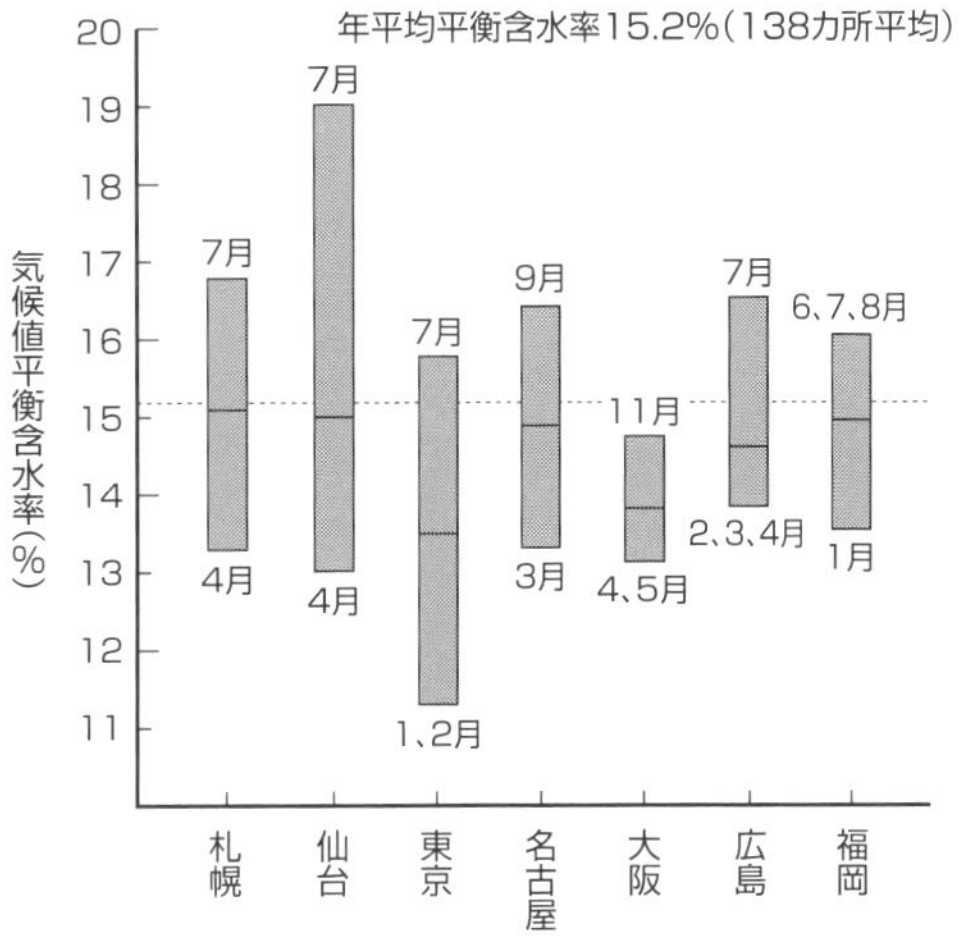

地域、季節によって平衡含水率は異なる

表1 生材含水率

樹種	含水率（%）	
	辺材	心材
スギ	159.2	55.0
ヒノキ	153.3	33.5

生材の含水率は心材と辺材で大きく異なる

表2 使用場所と平衡含水率

用途	使用場所	平衡含水率（%）
一般建築用材	エアコン室内	11 ～ 12
	通常室内	13 ～ 15
	屋外	15 ～ 16
家具	エアコン室内	9 ～ 11
	通常室内	13 ～ 15

執筆：野口泰司

17 ヤング係数

●木材のヤング係数は、JASで等級分けされている
●計測には大きく2つの方法がある

ヤング係数とは

ヤング係数とは、物質の「硬さ」を表す値の一種で、物質に外部から力が加わったときの〝変形しにくさ（歪みにくさ）〟を数値化するものである。18世紀のイギリスの物理学者トマス・ヤングが定義したことから、ヤング係数（ヤング率）と名づけられた。

たとえば、木材の梁の中心に荷重をかけると、梁は曲げられてたわむ。このときの変形量は、荷重の大きさや、部材のスパンおよび断面形状、材質によって異なる。このうち材質に該当するものがヤング係数である。ヤング係数が大きいものはたわみにくく、小さいものはたわみやすい。

ＪＡＳでは、木材のヤング係数を等級分けしている（写真1）。ただし、区分表から分かるように、同じ機械等級に区分されたものでも下限値に近いものと上限値に近いものでは、1.2～1.5倍の開きがある。そのため、余裕をもった設計を心がける必要がある。

ヤング係数の計測方法

ヤング係数の計測には、実荷重測定式（静加重式）と打撃音法（縦振動法）がある（写真2、3）。

実荷重測定式は、実際に使用する状態に近いかたちで荷重をかけるもので、より正確な測定ができる。ただし、測定機器が重く大きく、高額なため、機械等級区分製材取得のＪＡＳ認証工場を中心に使われている。

打撃音法は、固有振動数と質量（密度）から弾性係数を求める非破壊測定法である。材料の共振現象を利用するもので、木材をハンマーによって打撃して発生する音の振動数をＦＦＴスペクトルアナライザーにより取得し安定した計測が可能になる。打撃音法には木材の材軸方向に打撃する縦振動法と、木材の材中央を垂直方向に打撃する横振動法がある。実荷重測定方式に比べ比較的安価なことと持ち運び出来る物も有る為利便性の高い測定方法として普及している。

写真1 ヤング係数測定終了後に出荷される木材

ヤング係数の測定が終了し、JASに則った木材には刻印が施され、市場に出荷される

写真2 実荷重測定式によるヤング係数の測定

3m×12㎝角の材に250㎏の荷重で歪みの測定を実施しているところ。実荷重測定は、実際の使用状況に近いかたちで荷重をかけるため、正確なヤング係数を測定できる

写真3 打撃音法によるヤング係数の測定

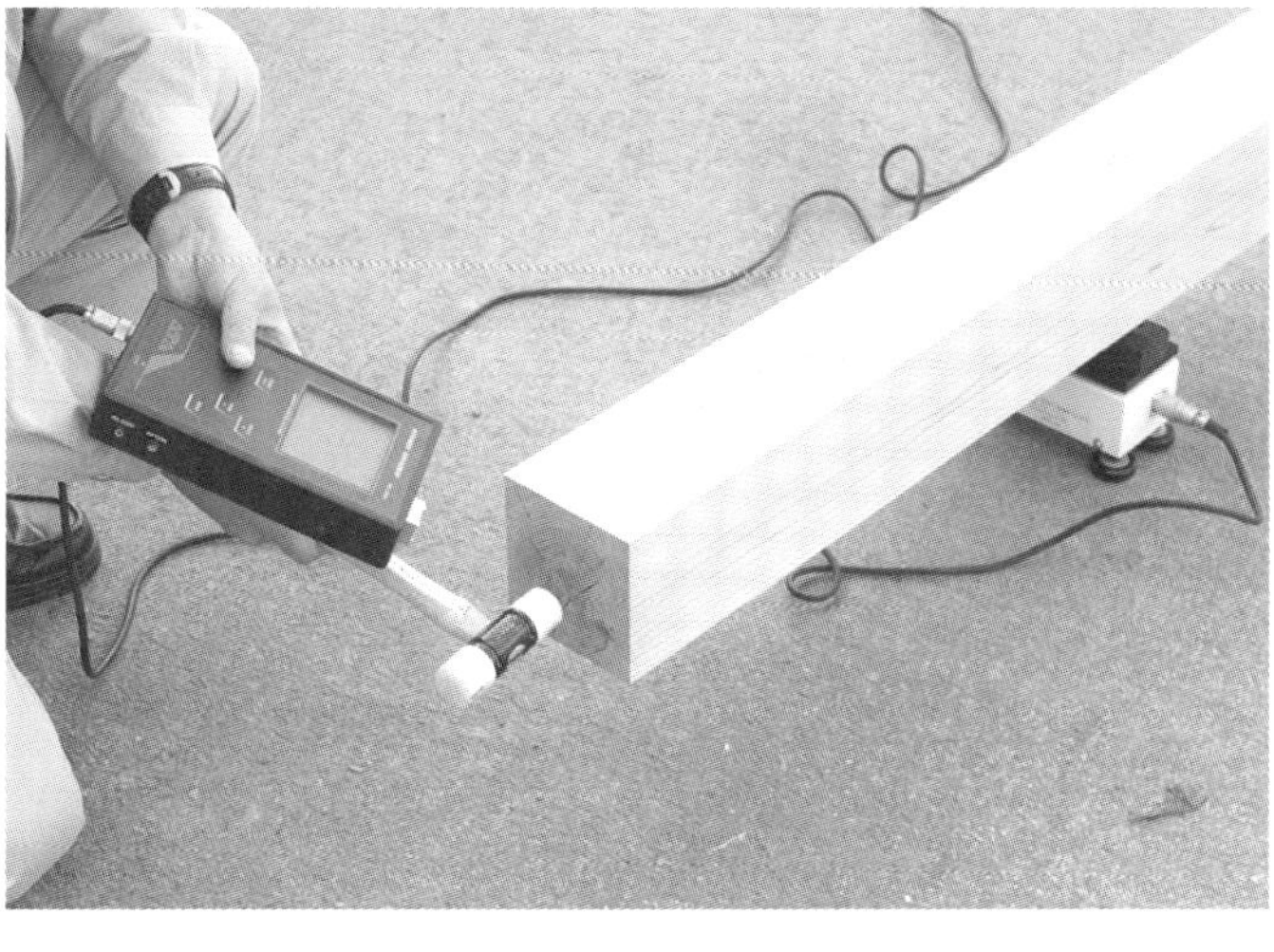

重量計の上に材を置き、材の木口に打撃を加える。このときに出る音の高さなどからヤング係数を計算する

執筆：金子真治

18 流通規格（JAS）

●尺、寸、分の尺貫法をもとに、JASの寸法がつくられた
●JASでは、天然乾燥材も未乾燥材として扱う

製材の寸法

JAS（日本農林規格）には構造用製材の標準寸法があり（仕上げ材は規格寸法と呼ぶ）、伝統的に使われてきた尺、寸、分の尺貫法がJASのもとになっている。したがって、梁や柱は短辺（幅）が90㎜以上で、長辺（せい）が1寸（約30㎜）刻みで増える。根太や垂木、筋かい、貫の厚みは15㎜以上で、こちらは1分（3㎜）刻みで増える。

JASは、標準寸法を超えるサイズまで使用可能であるが、短辺が150㎜を超えるものは別の規格（大断面）になる。設計上は長辺が330㎜以下となるよう工夫したほうが価格や調達の面からも現実的。

丸太の寸法

丸太の側面のみを切り落としたものを太鼓梁、太鼓落としと呼び、「末口180」などと表示する。樹木の根元を元口、先端側を末口というが、これは末口のほうが元口よりも径が細いことから、断面の最低寸法を指定していることになる。長さは6尺（1・82ｍ）、10尺（3.0ｍ）、12尺（3・65ｍ）、13尺（4.0ｍ）、20尺（6.0ｍ）が一般的である。4ｍ材は木造住宅の間取りを考慮して、2間（3・64ｍ）まで対応できるようにしたものである。

一方、柱は木造住宅の標準的な階高2.7ｍを考慮し、管柱《くだばしら》用は3ｍ、通し柱用は6ｍに製材されることが多い。

JAS製品の規定

JASの寸法は、一般にその後の収縮を考慮し大きく設定している。乾燥材は+1.0～+1.5㎜、-0（SD15は-0.5可）。未乾燥材は+2.0～+3.0㎜、-0と規定されている。しかし、これらは工場出荷時の寸法であるため、監理上は収縮による寸法不足などを確認することが望まれる。なお、天然乾燥はJASの中で含水率30％以下と規定されているが人工乾燥処理製材のような表示（SD15、D20等）は出来ない。KDの使用や含水率が指定された場合には、その使用に関して注意が必要である。

表1 JAS-構造用製材の標準寸法（仕上材の場合は規格寸法）

木口の短辺（mm）	木口の長辺（mm）																						
15								90		105	120											
18								90		105	120											
21								90		105	120											
24								90		105	120											
27			45		60		75		90		105	120											
30		39	45		60		75		90		105	120											
36	36	39	45		60	66	75		90		105	120											
39									90		105	120											
45									90		105	120											
60									90		105	120											
75									90		105	120											
80									90		105	120											
90									90		105	120	135	150	180		210	240	270	300	330	360	
100										100	105	120	135	150	180		210	240	270	300	330	360	390
105											105	120	135	150	180		210	240	270	300	330	360	390
120												120	135	150	180		210	240	270	300	330	360	390
135													135	150	180		210	240	270	300	330	360	390
150														150	180		210	240	270	300	330	360	390
180															180		210	240	270	300	330	360	390
200																200	210	240	270	300	330	360	390
210																	210	240	270	300	330	360	390
240																		240	270	300	330	360	390
270																			270	300	330	360	390
300																				300	330	360	390

出典：「新しい製材の日本農林規格並びに改正の要点及び解説」（（社）全国木材検査・研究協会）

表2 JAS-下地用製材の標準寸法

木口の短辺（mm）	木口の長辺（mm）																材長（m）				
9					75		90	105	120	135	150	180	210	240	270	300	1.82	2.00	3.00		4.00
12					75	80	90	105	120	135	150	180	210	240	270	300	1.82	2.00	3.00	3.65	4.00
15					75		90	105	120	135	150	180	210	240	270	300	1.82	2.00	3.00	3.65	4.00
18	36		45	55	75		90	105	120	135	150	180	210	240	270	300	1.82	2.00	3.00	3.65	4.00
21	36		45	55														2.00	3.00		4.00
24	36		45	55										（板類）		1.82	2.00	3.00	3.65	4.00	
36	36		45															2.00	3.00	3.65	4.00
40		40				（角類）										2.00	3.00		4.00		
45																	1.82	2.00	3.00	3.65	4.00

出典：「新しい製材の日本農林規格並びに改正の要点及び解説」（（社）全国木材検査・研究協会）

執筆：金子真治

19 強度（JAS）

●耐朽性は、心材と辺材で大きく異なる
●未成熟材の使用を減らす「適寸材」という考え方

耐朽性と強度の関係

製材された木材強度の議論は、「どれくらい長持ちするか」（耐朽性）と、「どれくらいの力に耐えられるか」（強度）に二分される。耐朽性に関しては通気性の悪い所で使用された場合、辺材部は2年、心材部は7年程度で交換が必要と言われるが、あくまで使用される場所の通気性や湿度などの影響が大きい為、一律には評価出来ない。一般的に木材は通気性が良く、湿度の低い所に使用されることが望ましい。

一方、強度は違う次元で考える必要がある。樹木は形成層で生長して年輪を形成していくが、生育後10～15年の未成熟な形成層から生み出された部分は、繊維が短く強度が低い。幹が細いうちは繊維を短くして柔軟性をもたせ、風雨に耐えられるようにしているからである。また、年輪が細かい木材ほど強度が高いと言われている（図）。

製材には「適寸材」という言葉がある。角材を取るのに適した大きさの丸太のことである。大きな径の丸太からできるだけギリギリで柱材などを製材する際に、未成熟材の比率を低くする方法である。強度が出る製材とまではいえないが、有効な方法である。

木材強度の計測

一般に、木材の強度を正確に測定するには破壊試験が必要である。しかし、破壊しては材料として使えなくなるので、実際には木材強度と高い相関関係にあるヤング係数（弾性係数：ひずみ度）を測定し、強度の等級区分を行う方法が採用される（表）。柔軟な樹種ほど数値は低くなるが、粘り強い（靭性のある）スギ材などは、ヤング係数が低くても基準強度は高く規定されている。逆に、ヤング係数が高いといわれるベイマツは、等級により強度に大きな差がある。

欠陥住宅問題や阪神・淡路大震災を契機に、住宅の強度に関する法令が改定され、木材の強度規定も見直された。樹種ごとに、ヤング係数にもとづいた基準強度が規定されている。

図 髄からの年輪数と曲げ強度の関係（カラマツの例）

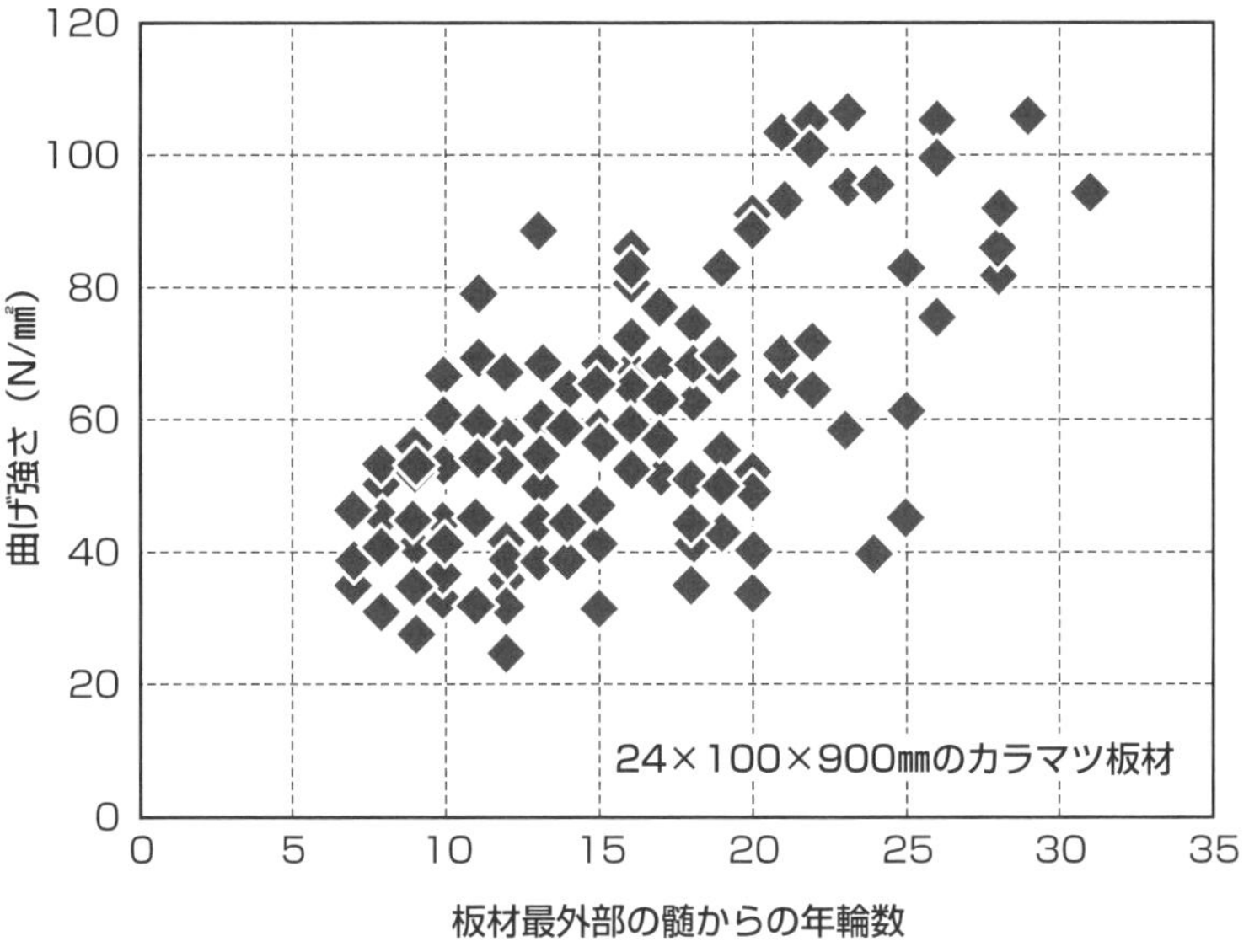

年輪数が多く、年輪の密度が高いものほど強度が高くなる傾向が見られる

表 JASの目視等級区分構造用製材に対応した基準強度と基準弾性係数

樹種	区分	等級	基準強度（N/㎟）				基準弾性係数（kN/㎟）		
			F_c	F_t	F_b	F_s	E_0	$E_{0.05}$	G_0
ベイマツ	甲種構造材	1級	27.0	20.4	34.2	2.4	12.0	8.5	E_0の値の1/15とする
		2級	18.0	13.8	22.8				
		3級	13.8	10.8	17.4				
	乙種構造材	1級	27.0	16.2	27.0				
		2級	18.0	10.8	18.0				
		3級	13.8	8.4	13.8				
カラマツ	甲種構造材	1級	23.4	18.0	29.4	2.1	9.5	6.0	
		2級	20.4	15.6	25.8				
		3級	18.6	13.8	23.4				
	乙種構造材	1級	23.4	14.4	23.4				
		2級	20.4	12.6	20.4				
		3級	18.6	10.8	17.4				
ヒノキ	甲種構造材	1級	30.6	22.8	38.4	2.1	11.0	8.5	
		2級	27.0	20.4	34.2				
		3級	23.4	17.4	28.8				
	乙種構造材	1級	30.6	18.6	30.6				
		2級	27.0	16.2	27.0				
		3級	23.4	13.8	23.4				
スギ	甲種構造材	1級	21.6	16.2	27.0	1.8	7.0	4.5	
		2級	20.4	15.6	25.8				
		3級	18.0	13.8	22.2				
	乙種構造材	1級	21.6	13.2	21.6				
		2級	20.4	12.6	20.4				
		3級	18.0	10.8	18.0				

執筆：金子真治

20 含水率（ＪＡＳ）

●平衡含水率以下の乾燥材が理想
●乾燥材は「未仕上材」と「仕上材」に区分される

含水率の基準と乾燥方法

木材は、生材状態から繊維飽和点（およそ30％）以下に含水率が低下すると収縮などが起こってくる。そのため、建築前に乾燥処理されていない木材を使用すると、建築後に収縮による寸法変化が起こり、建物の構造などに大きな問題を引き起こすことにつながりかねない。

木材の乾燥による寸法変化は、置かれた温湿度環境に対応しながら平衡含水率（約15％）に近づき、安定する。そのため、含水率が15～20％程度に乾燥された木材であれば、温湿度環境により多少の寸法変化が生じるものの、通常は、許容できる範囲であると考えられる。

そこで、日本農林規格（ＪＡＳ）では、乾燥材の含水率基準を品目ごとに定めている（表1）。ただし、木材を乾燥する方法には、天然乾燥と人工乾燥がある。天然乾燥は到達できる含水率に限度があり、季節や地域など多くの不安定な要因があることから、品質の管理が難しい。

そのため、ＪＡＳの含水率基準を満たす乾燥材を生産するには、一般に人工乾燥装置を使用する。乾燥装置には、蒸気式、除湿式、減圧式、蒸気・高周波複合式などがあり、木材の用途や材種によって使い分けられている（表2）。

乾燥材の表示

乾燥材は、工場出荷後に加工が施されることを想定した「未仕上材」と、十分な乾燥処理がなされ寸法仕上げされた「仕上材」とに区分されている。

未仕上材は、Dry-Lumber もしくは Dry-Timber の頭文字をとり、「Ｄ（乾燥材）」と表示される。

仕上材は、Surfaced-Dry-Lumber の頭文字をとり、「ＳＤ（表面を削って仕上げされた木材）」と表示される。

具体的には、これらの記号と含水率基準の数値を併記する。たとえば、仕上材で含水率基準15％をクリアしている製品は、「ＳＤ15」と表示される。

表1 乾燥材の含水率基準

品目		含水率基準（表示値以下、%）	表示記号
造作用製材	仕上材	15、18	SD15、SD18
	未仕上材	15、18	D15、D18
目視等級区分構造用製材、機械等級区分構造用製材	仕上材	15、20	SD15、SD20
	未仕上材	15、20、25	D15、D20、D25
下地用製材	仕上材	15、20	SD15、SD20
	未仕上材	15、20	D15、D20
広葉樹製材		10、13	D10、D13

表2 含水率計の認定品

	認定番号	含水率計
携帯型	1-02-001	高周波木材水分計 (HM-520)
	1-03-001	高周波木材水分計 (HM8-WS25 型)
	1-04-001	CSA 高周波式木材水分計（D200XL）
設置型	2-01-003	マイクロ波透過型木材水分計（タイプ LA-1）
	2-03-002	マイクロ波透過型木材水分計（MB-3100）
	2-07-001	中性子木材水分計（HYM-1）

（財）日本住宅・木材技術センター認定（2008年4月1日現在）
注　含水率計には認定品と非認定品がある。また、年度によっても異なる

写真1 携帯型含水率計

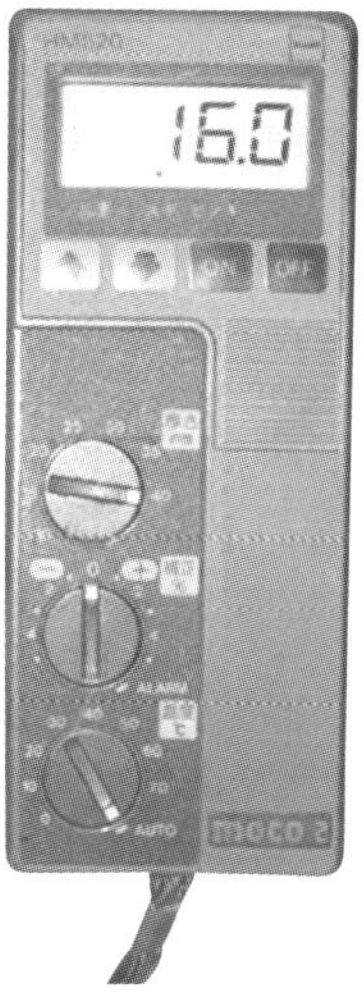

携帯型の含水率計は、材の中心にセッティングするのがポイント。材端部分では正確に測定できない

写真2 設置型含水率計

製材工場などでは、設置型含水率計により、1本1本の材について、正確な含水率を把握している

執筆：金子真治

21 目視等級と機械等級（ＪＡＳ）

- 目視等級区分は、材面の品質を目視で評価する
- 機械等級区分は、ヤング係数にもとづいて評価する

目視等級区分とは

材面の品質に応じて等級を区分する方法が、目視等級区分法である。木材の強度におよぼす節、繊維傾斜、割れなど、目視により評価できる因子にもとづく。この方法で等級区分された製材が、目視等級区分構造用製材である。

目視等級区分製材は、節・丸み・曲がり・割れ・腐りなどの欠点を、実際にＪＡＳの資格者が目で見て確認し等級分けする。構造的に要求される性能に応じて、以下のように区分する。

主に高い曲げ性能を必要とする部分に使用される材（梁・横架材）が「甲種構造材」で、断面寸法により甲種Ⅰと甲種Ⅱの2種類に区分される。甲種Ⅰは木口の短辺が36㎜未満のもの、および木口の短辺が36㎜以上で、かつ長辺が90㎜未満のものをいう。甲種Ⅱは木口の短辺が36㎜以上で、かつ木口の長辺が90㎜以上のものをいう。

圧縮性能を必要とする部分に使用する材が「乙種構造材」である。柱、間柱、小屋束、床束など主として縦使い用途の構造材で、節などによる欠損の影響や割れ、年輪の間隔などによって1〜3級に細分類されている（表1）。

機械等級区分とは

機械等級区分法は、曲げ試験機などにより、非破壊的に測定される曲げヤング係数にもとづき、強度の等級区分を行う方法である（表2）。

ヤング係数と木材の強さとの間には統計的に高い相関関係があり、目視等級区分法に比べると、より高い精度で強度別の仕分けが可能になる。ただし、機械等級区分構造用製材のＪＡＳ認定を取得するには、あらかじめ認定された機械等級区分装置を使用しなければならない。

ヤング係数および目視等級区分の欠点項目と、木材の強さの関係は、ほとんどの場合、ヤング係数が木材強度の最もよい指標となっている。このことからも、機械等級区分は木材の合理的な等級区分といえる。

表1 目視等級の表示

等級	1級	2級	3級
星印	★★★	★★	★

等級ごとに★で示される。ただし、太鼓材は★の後に「たいこ」の表示を入れる

表2 JASの機械等級区分構造用製材に対応した基準強度と基準弾性係数

樹種	等級	基準強度（N/㎟）				基準弾性係数（kN/㎟）		
		F_c	F_t	F_b	F_s	E_0	$E_{0.05}$	G_0
アカマツ、ベイマツ、ベイツガ、エゾマツ、トドマツ	E50	−	−	−	目視等級区分構造用製材に対応した表にしたがって、樹種ごとの基準強度の値を適用する	−	−	E_0の値の1/15とする
	E70	9.6	7.2	12.0		6.9	5.9	
	E90	16.8	12.6	21.0		8.8	7.8	
	E110	24.6	18.6	30.6		10.8	9.8	
	E130	31.8	24.0	39.6		12.7	11.8	
	E150	39.0	29.4	48.6		14.7	13.7	
カラマツ、ヒノキ、ヒバ	E50	11.4	8.4	13.8		4.9	3.9	
	E70	18.0	13.2	22.2		6.9	5.9	
	E90	24.6	18.6	30.6		8.8	7.8	
	E110	31.2	23.4	38.4		10.8	9.8	
	E130	37.8	28.2	46.8		12.7	11.8	
	E150	44.4	33.0	55.2		14.7	13.7	
スギ	E50	19.2	14.4	24.0		4.9	3.9	
	E70	23.4	17.4	29.4		6.9	5.9	
	E90	28.2	21.0	34.8		8.8	7.8	
	E110	32.4	24.6	40.8		10.8	9.8	
	E130	37.2	27.6	46.2		12.7	11.8	
	E150	41.4	31.2	51.6		14.7	13.7	

$E_{0.05}$は変形が極めて重視される部材あるいは圧縮力に対して単独で働く主要な部材である場合に用いる。ただし、円柱類にあっては、スギ、カラマツ、ヒノキに限る

執筆：金子真治

22 無等級材

●無等級材とは、ＪＡＳによる区分がなされていない材のこと
●無等級材＝低評価材、ではない

等級区分されていない無等級材

日本農林規格（ＪＡＳ）は、木造の骨組みに使われる構造材の強度について等級区分を行っているが、このような等級区分を行っていない製材品を「無等級材」という（図）。

たとえば、栃木県内には現在製材工場が150社程度あるが、このうちＪＡＳの等級区分を行えるＪＡＳ認定工場は、8社しかない（２０１０年10月現在）。製材工場全体に対する認定工場の割合は、ほかの地域も同様であろう。このことは、ＪＡＳがあまり普及していないことを意味する。言い換えれば、国内に流通する製材品は、無等級材が主流であるということである。

そこには、性能にばらつきの多い木は、古くから大工が現場で確認して選別していたという歴史が関係している。また、製材所が製材品についてＪＡＳの等級区分を行っても、市場では等級区分された材と無等級材が、なんら変わらぬ価格とされている現状も大きい。

基準強度判定に区別なし

木に精通する大工が減少し、分業化が進んだ現在では、木の性能は標準的な尺度で評価せざるを得ない。

建築基準法では、ＪＡＳの目視等級区分から無等級材まで、一般に使用されるマツ、スギ、ヒノキなどの樹種ごとに基準強度を定めている（表）。木造の構造計算は、この基準強度をもとに使用する木材の許容応力度を求めて行われている。つまり、建築基準法では、無等級材と等級区分材の別なく扱われているということであり、無等級材だからといって強度が劣ることにはならない。

住宅の性能表示が進むなかで、ＪＡＳ表示がない無等級材は、その評価を低く見られやすい。しかし無等級材は、目的により等級がつけがたい木の性能のばらつきを容認する尺度としてとらえることもできる。木造の設計者はこのことを認識し、自然物としての木の特性をよく見極める必要がある。

図 等級区分する前と後の木材強度のばらつき

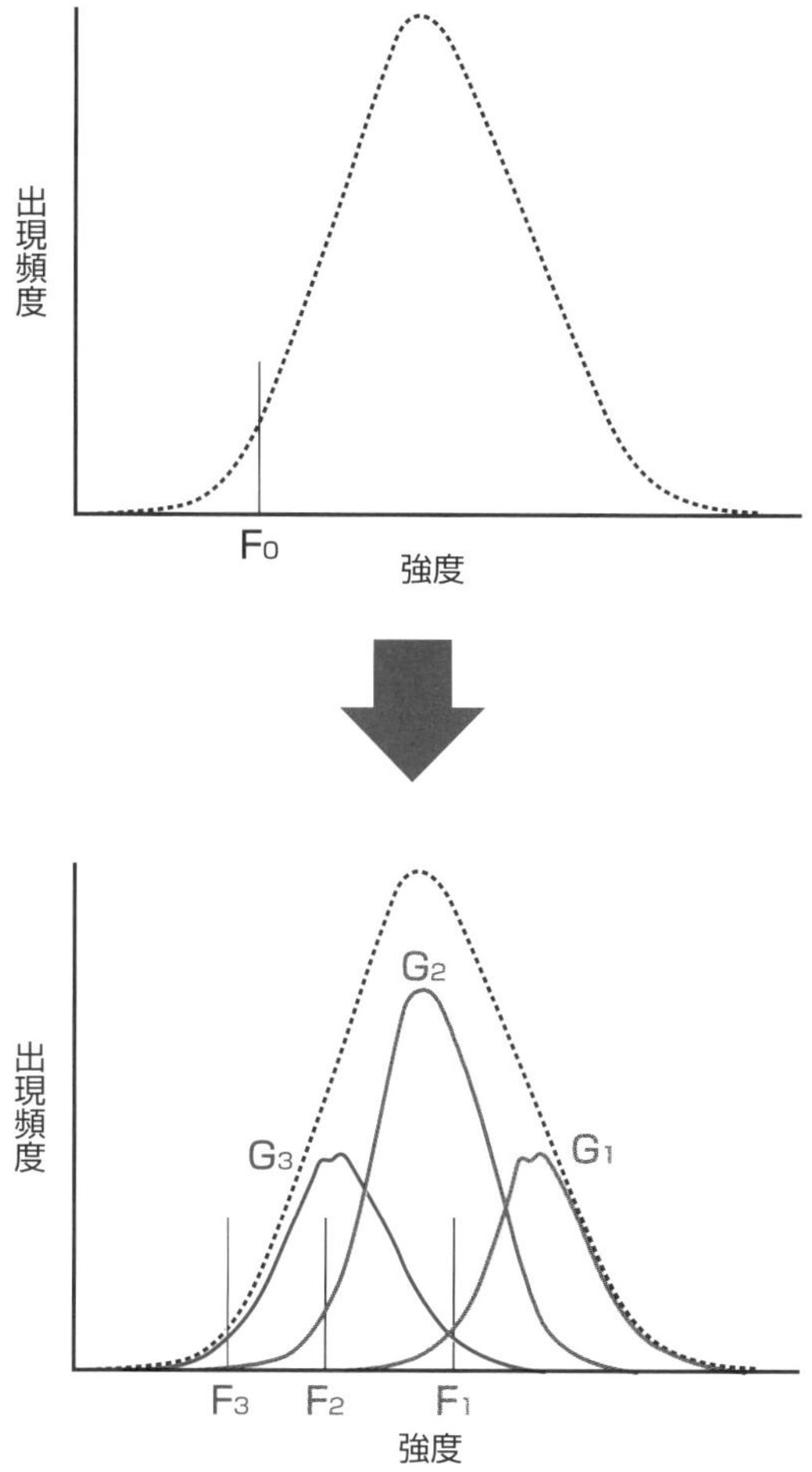

等級区分される前の強度の分布。弱いもの（左）から強いもの（右）の現れ方を示している。F_0は強さの統計的下限値

3等級に等級区分された強度分布。等級別に、G_1、G_2、G_3に分類される。F_1、F_2、F_3はそれぞれの統計的下限値。等級に分類することで統計的下限値が向上し、等級区分しない場合に比べてより大きな強度を保証できるグループ設定が可能になる

表 無等級材の基準強度（H12国交省告示1452号）

樹 種		圧縮（N/㎟）	引張（N/㎟）	曲げ（N/㎟）	せん断（N/㎟）
針葉樹	アカマツ、クロマツ、ベイマツ	22.2	17.7	28.2	2.4
	カラマツ、ヒバ、ヒノキ、ベイヒ	20.7	16.2	27.7	2.1
	ツガ、ベイツガ	19.2	14.7	25.2	2.1
	モミ、エゾマツ、トドマツ、ベニマツ、スギ、ベイスギ、スプルース	17.7	13.5	22.2	1.8
広葉樹	カシ	27.0	24.0	38.4	4.2
	クリ、ナラ、ブナ、ケヤキ	21.0	18.0	29.4	3.0

執筆：金子真治

23 標準偏差

●標準偏差で計る木材の曲げ性能
●曲げ強度のばらつきを知る尺度として有効

標準偏差で知る木の特性

ある集団について、データがどのように分布しているかを知るためには、平均値（その集団の中心的な代表値）をみる方法と、分散度（そのばらつきの具合い）をみる方法がある。

平均値をみる場合は算術平均が用いられ、分散度をみる場合には標準偏差が用いられることが多い。

一般に平均値μは、データX_nの合計をその数nで割った単純平均が多く使われている。その平均値は$\mu=(X_1+X_2+X_3+\cdots+X_n)/n$で表される。

この平均値だけでは、データがどのように分布しているか分からない。そこで、そのばらつき具合い（数値の分布状況）を示すものが必要になる。それが標準偏差である。

標準偏差は、自然素材の木の特性を表す手法として有効である。木材の曲げ性能試験の結果について数値のばらつきを知れば、各木材の曲げ性能に関する特性も分かる。

曲げ性能のばらつき

標準偏差は以下の式で表される。

$X_n-\mu$（偏差）

$\sigma^2=\Sigma(X_n-\mu)^2/n$
（分散）

（上記の偏差を2乗したもの$(X_n-\mu)^2$の和を、その数nで除したもの）

$\sigma=\sqrt{\Sigma(X_n-\mu)^2}/n$
（標準偏差）

（上記の分散を開平したもの）

この標準偏差を、実際に曲げ性能の試験結果に適用し、曲げヤング係数のばらつきを確認してみることにする。

たとえば、栃木県産材のスギ平角材（KD材）の曲げ性能試験の結果（表）を標準偏差でみると、同じ梁せいでも曲げヤング係数、曲げ強度にばらつきのあることが分かる。また、245本あるスギ平角材のなかでの曲げヤング係数の出現状況（図）をみても、標準偏差では広範囲にばらついているのが確認できる。

このようなばらつきは、ほかの樹種においても大小問わず見られる。このように、標準偏差はヤング係数、曲げ強度のばらつきを知る尺度として実に有効なのである。

表 スギKD材の曲げ性能の試験結果

梁せい（㎜）	下部支点スパン（㎜）	上部曲げスパン（㎜）	供試体数（体）	最大荷重 平均値（kN） 標準偏差 最小値 ～ 最大値	曲げヤング係数 平均値（kN㎟） 標準偏差 最小値 ～ 最大値	曲げ強度 平均値（N/㎟） 標準偏差 最小値 ～ 最大値
150	2700	900	30	43.29 8.04 25.52 ～ 60.76	8.26 1.50 4.87 ～ 11.74	43.3 8.05 25.5 ～ 60.8
180	3240	1080	30	45.45 8.68 25.36 ～ 61.12	8.03 1.29 4.34 ～ 10.52	40.6 7.79 22.6 ～ 54.7
210	3780	1280	37	50.62 10.70 30.88 ～ 74.12	8.06 1.57 4.76 ～ 11.89	41.3 8.75 25.2 ～ 60.5
240	3780	1280	35	63.94 10.53 41.722 ～ 81.84	7.92 1.27 5.63 ～ 10.23	41.0 6.77 26.7 ～ 52.6
270	3780	1350	24	79.78 14.03 50.80 ～ 107.10	7.25 1.12 5.93 ～ 9.95	40.3 7.09 25.7 ～ 54.1
300	4800	1600	28	79.68 10.78 60.40 ～ 96.50	7.84 1.37 5.54 ～ 10.27	45.5 6.17 34.5 ～ 55.2
330	4800	1650	29	95.64 12.73 67.60 ～ 114.00	7.64 0.80 5.41 ～ 9.31	45.5 6.07 32.1 ～ 54.3
360	5780	1920	32	82.26 13.52 58.30 ～ 105.40	7.30 1.06 5.34 ～ 9.73	42.1 6.93 29.9 ～ 54.0
			245		7.81 1.31 4.34 ～ 11.89	42.4 7.45 22.6 ～ 60.8

3等分点4点荷重法（(財)日本住宅・木材技術センター「構造用木材の強度試験法」に準ずる）にて実施。

試験スパンは標準（梁せいの18倍）を原則とし、それ以外は梁せいに応じ許容スパン内で実施

図 曲げヤング係数の出現状況（スギ―標準）

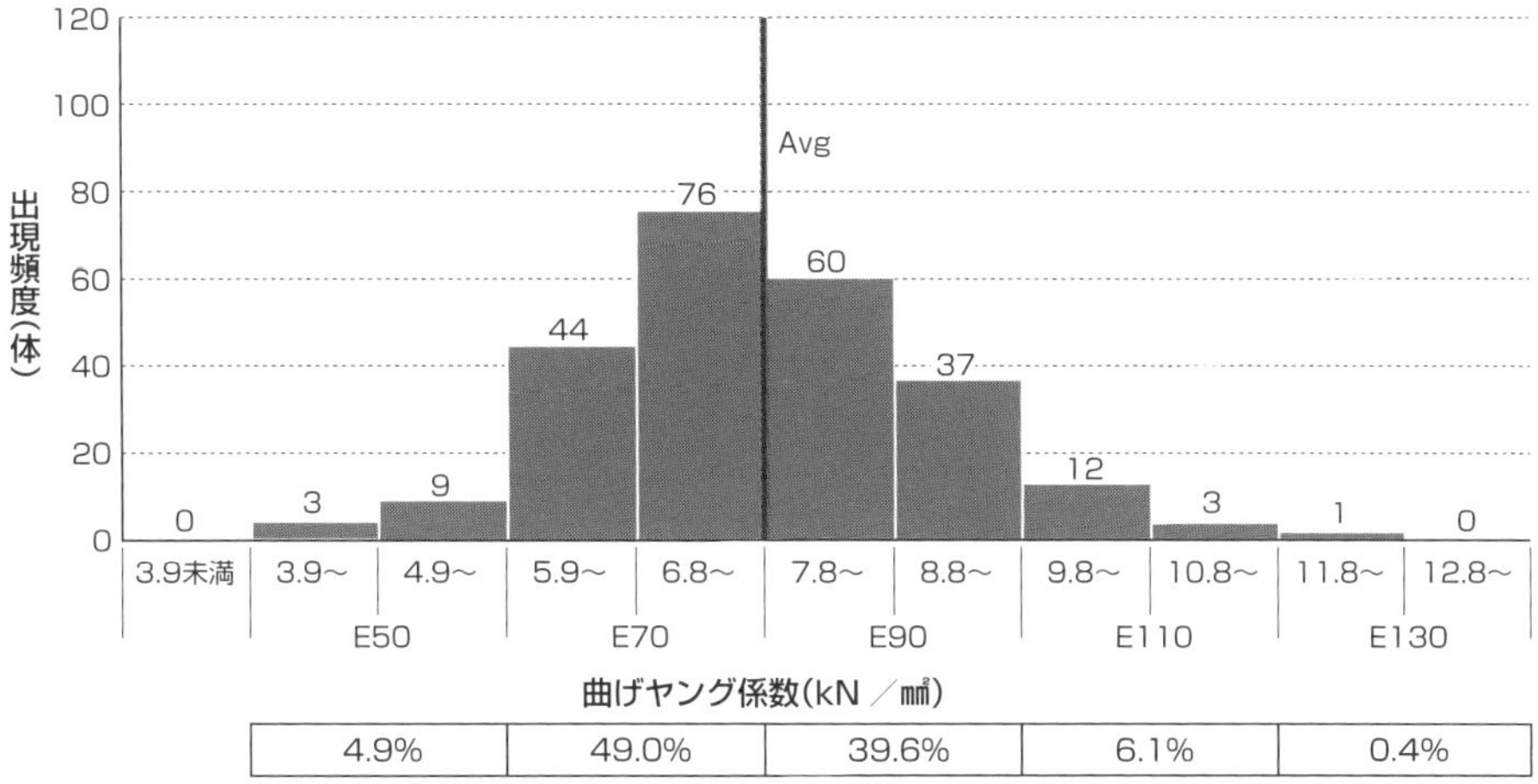

執筆：丸山純夫

24

未成熟材と成熟材 心材と辺材

- ●未成熟部分は強度が低い傾向がある
- ●心材は樹種ごとに特有の成分が蓄積され、耐朽性が高い

成熟材と未成熟材

樹木の内側には形成層と呼ばれる部分があり、ここで細胞分裂が起き、毎年、内部に木部（辺材）を、外側に樹皮を形成し続ける。成熟期の形成層によってつくられた木部が成熟材、未成熟期の形成層によって形成された髄近くの木部が未成熟材である。一般には、15年輪前後が未成熟材とされる。15年輪前後で樹木は成熟期を迎え徐々に成熟材へと移行するが、生まれて15年もたたない樹木の先端部分は成熟材に達しておらず、未成熟材のみが存在する（図1）。未成熟材は仮道管長が短く、強度も弱いなどの特徴がある（図2）。

辺材と心材

多くの樹種には、樹皮側の色の白い部分＝辺材と、中心部の色の濃い部分＝心材がある（エゾマツやトドマツのように、樹種によって辺材と心材の区分が不明瞭なものもある。写真）。

辺材は、養分の貯蔵や分泌などの生理的機能を持つ。また、根から吸い上げた水を葉に送る水分通導機能を持つため含水率が高い。

心材は樹体を支える支持機能を持つが、水分の通導機能を持たない。このため、一般の材の心材は含水率が低い。ただし、スギの心材は個体によっては100％を超える含水率を示す。

辺材は心材化によって着色化する。これはデンプンや糖が防菌性のあるフェノール性物質などの化学成分に変化するためである。このため心材は辺材に比べ耐朽性が高く、特にヒノキやヒバなどの心材は腐り難い。

辺材と心材ではどちらの強度が高いのかということがよく問われる。辺材は、心材より成熟材の占める割合が高くなることが多いため、「辺材は心材より強い」という主張は、まったく当たっていないわけではない。しかし、強度性質はあくまで未成熟材と成熟材という観点でとらえるべきで、辺材と心材という観点からは、本来、耐朽性という観点を問うべきであろう。

図1 成熟材と未成熟材の概念

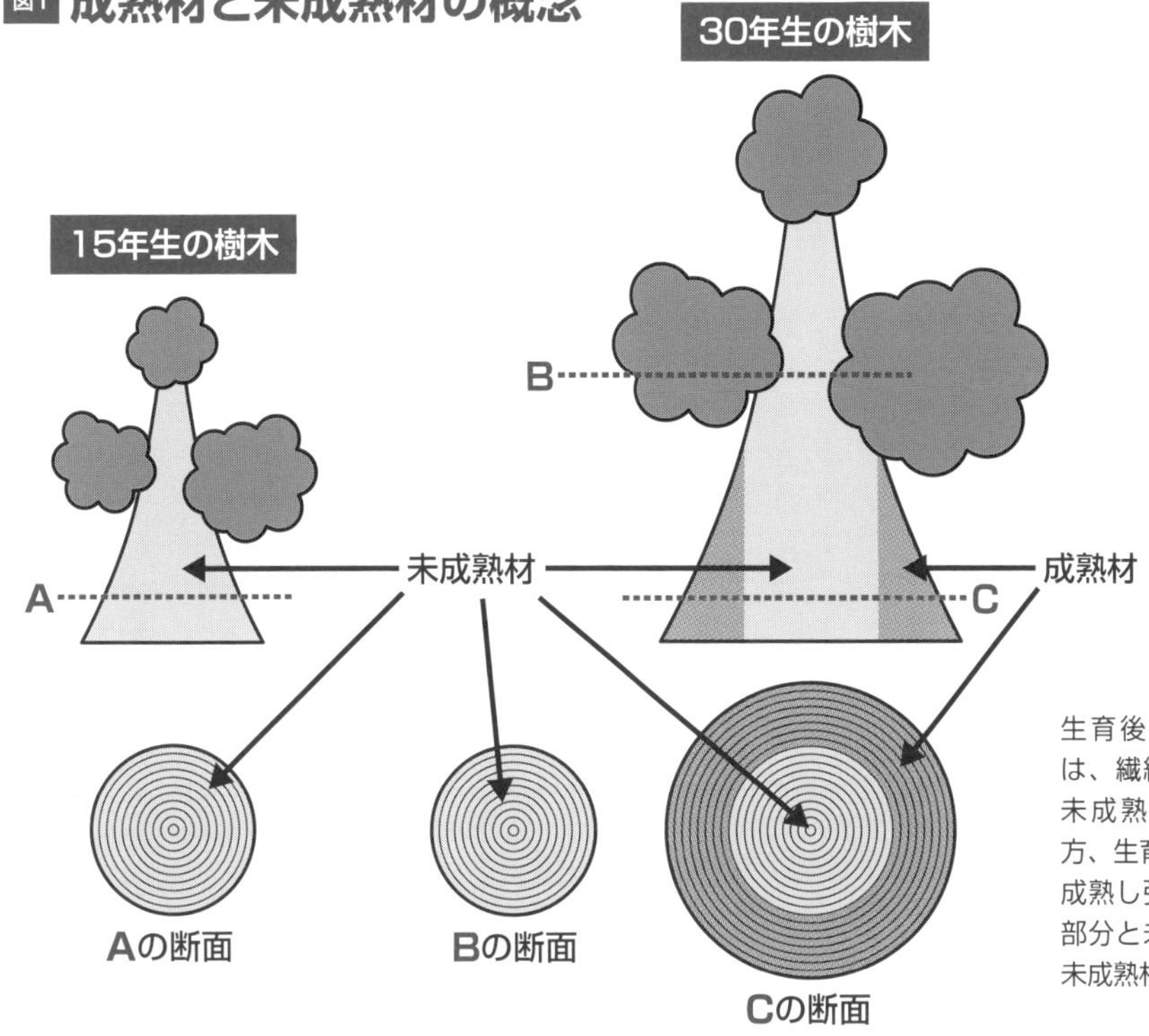

生育後10～15年の樹木は、繊維が短く強度が低い未成熟材のみとなる。一方、生育後30年の樹木は、成熟し強度の高い成熟材の部分と未成熟で強度の低い未成熟材の部分に分かれる

図2 髄からの距離と曲げ強度性能

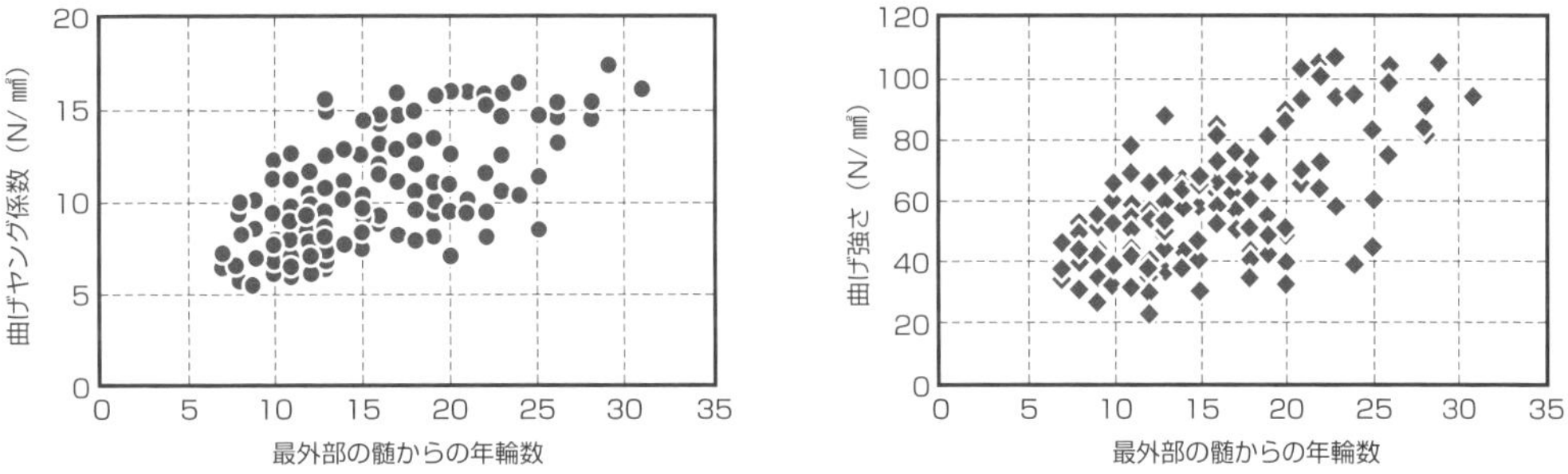

写真 心材率と色の違い

スギ　　国産アカマツ

針葉樹、広葉樹の違いだけでなく、樹種により心材率や心材色に違いがある

出典：長野県林業総合センター

執筆：吉田孝久

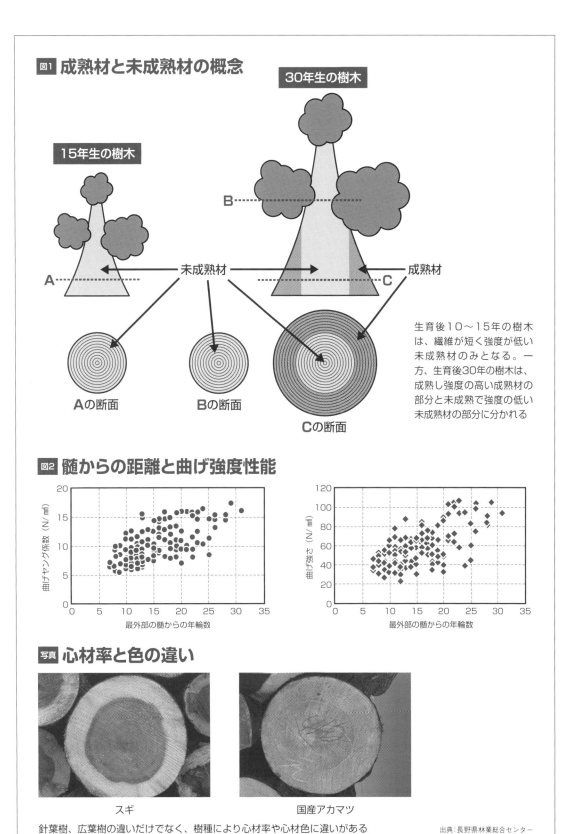

25 天然乾燥材

●材の色が鮮やかで、香りがよく、調湿作用の高い材ができる
●割れを防ぐため、慎重な管理が必要

歴史のある天然乾燥

天然乾燥とは、伐採した木材を屋外や室内でゆっくり時間をかけて乾燥させる、歴史のある乾燥方法である。エアドライ、ナチュラルドライなどとも呼ばれる。

丸太をある程度大きめの角材に製材し、材の間に桟木を入れ、風通しのよい場所に置いて乾燥させる（写真1）。

丸太の状態での含水率は、100～200％などさまざまである。そこで、丸太の段階で少しでも水分を減らすため、立木を抜倒した後、葉を付けたままで放置し、茶色に枯らして丸太の水分を落とす方法もある（葉枯らし乾燥）。

天然乾燥と割れの問題

天然乾燥材の仕上がりは、風、温度、湿度に大きく左右されるため、含水率を25％以下まで下げるには、膨大な日数と場所が必要となる（心持ち120㎜角で6カ月～1年以上）。また、風通しのよすぎる場所では表面が急激に乾燥しすぎ、表面割れが起きるので、時節にあった管理と置き場の選定が必要になる。そもそも木材は、赤身と白太の収縮率が違うため、心持ち材の場合、表面割れが起きやすい。

割れを防ぐには、背割りを入れて割れにくくする方法がある（写真2）。ただし、湿気で背割りを入れた面が外側に開いたり戻ったりする。また正角の場合、断面が大きくなればなるほど収縮の動きが多くなり、対面が割れてしまう傾向がある。天然乾燥は割れやすいといわれるが、建築時の下地工程までに含水率が下がっていれば、その後の動きは軽減される（写真3）。

人工乾燥が割れにくいのは、蒸気を材面に蒸煮し繊維の結合の仕方に変化を加えているからである。なお、割れずに乾燥されたものは、天然乾燥、人工乾燥問わずスペシャル品となる。

材面割れについては、割れ方や割れた部位が重要で、表面割れも含め、自然素材そのままの材は、色、つや、香り、味わいを楽しめる素材といえる。

写真1 天然乾燥の実施状況

天然乾燥は、湿気対策や通気環境などを考慮する必要がある。そのため、材の間に桟木を入れるなどの工夫が取られ天日乾燥される

写真2 背割り

天然乾燥では、背割りを入れて割れにくくする方法をとる場合がある。ただし、湿気を含むことで背割りを入れた面が外側に開いたり戻ったりする

写真3 出荷時の天然乾燥材

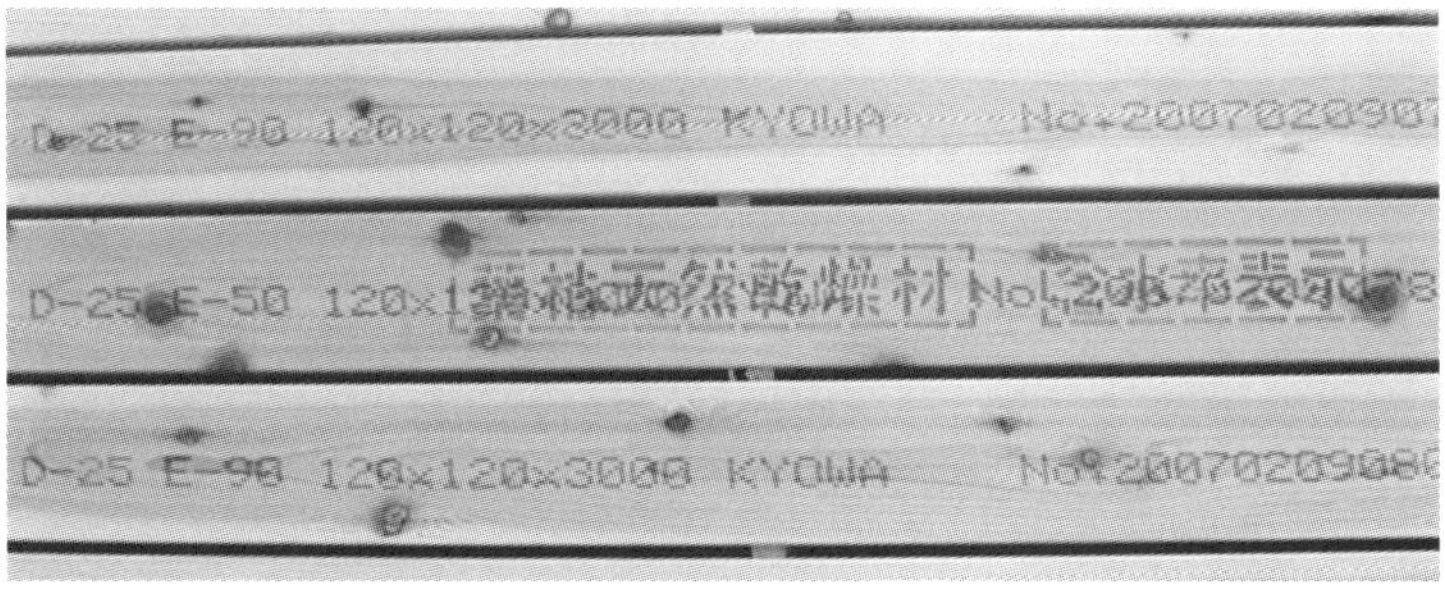

含水率、強度などの検査を行い、出荷される際には天然乾燥材であることを示す刻印が押される。含水率、強度などを検査された天然乾燥材は、全国でも少ない

執筆：阪口浩司

26 人工乾燥材

- ●木材の乾燥には、良質な乾燥装置と使いこなす技術の両方が必要
- ●乾燥後の養生を含めた工程管理が重要

人工乾燥の種類

人工乾燥とは、木材に人工的に熱を加えて温度や湿度を調整しながら乾燥させる方法である。乾燥温度により高温乾燥（100℃）、中温乾燥（約80℃）、低温乾燥（50℃以下）があり、温度が高いほど早く乾燥する。乾燥期間は1週間～1カ月程度だが、乾燥機の種類、樹種によっても異なる（表）。人工乾燥は、心持ちの柱や桁梁でいかに割れの少ない材をつくるか、どこまで含水率を低く仕上げられるかが重要である。

【高温乾燥】高温の蒸気（100℃以上）を乾燥機内に蒸煮し（高温セット、ドライングセットともいう）、表面割れの出にくい状態にしてから温度を下げ、全体を仕上げる方法である。

熱効率が高く、設備の回転が速いので、生産コストを低減させるうえで多くの利点をもつ。ただし、内部割れや変色が生じやすいなどの欠点もある。また、割り返して板材にすると、思わぬ反りが出たりする。使用する材のサイズで乾燥するのが望ましい。

【中温乾燥・低温乾燥】主として板材の乾燥や造作材の乾燥に使われる。心持ち材の乾燥には、表面割れを抑えることの難しさや乾燥日数がかかるなどの難点があるため注意が必要だ。乾燥機の種類としては、蒸気式、減圧式、高周波などがある（写真1、2）。

求められる適切な工程管理

木材の乾燥は、内部割れや表面割れを防ぐために、高温乾燥と中温乾燥を併用する方法も増えている。いずれにしろ事前準備と温度管理、季節と材の状況に合わせた管理が必要になる。また、乾燥機の外に出して外部の気温や湿度になじませ、膨張や収縮を防ぐ必要がある（写真3）。

機械乾燥は事前準備によりある程度乾燥日数を短縮できる特徴があるが、特殊な寸法であれば、通常1カ月はかかる。無理なスケジュールや行きすぎた過乾燥は、木材のよさを損なうおそれがあるので、適切な工程管理も重要になる。

表 スギ心持ち材の各種乾燥方法の比較

乾燥方法	温度（℃）	特徴・問題点	乾燥日数（日）
天然乾燥	常温	広い土地と資金が必要、割れ防止は困難	150
除湿乾燥（低温）	35-50	扱いが簡単、長い時間がかかる	28
蒸気式乾燥（中温）	70-80	標準的方法、各種燃料が利用できる	14
蒸気式乾燥（高温）	100-120	乾燥が速い、設備の耐久性に不安がある。内部割れや材色変化が生じやすい。	5
燻煙乾燥	60-90	残廃材が利用できる、燃料費が安い、品質管理が難しい、設置場所が限定される	14
高周波・熱風複合乾燥	80-90	乾燥が速い、含水率が均一に仕上がる。一定規模以上でなければ設備費が割高になる	3
蒸煮・減圧前処理 →天然乾燥 →蒸気式仕上げ乾燥	120 10-30 70-80	設備の回転が速い、割れ防止効果がある、屋外放置の時間が長い、材のストックが多く必要	0.5 30 4
天然乾燥 →高周波加熱・減圧乾燥 →天然乾燥	10-30 50-60 10-30	人工乾燥処理が１日で済む、材色がきれい、操作が自動化できる、乾燥処理量が多くないと採算性が悪い、材のストックが多く必要	10 1 10

対象材：スギ心持ち柱、仕上げ寸法：105㎜角、背割りなし、仕上げ含水率：20%以下、乾燥日数概略値

出典：「木材工業　51」（森林総合研究所）

各種乾燥設備

写真1

中温蒸気式乾燥機（写真奥）、減圧式乾燥機（写真右）

写真2

高温蒸気式乾燥機（材入庫風景）

写真3 乾燥後の養生

屋根のある通風性の高い建物の中で
外部の気温や湿度になじませる

執筆：松浦薫

27 乾燥による収縮と割れ

●収縮の異方性が変形を生じさせる
●乾燥応力の歪みが割れを助長させる
●木材の割れは、必ずしも強度に影響を及ぼさない

収縮の異方性と割れ・変形

木材は、含水率28～30％の繊維飽和点から15％前後の平衡含水率にいたる間に収縮が進行する。収縮の度合い＝収縮率は樹種によって異なる（表）。また、①年輪の接線方向、②年輪の半径方向、③軸方向によっても大きく異なり、その比はおよそ10：5：0.5～1にもなる（図1）。

収縮の異方性、特に年輪の半径方向の収縮率に対し接線方向の収縮率が2倍もあることが、木材の乾燥収縮過程で半径方向の割れや、木取った部材に変形（反り）を起こさせる原因となる（図2、3）。軸方向の収縮は極めて小さいので、通常はあまり問題にならないが、長い梁などでは影響が出ることがある。

乾燥応力と割れ

収縮の異方性に加え、乾燥過程での乾燥応力の歪みも割れを助長する要因となる。

乾燥はまず表層から進む。内部に先行して繊維飽和点に達し収縮を始めるが、その間、内部の乾燥は進まず（水分傾斜）収縮しないので、まず外周部に割れ＝表面割れが生じる。続いて乾燥末期になると、内部が繊維飽和点に達し、収縮が進行して内部割れが生じる。木材の切断面（木口）は、これらに先行して乾燥が進み木口割れが生じる。いずれも半径方向の割れである。

こうした割れ出現の多少や大小は、樹種、固体差、木目・節の状態、乾燥速度、乾燥方法によって差が生じる。

なお、竣工後しばらくの期間、住宅の梁や柱が音を出して割れるのは、未乾燥材表層の先行乾燥によるものである。

木材の割れと強度

木材の割れと圧縮強度や曲げ強度などとの関係については、「強度の低下はほとんどない」という試験結果が多く報告されている。しかし、割れが接合金物のボルトやビスなどと絡む場合や、表裏の割れが直径方向に連続してしまう貫通割れなどに関しては、先行あるいは状況に応じた対応が必要となる。

図1 収縮の異方性

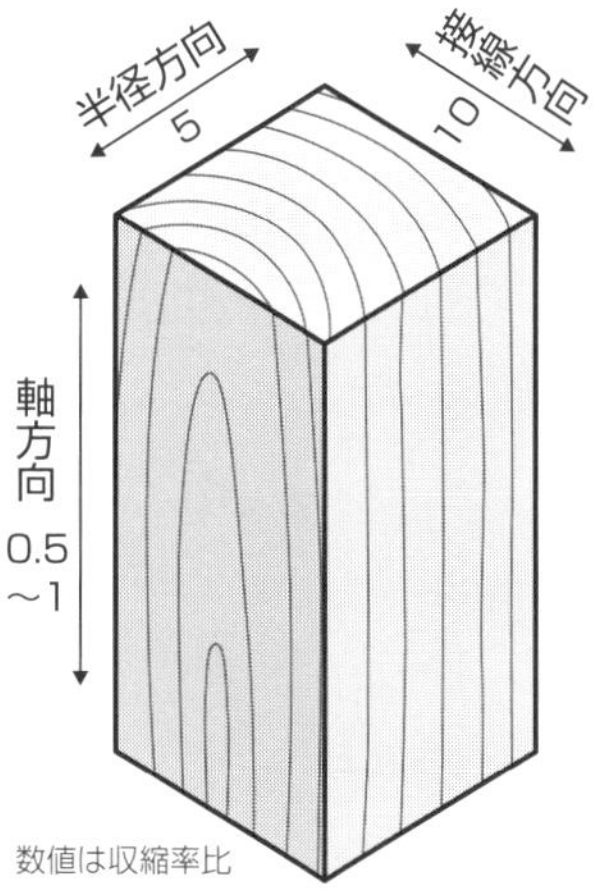

数値は収縮率比

表 スギ、ヒノキの収縮率

単位：%

樹種	気乾収縮率		全乾収縮率		平均収縮率		
	接線方向	半径方向	接線方向	半径方向	接線方向	半径方向	軸方向
スギ	3.5	1.1	7.2	2.4	0.26	0.09	0.011
ヒノキ	3.5	1.5	6.4	3.1	0.21	0.11	0.013

気乾収縮率：生材から気乾（含水率約15%）までの収縮率
全乾収縮率：生材から全乾（含水率0%）までの収縮率
平均収縮率：気乾状態の木材の含水率が1%減る（増す）と、その木材が何%縮む（伸びる）かを表す数字

注：この数値は、無欠点小試片から求めたもので、実大材のそれはこれよりも小さい

出典：森林総研、マジソン林産研究所

図2 乾燥による木材の収縮

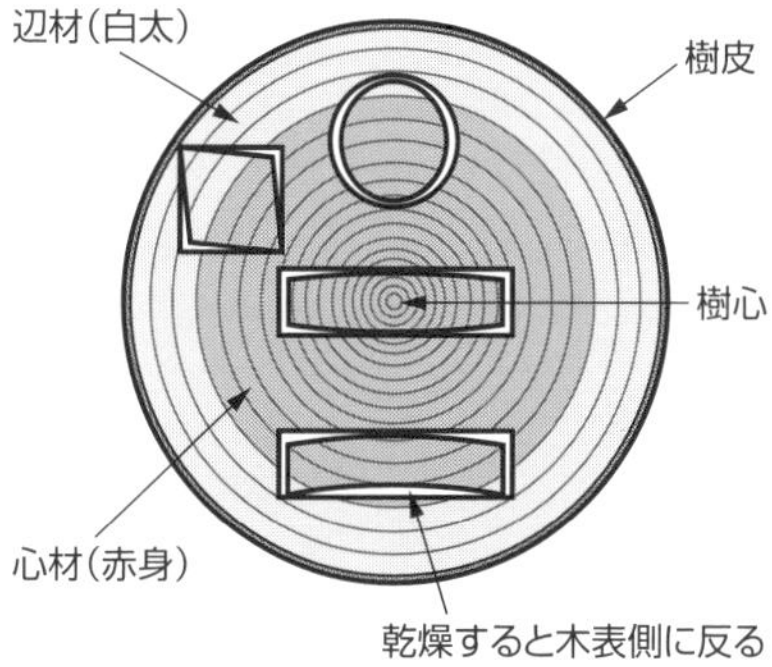

図3 乾燥に伴う収縮と変形・割れ

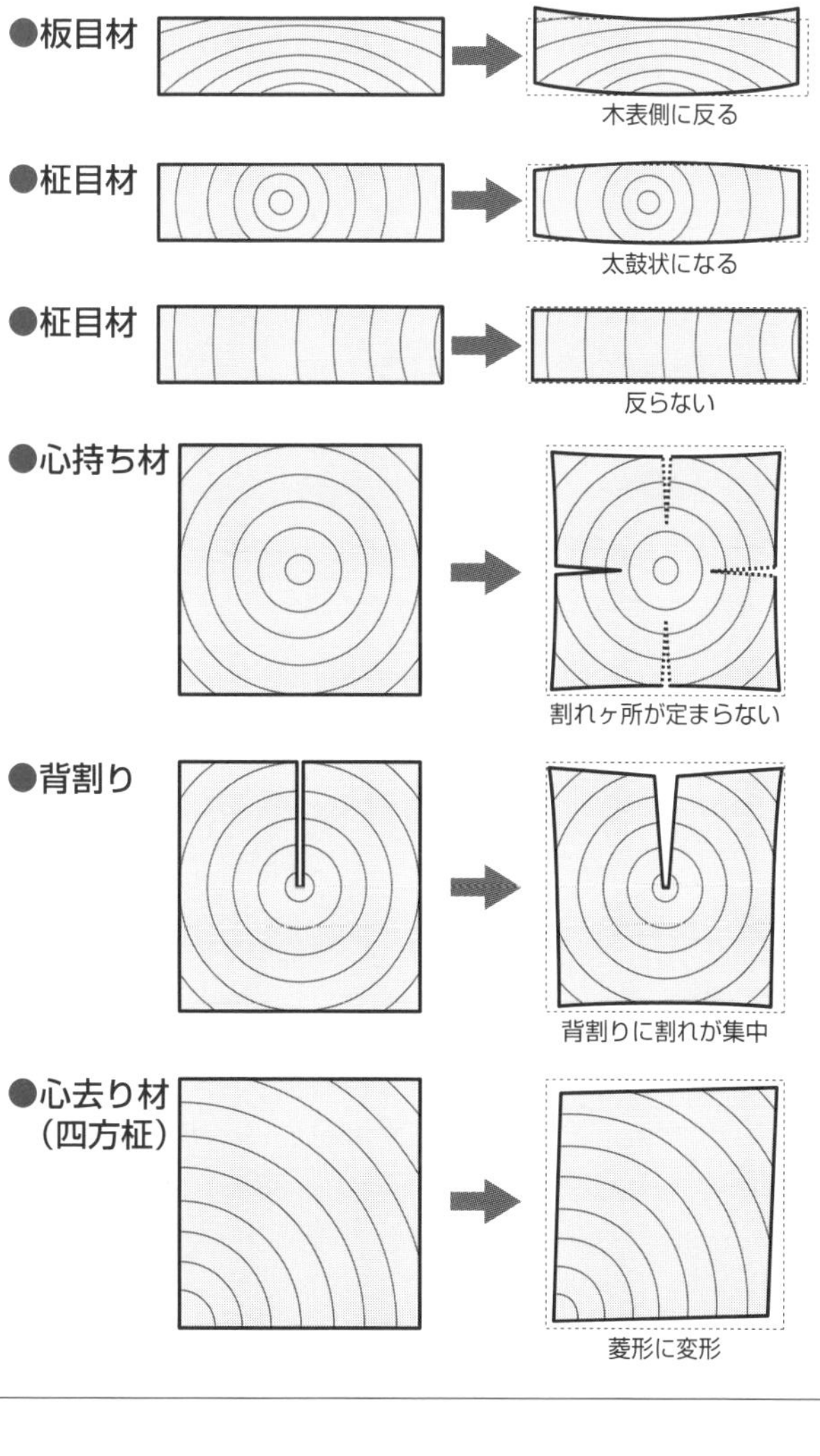

執筆：野口泰司

28 地域材とプレカット

●特殊加工のできる大工の確保で、地域材を生かす
●建築主へ木材流通の姿をアピールすることが大切

ネットワークの崩壊と多様化

高度経済成長期を境に、木材は多種多様な商材が大量に輸入されるようになった。また、その加工は、合理化と効率を優先する大型のプレカット工場に委ねられるようになった。それに伴い、手刻みに優れる加工技術の高い大工は減り、国産材の使用率も伸び悩み始めた。

さらに、木材の伝達役を果たしていた材木店や木材市場が激減し、国内では山から里へつながる循環型のネットワークが機能しない状態が各地で続いている。こうした状況を背景に、木材は製品に対する理解がなく、適材適所を無視した、価格だけの判断によって使用されるケースが多くなった。

１９９７年に採択された京都議定書をきっかけに、わが国でも環境保護意識が高まりをみせ、樹木はCO_2を吸収・固定化できる素材として再認識され始めた。木材業界でも木材のメーカー、産地を明確化する団体が出て来ている。また、各都道府県単位で地域認証材を売り出したり、ＦＩＰＣ、ＳＧＥＣ、ＳＦＣなどが活発な動きを見せ始めた。

中継プレカット工場が木材加工の主流になっている現在、木材の品質や樹種の選定に重要な役割を果たすようになっているのは中間業者だ。単純な加工に限定されるプレカット加工機ではあるが、最近では機械の能力を補うために、特殊加工に対応できる大工を雇って加工を補っているケースもある。

ネットワークのオープン化

建築主のなかには、使用する材料を知りたがる人も多い。そのため、地域工務店のなかには、山林伐採から製材・加工にいたる見学ツアーを開催しているところもある。

地域の材木店は衰退の傾向にあるが、本来彼らは、物流の中継地点として、現場の進行状況に応じた納品、ストック（倉庫機能）の役割を果たす製材工場の出先機関でもあった。地域にあった商品流通への理解は設計側の務めでもある。

FIPC：木材表示推進協議会。2005年3月設立。原産地、加工種などの情報を自主的に表示するための統一ルールの策定と、その公正公明な実施を推進する組織
SGEC：緑の循環認証会議。2003年6月設立。わが国にふさわしい森林認証制度としてスタートした
ＳＦＣ：サラワク木材産業開発会社（マレーシア、サラワク州）。1973年、サラワク州の木材産業の振興を目的として設立された

図 木材の流通形態

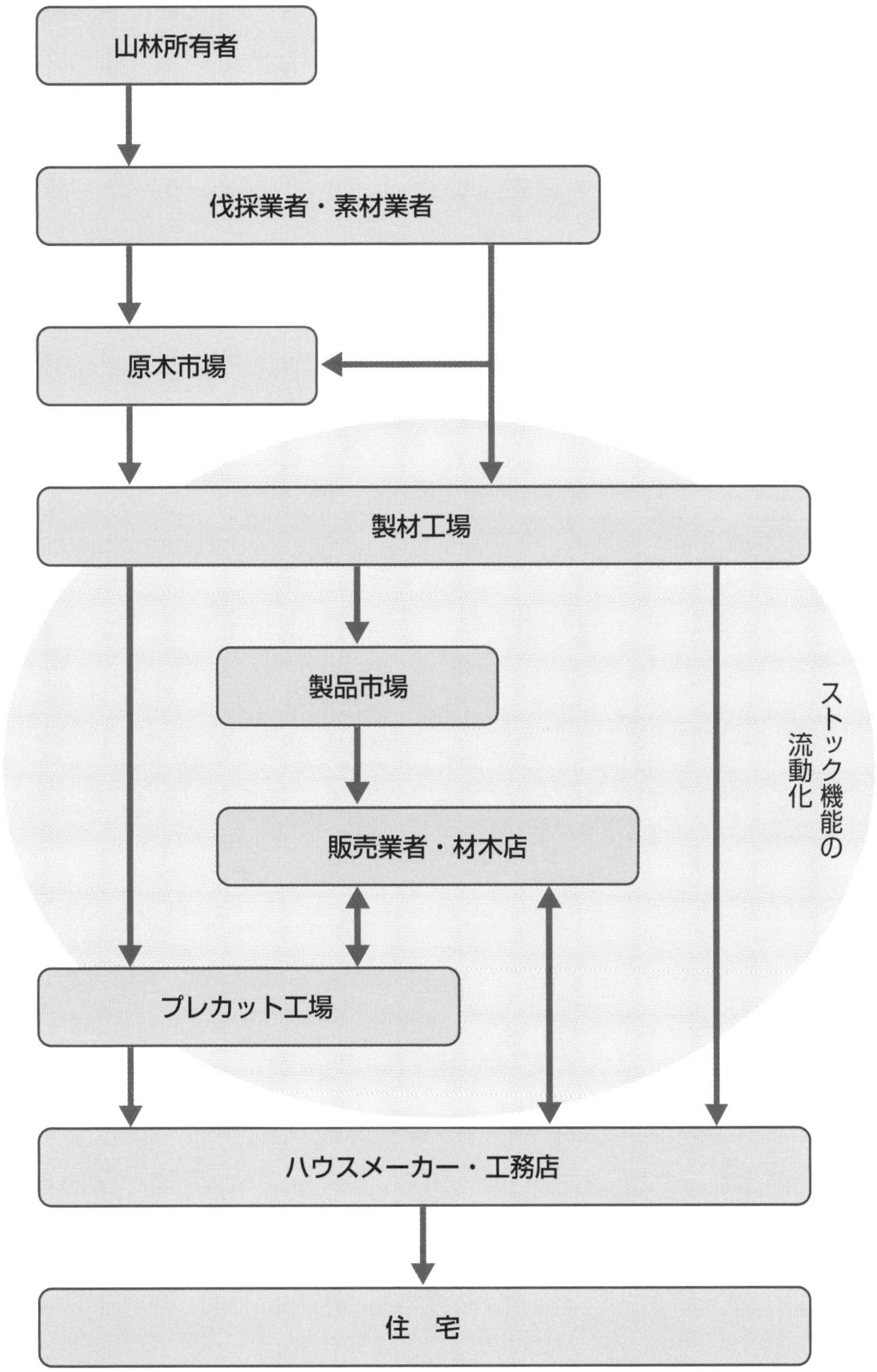

執筆：松澤静男

29 ムク材と集成材

- ●ムク材は経済性に優れた素材
- ●ムク材と集成材の強度は、ほぼ同じ

つなぎ目のないムク材

ムク材とは、1本の木から取れるつなぎ目のない木材のことである（写真1）。質感や風合いが魅力の自然素材で、最近は、健康志向や環境問題への関心から急速に見直され始めた。

湿度を調整する調湿作用、ストレスを和らげる森林浴効果などの特徴をもつ。集成材に対して歩留まりがよいため、原木の無駄が少ない素材でもある。

形状も寸法も自由な集成材

一方、集成材の特徴は、自由な形状・寸法の製品を大量に生産できることである（写真2）。近年は、木材の加工技術の進歩で住宅の大量生産が可能になった。さらに、経済の低迷によるコスト削減、工期短縮から集成材が多く使われる傾向にある。工業製品的な均一の木材を安定的に供給する必要が集成材を生んだともいえる（写真3）。

ムク材と集成材の違い

建物全体の強度は1本の構造材だけでは決まらない。乾燥具合や接合部の施工方法、施工技術、そして材料がおかれた環境やメンテナンスにも大きく影響を受ける。これを前提に、ムク材と集成材を比較してみると、集成材のほうがムク材よりも強度があるとは必ずしもいえない。

集成材はムク材の1.5倍程度の強度があるといわれることもあるが、それは誤りである。集成材は、積層による材質の平均化と節などの欠点の除去・分散により、最も低い品質のものでも、ムク材より耐力性能の高い製品をつくり出すことができる。しかし、同じ樹種の原木からつくられたムク材と集成材の強度分布を比較すると、あまり変わらないという試験結果がある。

最近は、ムク材の高度な乾燥設備をもった工場が急速に拡大している。同時に、ヤング係数を測定し機械等級区分製材表示のできる工場も増えている。いわゆる、ムクのエンジニアードウッドの登場である。

写真1 製材されたムク材

つなぎ目がなく、木目も美しい国産アカマツのムク材。1本の木から取れ、原木のムダが少ない

写真2 集成材の木口

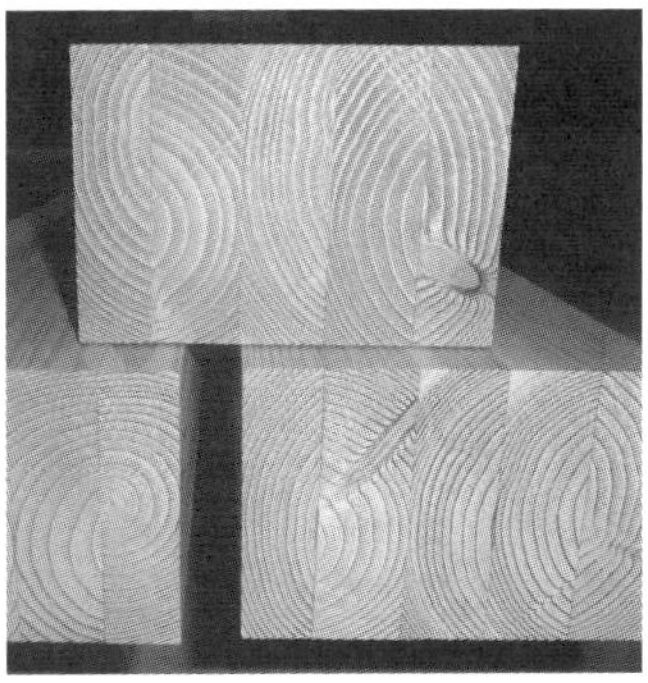

カラマツの集成材。コスト削減、工期短縮などの要請から使われることが多い。板材を何層にも重ね、接着剤で接合される

写真3 集成材の生産

大型のロータリーで板面を平滑にするプレーナー加工を行っている

執筆：松浦薫

30 エンジニアードウッド

●構造材として多様な選択肢がある
●強度保証、自由度の高い寸法、形状、機能が魅力

大規模建築の木造化を可能に

エンジニアードウッドとは、木材を挽き板、合板、削片などに加工し乾燥させた後、接着成型した構造用木質材で、強度が保証されたものをいう（表）。

これらはＪＡＳ認定工場で、ＪＡＳに則り管理製造され、決められた品質のものが安定供給される。また短材や小径木も原料として使えるため、資源の有効活用にもなる。

エンジニアードウッドの種類は、構造用集成材、ＬＶＬ、合板、ＯＳＢ、ＭＤＦなどの他、新たに直交集成材（ＣＬＴ＝Cross Laminated Timber の略称）が２０１６年にＪＡＳ化され、使用目的による選択肢がさらに広がった（写真1、2）。

また一般木材では不可能な強度、性能、寸法、形状のものをつくることができるため、大規模な構築物の木造化が可能となり、造形の可能性を広げることができる。

強度が保証された希望の材

木は大気中の二酸化炭素を吸収固定化し、酸素を放出し、地球環境を整えながら成長する。

また、用材にするためのエネルギー使用量がほかの素材に比べて極めて少ない。しかも用材の役割を終えたものは燃料として活用でき、その時点で二酸化炭素を大気中に戻すことになる。伐採にあわせて計画植林、育林をすることで、資源の持続可能な循環と環境保全が両立できる夢のような地上資源である。この資源を積極的に活用し循環させることが地球環境の保全につながる。その重要な役割の一端を担っているのがエンジニアードウッドなのだ。

強度特性が工学的に保証された木材製品という意味では、建築業界に新たな可能性をもたらしてくれるだろう。また、接着剤に含まれるホルムアルデヒドについても、その放散量の表示が義務づけられているため、住環境の面からも優しい素材といえる。今後、重要性がさらに注目されそうだ。

表 主なエンジニアードウッド

名　称	特　　徴
構造用集成材	ラミナ（挽き板）を強度等級区分機で選別し、接着剤で積層した集成材
構造用単板積層材	単板を繊維方向に平行に積層接着したもの
構造用合板	単板の繊維方向を交互に直交させて接着したもの
構造用パネル	木材の小片を接着したものに単板を積層接着したもの
直交集成板（CLT）	グレーディングされたラミナを巾方向に並べた後、繊維方向が直交するように積層接着しパネル化した大きなサイズの厚板で強度の他、断熱・遮音性も期待でき施工の効率化も含め注目されている。

主なエンジニアードウッドはJASで定められた強度規定がある。このほかに、JIS規格で品質保証された繊維板として、パーティクルボードなどがある

写真1 CLT原板ストック風景

写真2 CLT加工品（屋根）の施工風景

執筆：小野塚彰宏

31 エンジニアードウッド①

構造用集成材

●最もムク材の姿をとどめた、馴染みやすいエンジニアードウッド
●大規模構築物の木造化に貢献

構造用集成材とは？

ＪＡＳ（日本農林規格）に則り、所要の耐力を目的とし等級区分された乾燥挽き板に、欠点除去、縦つぎ（スカーフジョイントまたはフィンガージョイント）などを施し、繊維方向を平行に積層接着した耐力部材で、強度が保証されたものを構造用集成材という。

ムク材の欠点とされている大節や割れ、強度や含水率のばらつき、施工後の寸法変化などを改善し、短材や小径木などの資源を有効活用しながら、求められる強度や仕様のものを安定供給できる。エンジニアードウッドのなかで最もよくムク材の姿をとどめたものといえる。

接着剤はレゾルシノール、フェノール樹脂を用いるが、使用環境Ｃ（表1）では水性高分子イソシアネート系樹脂も認められている。ホルムアルデヒド放散量はＦ☆☆☆☆仕様がほとんどである。

柔軟性が高い

断面の大きさは大断面、中断面、小断面に分類され（表2）、一般住宅から大規模構築物まで幅広いニーズに対応できる。特に寸法や形状の自由度が高く、湾曲材や長大材などをつくれることから、大規模構築物の木造化および造形の可能性向上に大きく貢献している（写真）。

また、大断面材は燃焼した場合、表面に炭化層（0.6～0.8㎜／分）が形成され燃焼のための酸素を遮断することで、燃えにくくなる。これを応用した「燃えしろ設計」により、集成材の防火性能は建築基準法でも認められている。

使用される樹種

多様な樹種の活用が可能だが、国産材はカラマツ、スギ、輸入材は欧州アカマツ、ホワイトウッド、ベイマツなどが主流である（表3）。また、異樹種の組合せ（スギ、ベイマツ）によるハイブリッド集成材もＪＡＳ品として認められている（表4）。

表1 使用環境の区分

使用環境 A	材の含水率が長期間継続的か断続的に19%を超える、直接外気にさらされる、太陽熱で長期間断続的に高温になる、構造物の火災時でも高度の接着性能を要求される、その他の構造物の耐力部材として、接着剤の耐水、耐侯、耐熱性について高度な性能が要求される使用環境
使用環境 B	材の含水率が時々19%を超える、太陽熱等により時々高温になる、構造物の火災時でも高度の接着性能を要求される、その他の構造物の耐力部材として、接着剤の耐水、耐侯、耐熱性について通常の性能が要求される使用環境
使用環境 C	材の含水率が時々19%を超える、太陽熱等により時々高温になる、その他の構造物の耐力部材として、接着剤の耐水、耐侯、耐熱性について通常の性能が要求される使用環境

表2 断面の区分

大断面集成材	短辺が15cm以上、断面積が300cm²以上のもの
中断面集成材	短辺が7.5cm以上、長辺が15cm以上で大断面集成材以外のもの
小断面集成材	短辺が7.5cm未満または長辺が15cm未満のもの

表3 集成材の樹種・挽き板構成・強度区分・挽き板産地区分の一般例

カラマツ異等級構成・対称構成	E95-F270、E105-F300	国内
スギ異等級構成・対称構成	E65-F225、E75-F240	国内
ベイマツ異等級構成・対称構成	E105-F300、E120-F330	輸入
欧州アカマツ異等級構成・対称構成	E120-F330	輸入

表4 挽き板の構成区分

異等級構成	集成材の外層に強い、内層に弱い強度の挽き板を規格に則り構成され、高い曲げ応力を受ける場合、応力方向が積層面に対し直角になるよう用いられるもの（積層数４枚以上）
対称構成	異等級構成で、積層方向の中心軸に対して対称に構成されたもの
非対称構成	異等級構成で、積層方向の中心軸に対して非対称に構成されたもの
同一等級構成（積層数2枚以上）	同一強度の挽き板だけで構成され、積層数が２～３枚の場合で高い曲げ応力を受ける場合、応力方向が積層面に対し平行になるよう用いられるもの

写真 集成材を梁に使用した例

カラマツの湾曲材（大断面集成材）を文化複合施設の梁として使用している

執筆：小野塚彰宏

32 エンジニアードウッド②

剝《は》ぎ板

●板目材と柾目材の特徴を生かし、多用途に使える
●材の収縮方向に配慮した組み方がポイント

幅広の材として使える

板を接《つ》ぐ加工は古くから取り入れられていた加工方法の1つで、家具やテーブルの天板などに多用されてきた。

板材は、1枚板では希少価値も高く、希望の材を調達するうえでも困難が伴う。そこで、何枚かの板を接いで使うことにより、取りやすい寸法の板材を有効利用し、幅の広い材として活用するのである。

剝《は》ぎ板とは、板状にした材を、接着剤で板目方向や柾目方向に貼り合わせた板材をいう。短手方向に接いでいる材が剝ぎ材である。接着剤はユリア系、水性イソシアネート系、膠系など多種ある（一般に木工用ボンドといわれるものは、酢酸ビニル樹脂エマルジョン接着剤の通称である）。

板目材と柾目材がある剝ぎ板のうち、板目材は、冬目と夏目の特徴ある模様を生かすことができる。柾目材は、ストライプのきれいなグラデーションが出て、上品さを生み出すことができる（写真1、2）。

乾燥と方向が重要

材の加工においては、木材の乾燥と、乾燥による収縮（収縮方向）が大きな意味を持つ。そこで、十分乾燥した材を利用することは当然であるが、接線方向（円周方向）、直径方向、長さ方向それぞれの収縮特性を十分考慮した計画が必要になる。

用途や使い方により、板の動きを矯正し、下地の取り方や組み方に注意しなければならない。

短尺を有効利用した集成板

集成板とは、短尺の木材を柾目、板目方向に関係なく、接着剤を使って、フィンガージョイント（写真3）によりランダムに貼り合わせた材をいう。

規格製品も多く、別名、集成フリー板とも呼ばれている。繊維が異なった方向で接着されているので、木材のもっている収縮などによる動きが、ある程度矯正されている（写真4）。

写真1 スギの矧ぎ板（板目）

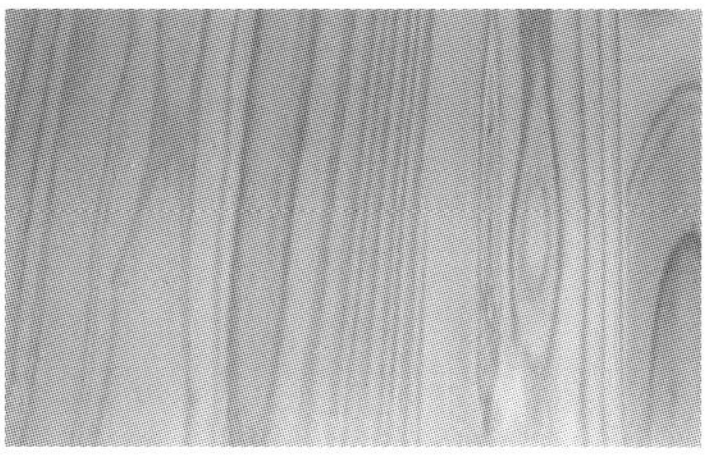

2枚の板を板目方向に貼り合わせる。独特の木目を生かせる

写真2 スギの矧ぎ板（柾目）

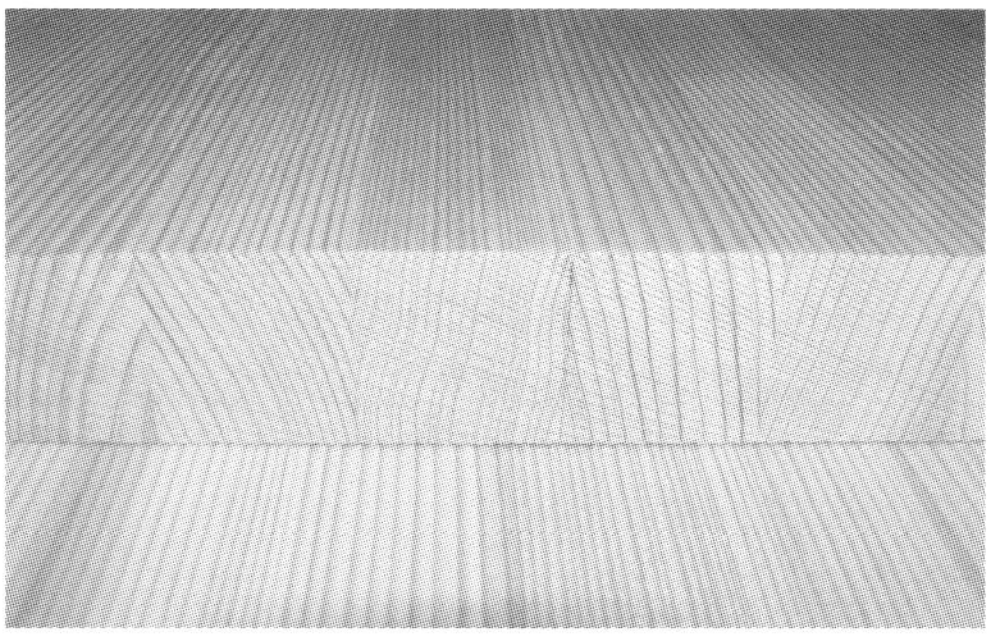

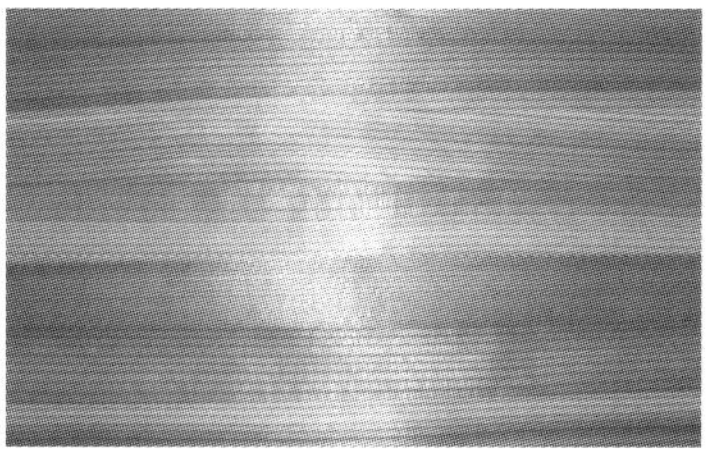

柾目方向に板を貼り合わせる。木表と木裏を合わせることにより、反りを矯正できる

写真3 フィンガージョイント（集成フリー板）

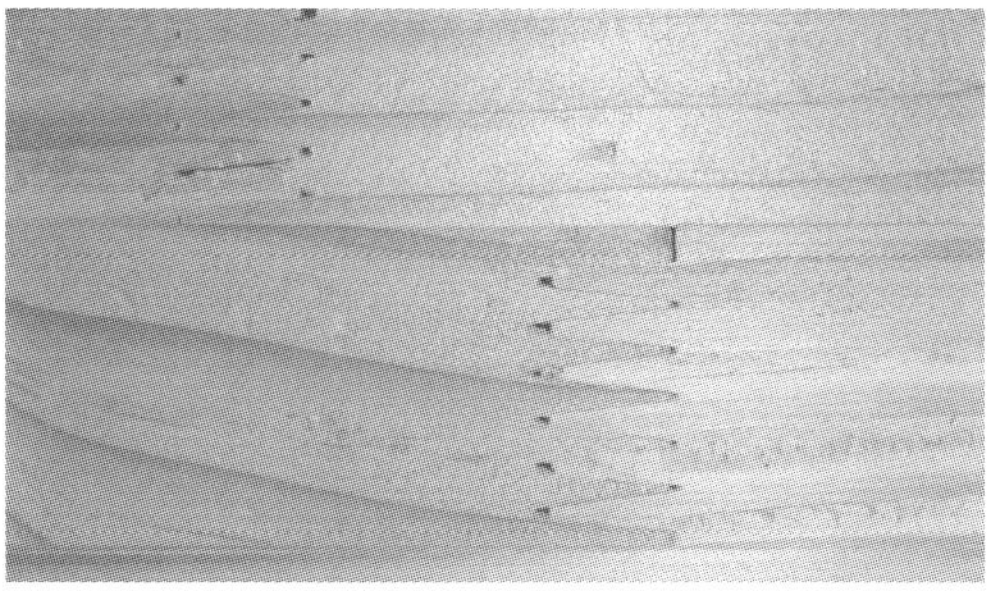

板目の方向に関係なく、ランダムに貼り合わせることができる

写真4 広葉樹の矧ぎ板を使ったテーブルの天板

座卓テーブル（3枚矧ぎ）

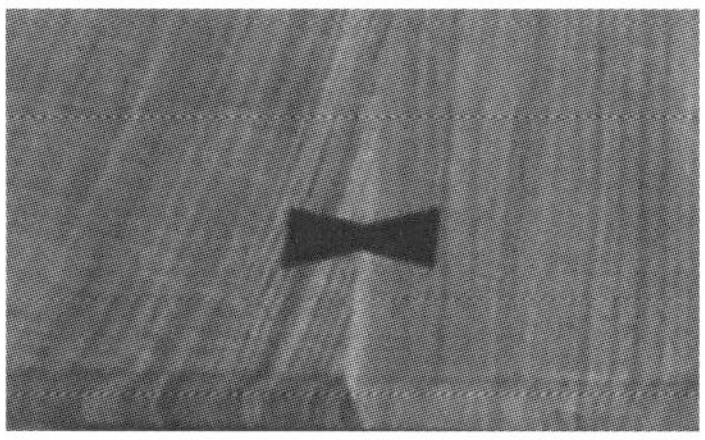

板と板の接合部分にくさび（ちぎり）を入れ、板の動きを矯正している
（例：ちょうちょうくさび）

執筆：松浦薫

33

エンジニアードウッド③

三層クロスパネル

●挽き板を幅はぎ接着し、直交させて3層に積層接着したパネル
●構造用途だけではなく、造作用途、家具など多用途に利用できる

三層クロスパネルの仕組み

製材した薄い挽き板を幅方向に接着（幅はぎ接着）し、挽き板の長さ方向を縦、横、縦と互いに直交させて3層に積層接着したパネルである。挽き板の縦継ぎ（フィンガージョイントなど）を行わず、長さ方向は1枚モノの板であることが多い。

限りなくムクに近い木材のパネルでありながら、直交させて積層接着することによりムクの木材の弱点である収縮や膨張を抑えることができ、寸法安定性が高いのが特長である。

製品と規格

国内の工場で生産されている製品には、樹種にスギ、ヒノキ、カラマツ、トドマツなどがあり、製品サイズに厚さ36㎜、厚さ30㎜およびさらに薄い厚さ、幅910㎜、１０００㎜およびさらに広い幅、長さ１８２０㎜〜４０００㎜程度のモノがある。

規格は長らく、日本住宅・木材技術センター「優良木質建材等認証（ＡＱ）」の「床用3層パネル」だけであったが、２０１３年に直交集成板（ＣＬＴ）の日本農林規格（ＪＡＳ）が制定され、厚さ36㎜以上の製品についてはＪＡＳ認証も可能となった。

三層クロスパネルの用途

構造用途としては、木造軸組工法等の床構面、屋根構面、耐力壁に利用され、構造用合板のような下地（見え隠れ）としてではなく、〝化粧あらわし〟でそれぞれの仕上げを兼ねて利用される。また、テーブルやカウンター、棚、階段など家具や造作用途にも利用される。

そのような多用途の需要に対応するため、製品材面の基準として「無節・上小節・小節」以上の選別を行った製品、「並」の製品など、目視による挽き板のグレード分けを行い、製品を生産しているケースが多い。

図 三層クロスパネルの仕組み

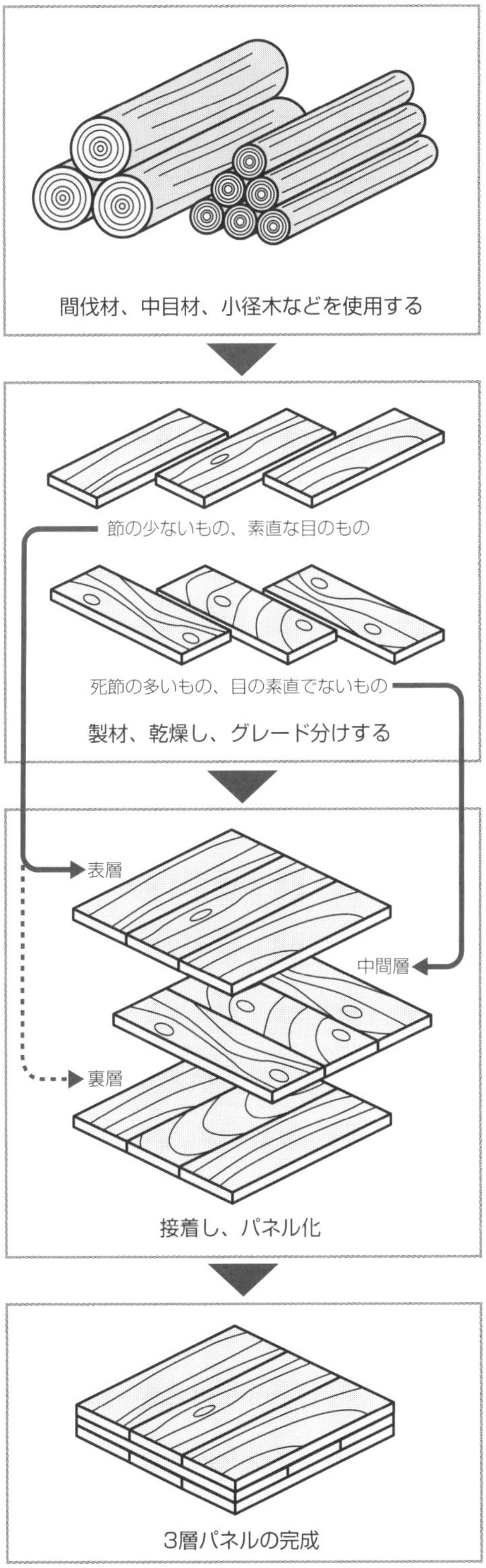

写真1 三層クロスパネル

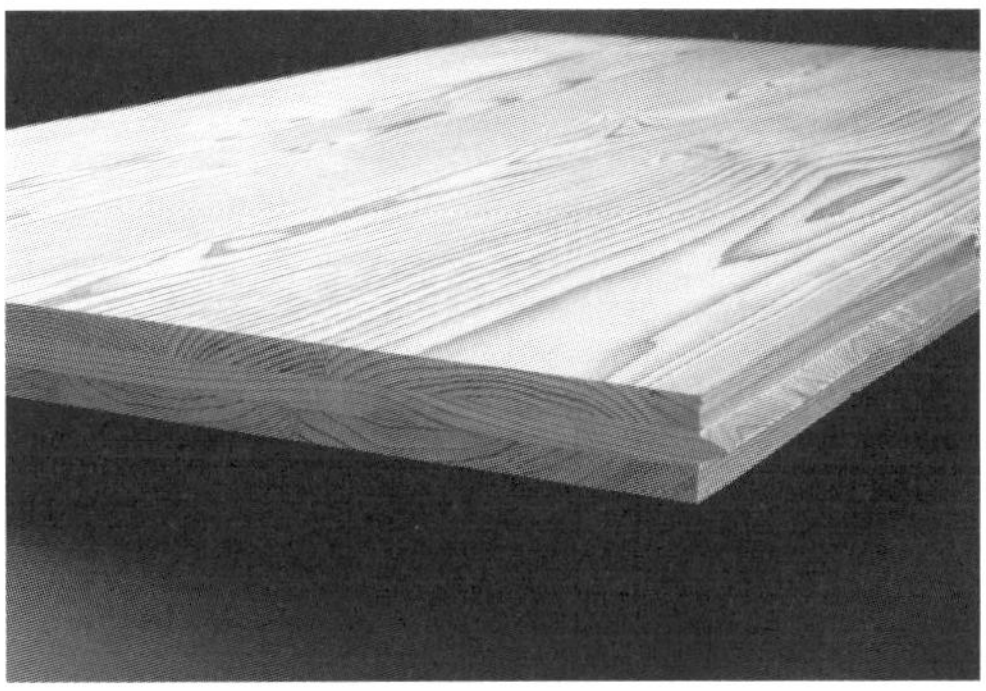

幅はぎし、3層に重ね合わせてつくられる

写真2 三層クロスパネルの施工例

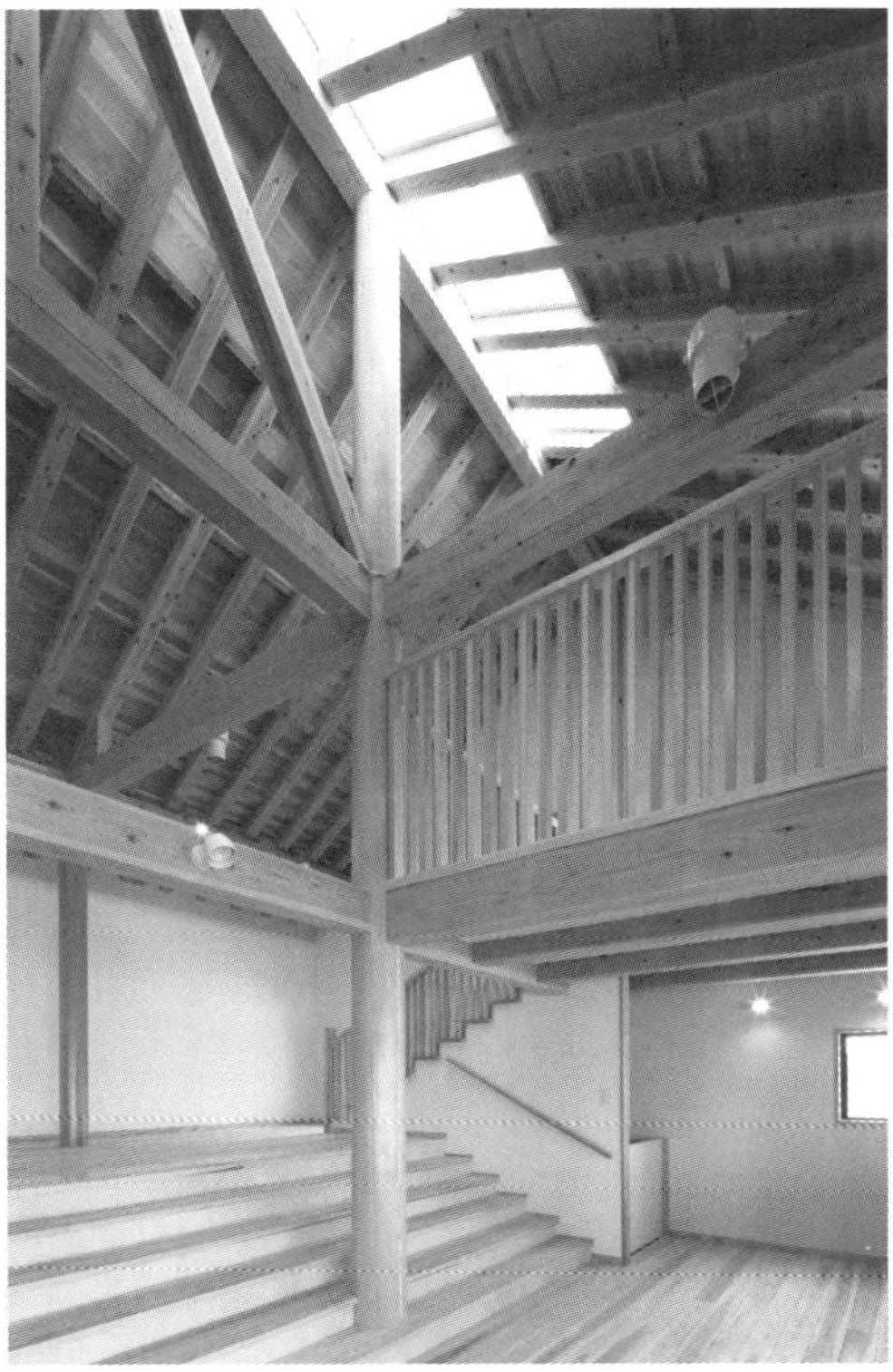

三層クロスパネルを断熱材などとの組み合わせで準耐火構造としてあらわしで使った保育園

執筆：岩坂将

34

エンジニアードウッド④

合板、構造用合板

●強度が高い構造用面材の代表格
●国産材利用を促進する最右翼

合板はＪＡＳにもとづく

合板とは、かつらむきした木材（単板）を接着剤で貼り合わせたものをいう（図）。単板《たんばん》の繊維方向を交互に直交させて積層することで、強度が高い、水に強いなどの優れた性質をもつようになる。同時に、割れやすい、伸び縮みが大きいという木材の欠点も克服する。

なかでも構造用合板は、ＪＡＳにもとづいて製造されており、強度については1級（事実上ラワンと同等）と2級（事実上針葉樹と同等）がある。

耐水性については、特類（屋外または常時湿潤状態での使用を目的とするもの）と1類（断続的に湿潤状態となる環境での使用を目的とするもの）があるが、今日の製造品では特類が主である。したがって水に濡れてもすぐに、はがれたり強度が下がるようなことはないが、収縮膨潤による寸法変化で乾いても変形が残ることがあるので、雨がかりを防ぐことが肝心である。

厚物合板「ネダノン」の登場

構造用合板は、住宅では屋根、床、壁の耐力面材として使用される。

床に関しては、軸組工法（すべての床）、枠組壁工法（1階床）では、24、28㎜の根太省略工法が主となっている（表1）。

耐力壁では、告示仕様のほか、業界団体が取得した大臣認定壁があり、最大強度は倍率5.0となっている（表2）。

屋根は、12㎜が一般的であるが、24㎜を使った登りばり方式屋根（高強度で小屋空間が利用可能）も増えている。

また、住宅以外では、24、28㎜の合板を多数本の釘で張り付けた高強度（最高倍率20倍相当）の床・屋根・壁が設計され、これを用いて、学校、多目的施設、ドーム、などが建てられるようになってきた。

なお、国産の構造用合板の原料は、スギ、カラマツなどの国産針葉樹の間伐材や曲がり材にシフトしており、国産材需要の拡大と環境保全に大きく貢献している。

図 合板の製造方法

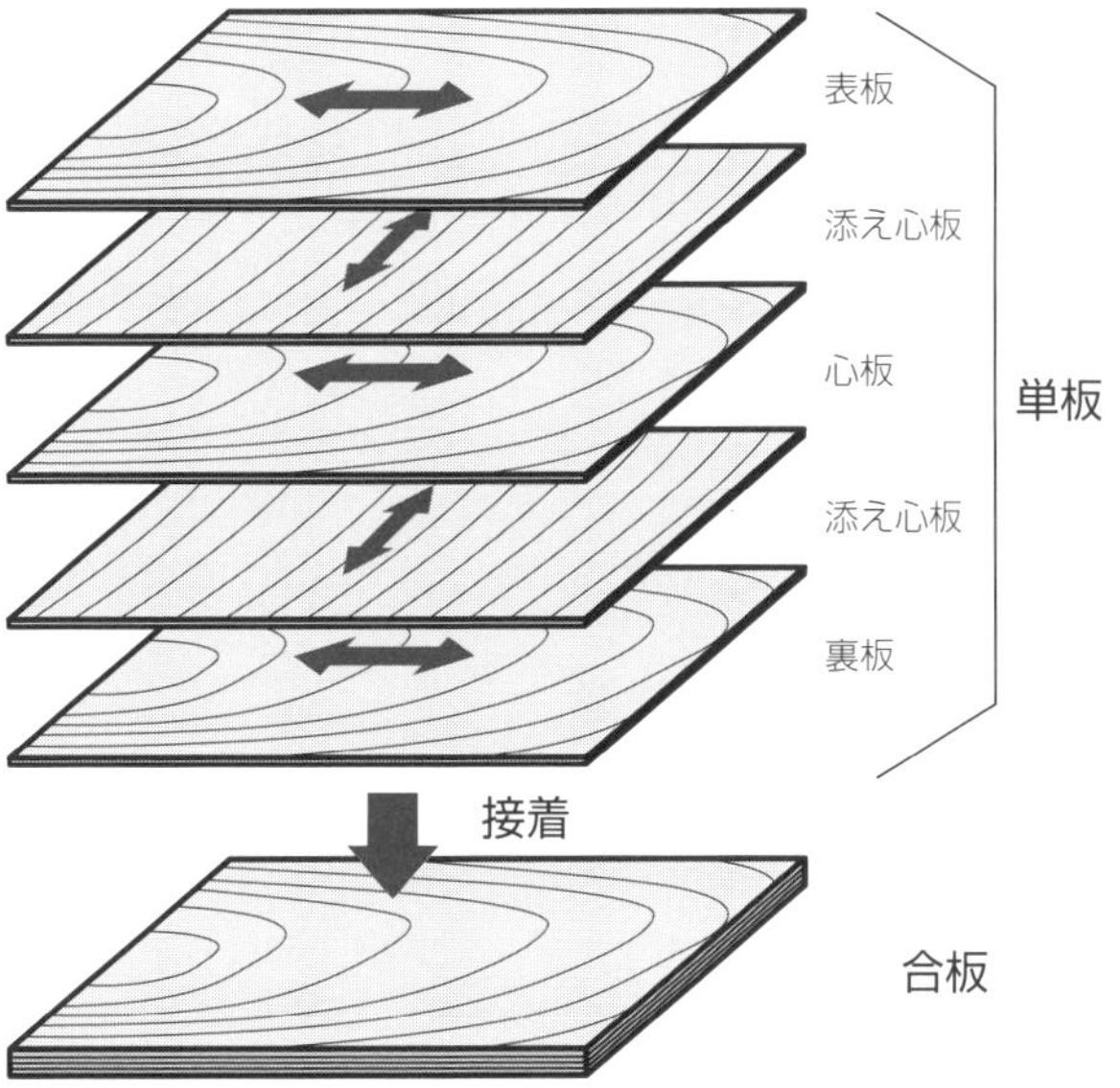

表1 ネダノン使用時の床倍率と許容水平せん断耐力

床の仕様	品確法における床倍率	許容水平せん断耐力（kN/m）
川の字釘打ち	1.2	2.35
川の字釘打ち +耐力壁線上の長辺に釘打ち	−	3.53
四周釘打ち	3.0	7.84

釘N75、釘間隔150㎜。梁、受け材の間隔1,000㎜以下。合板厚さ24〜28㎜

出典：（財）日本住宅・木材技術センター「木造軸組工法住宅の許容応力度設計（2017年版）」

表2 構造用合板による耐力壁の倍率（抜粋）

工法	合板厚さ	釘打ち	仕様	倍率
軸組	7.5㎜以上	N50 @ 150	大壁、大壁床勝ち 真壁、真壁床勝ち	2.5
	9㎜以上	CN50 @ 150	大壁、大壁床勝ち	3.7
			真壁、真壁床勝ち	3.3
	12㎜以上	CN65 @ 100	大壁	4.0*
		CN65 @ 100	真壁床勝ち	4.0*
	24㎜以上	CN75 @ 100	大壁、大壁床勝ち 真壁、真壁床勝ち	5.0*
枠組壁	7.5㎜以上	CN50 @ 100	大壁	2.5**
	12㎜以上	CN65 @ 100		3.6
		CN65 @ 75		4.5
		CN65 @ 50		4.8

*)　日本合板工業組合連合会の大臣認定。それ以外は告示。
**)　2級合板の場合。1級の場合は3.0倍。

出典：日本合板工業組合連合会、東北合板工業組合ホームページ

執筆：神谷文夫

35

エンジニアードウッド⑤

ＬＶＬ

- ●元祖エンジニアードウッド
- ●強度が高く、梁材としての利用も多い

基本的に繊維方向を同方向に積層

ＬＶＬとは、Laminated Veneer Lumber（単板積層材）の略称で、かつらむきなどにより製造した木材（単板）を接着剤で貼り合わせた材料でＡ種とＢ種とがある。現在、国内で販売されているＬＶＬの樹種は、スギ、カラマツ、ヒノキなどの国産針葉樹のほかに、ラジアータパイン、ベイマツなどがある。

合板は単板の繊維方向が交互に直交するように積層しているが、Ａ種は基本的に同方向に積層する（図1）。ただし、幅方向の寸法変化を抑えると共に、割れにくくするため、直交層（クロスバンド）を入れることもある。Ｂ種は、直交層を多く配置したもので、ＣＬＴと同様な強度があり、これからの材料である。

ＬＶＬの原材料となる単板は、長さに限度がある。したがって、長いＬＶＬを製造するには、単板をスカーフジョイントやバットジョイントでつなぎ、ジョイントを分散させて積層する必要がある（図2）。

造作用、構造用として

ＬＶＬはＪＡＳにもとづいて製造される。造作用と構造用がある。

構造用ＬＶＬの場合、接着には耐水性のあるレゾルシノール、フェノール、水性高分子イソシアネート系樹脂を使用する。そのため、水に濡れても単板のはがれが生じたり強度が下がるようなことはない。

ＬＶＬの特徴としては、

・せいの大きな通直材が得られる
・強度が高い
・寸法安定性・精度に優れる

などが挙げられる（表1、2）。

ちなみに、エンジニアードウッドという名称は、現在集成材や合板などを含む木質材料の総称として用いられているが、元々は、ＬＶＬを本格的に商品化した米国トラスジョイスト社（当時）が、製材などと差別化して宣伝するため、ＬＶＬに対してつけた呼称である。

図1 LVLの製造方法

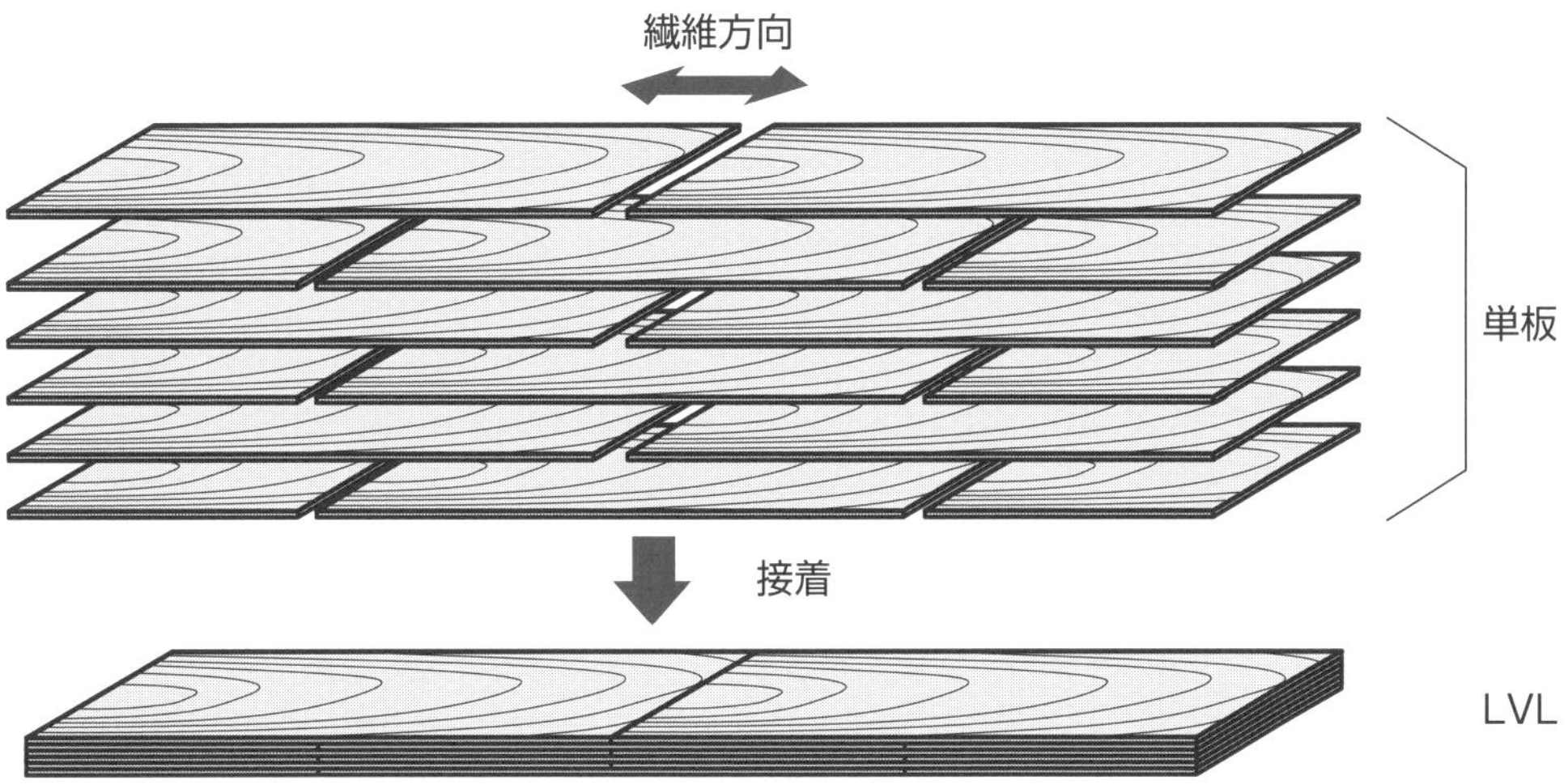

図2 単板のつなぎ方

スカーフジョイント

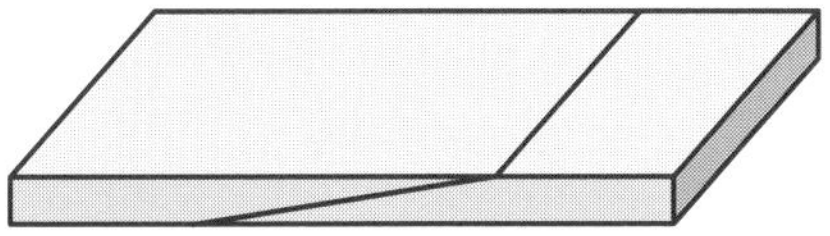

単板を斜めにカットし、重ねて接着する

バットジョイント

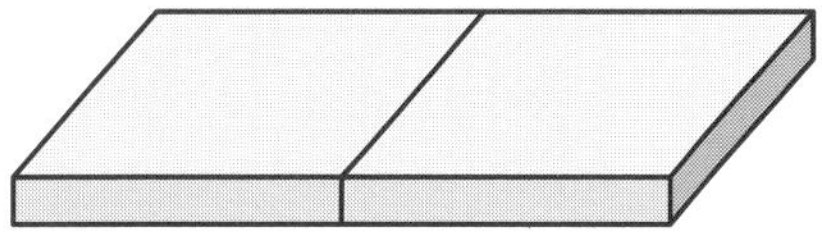

単板の木口を直角に切断し、切断面どうしを接着する

表1 LVLの曲げ基準強度

曲げヤング係数区分	曲げ強さ（N/㎟）		
	特級	1級	2級
180E	67.5	58.0	48.5
160E	60.0	51.5	43.0
140E	52.5	45.0	37.5
120E	45.0	38.5	32.0
110E	41.0	35.0	29.5
100E	37.5	32.0	27.0
90E	33.5	29.0	24.0
80E	30.0	25.5	21.5
70E	26.0	22.5	18.5
60E	22.5	19.0	16.0

各等級の数値以上であることが、等級付けを行う際の基準となる（H20年5月13日農林水産省告示第701号）

表2 LVLのせん断基準強度

水平せん断性能	せん断強度（N/㎟）	
	縦使い方向	平使い方向
65V-55H	6.5	5.5
60V-51H	6.0	5.1
55V-47H	5.5	4.7
50V-43H	5.0	4.3
45V-38H	4.5	3.8
40V-34H	4.0	3.4
35V-30H	3.5	3.0

厚さ25㎜以上の構造用単板積層材の規格。縦使いは木口面、平使いは板面での性能を示す（H20年5月13日農林水産省告示第701号）

執筆：神谷文夫

36

エンジニアードウッド⑥

MDF

●平滑性に優れる
●耐力壁の面材としても使用される

近年は薄物化が進む

MDF(Medium Density Fiberboard)とは、木材繊維を原料とし、接着剤を加えて熱圧締により製造するボードである(図)。JIS A5905(繊維板)のなかではMDFとして分類されているが、かつてはセミハードボード、中質繊維板などと呼ばれた(表1)。

1980年代から本格的な生産が始まり、90年代にはOSBと共に飛躍的成長を遂げた。厚さは一般に2.7~30㎜であるが、最近は薄物化の傾向がある。

強度による分類では、常態曲げ強さに対応して、30、25、15、5タイプの4種類がある(表2)。耐水性に関しては、接着剤の種類によってU(ユリア)、M(メラミン)、P(フェノール)タイプの3種類があり、この順で耐水性が高くなる。湿潤時曲げ強さは常態曲げ強さの1/2以上が確保されている。吸水厚さ膨張率はパーティクルボードよりも低く、ほかのボードと比べても比較的耐水性は高いとの評価がある。

ホルムアルデヒド放散量は、ハードボードなど、F☆☆☆☆、F☆☆☆、F☆☆の区分がある。

表面の平滑度に優れる

最大の特徴は、繊維自体をエレメントとするため、表面の平滑度に優れることである。

また、成型圧締や彫刻加工も可能である。そのため、これまでは家具、ドア枠、幅《はば》木《き》、廻《まわ》り縁《ぶち》などの装飾用基材として使用されてきたが、2014年に、JISが改正されて、密度0.7g/㎤以上0.8g/㎤未満の構造用MDFが登場し、2018年の国土交通省の告示改正により、これを張った耐力壁に倍率が与えられた。倍率は、釘N50を150㎜ピッチで張った大壁と真壁が2.5倍、75㎜ピッチで張った大壁が4.3倍、真壁が4.0倍となっている。

原料としては未利用の低質材も使用可能だが、現在は、製材・合板工場などの廃材が主なため、今後は原料の安定的確保が大きな課題となりそうだ。

OSB：低質の広葉樹を用い、薄い削片状にしたものを配向させて積層、接着したもの
パーティクルボード：木材の小片を接着剤と混合し熱圧成型した木質ボード

図 MDFの製造方法

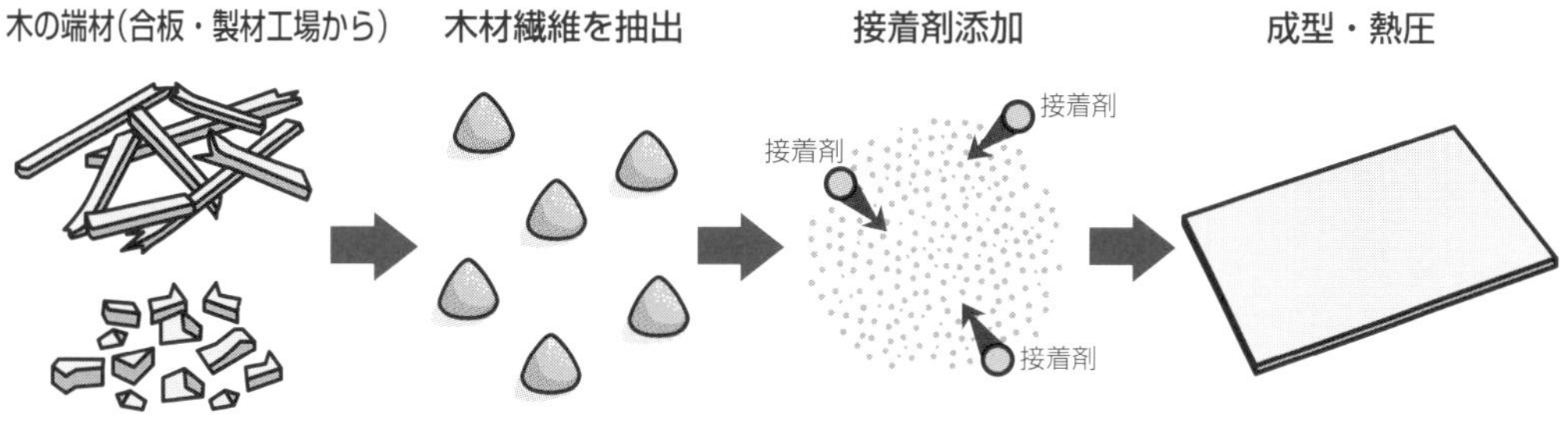

表1 JIS A5905（繊維板）によるMDFの定義

区分	密度（g/㎤）	成型方法	圧熱の有無
インシュレーションボード	0.35 未満	湿式	しない
MDF	0.35 以上 0.80 未満	乾式	する
ハードボード	0.80 以上	湿式・乾式	する

表2 MDFの分類

強度による区分	接着剤による区分	ホルムアルデヒド放散量による区分	難燃性による区分
30 タイプ	U タイプ	F ☆☆☆☆	普通
25 タイプ	M タイプ	F ☆☆☆	難燃 2 級
15 タイプ	P タイプ	F ☆☆	難燃 3 級
5 タイプ			

強度による区分の数字は、JISに規定された常態曲げ強さの基準値（N/㎟）

写真 MDFを耐力壁に使用した例

MDFを構造用面材として、耐力壁に使用している

執筆：神谷文夫

column 集成材の可能性

◆歩留まりとは？

立木から枝や葉など、材木として使えない部分を取り除いたものを原木という。この原木を建築用材として使えるように製材すると、その過程で原木の体積は約半分になってしまう。丸太が四角く製材されてしまうためである。

原木を製材する際は、鋸で切れば切るほどオガクズの分だけ木が無駄になる。そのため、丸太の太さなりのできるだけ大きな材として製材すること、一番無駄のない使い方である。「歩留まりがよい」とは、このように原木を無駄なく使うことをいう。

その意味では、木材を小さな木片である「ラミナ」に製材してつくる集成材は、歩留まりが悪いことになる。しかし集成材は、その歩留まりの悪さだけに着目していると、本来のポテンシャルを見誤ることになる。

たとえば構造解析の世界では、できるだけ均質な強度を持った素材のほうが強さを担保できる。ところが木材はそもそも生き物であるがゆえに個体差が大きく、そのまま建築用構造材として使うには強度にばらつきがある。その木材の弱点を集成材は克服してくれる。

小さな木片のラミナに製材し、接着剤で貼り合わせてつくられた集成材。構造材、造作材として用途が広がっている

◆製材の弱点を補う集成材

ラミナを同程度の強度を持つもので集めて使うと、構造用材としては、全体的に均一な強さとなる。また、大きなスパンを取るような計画では、梁材に大きな梁せいと長さが求められるが、無垢材では調達が困難な大きさや長さのものもある。その点、原理的にはどのような寸法にも対応できるのが集成材である。

集成材は強度の高いものを梁の上下に、中央部には強度の低いものを使うような工夫も可能である。そのため、製材という点からみると歩留まりの悪い集成材だが、強い部分も弱い部分もあますところなく使えるという点では、最も合理的な木材資源の使い方と言える。

戦後すぐに植林されたスギ林のなかには、さまざまな社会的要因で手入れが行き届かずに伐採期を迎えた林も多い。手入れが行き届かないと製材したときに抜け節が出てしまうなど、構造材としては不適当なものも出てしまう。

しかし、集成材であれば不適当な部分を取り除いて使うことができるため、不遇な材も有効に使い尽くすことができる。こうしたことから、集成材の技術は現代の木材加工において非常に重要な技術になっているのである。

執筆：古川泰司

Part 3
造作材

37 造作材の産地

- 日本の気候区分は多様で、降雨量が多く、樹種も豊富
- 造作材にも合法木材、認証材など、証明化の動きが広まっている

日本の造作材分布

日本は国土が南北約３４００㎞に広がり、亜寒帯・冷帯・温帯・亜熱帯と多様な気候に恵まれている。そのため、日本固有種のスギを筆頭に、建築用木材にも多様性がみられる。

亜寒帯気候：北海道道央。トウヒ、エゾマツ、トドマツなど

冷帯気候：北海道、東北や高山帯。ブナ、ミズナラ、タモ、クリ、クルミ、カラマツなど

温帯気候：本州、四国の落葉樹林帯でアカマツ、コナラなどの雑木類。照葉樹林帯でシイ、カシなど

亜熱帯気候：屋久杉やイスノキなど

平安時代に始まったとされる森林管理の施策により人工林は発達した。特にスギやヒノキは、沖縄県を除く都道府県すべてでみられる（図1）。だが、昨今の気候変動の影響、マツノザイセンチュウなどによるアカマツ林の壊滅的被害、里山（２次林）の放棄による植生の変化などで、生産地区分の様相は変わりつつある。

世界の造作材分布

日本へ輸入される主な造作材は、大きく8産地に分けられる（図2）。

①**欧州材**：北欧から欧州全域が中心。ドイツトウヒ、ビーチなど

②**北洋材**：主にロシアのツンドラ地帯が中心。欧州アカマツ、タモ、ナラ

③**南洋材**：インドネシアやマレーシアなどの熱帯雨林帯が中心。ラワン、セランガンバツなど

④**アフリカ材**：主に熱帯雨林帯。ゼブラウッドなどの広葉樹

⑤**南米材**：主に熱帯雨林帯。イペ、マホガニーなどの広葉樹

⑥**NZ、オーストラリア材**：オーストラリアからジャラやユーカリなど天然林の広葉樹。ＮＺから植林の針葉樹であるラジアータパイン

⑦**中国材**：タモやナラ、シナなどの広葉樹、キリ

⑧**北米材**：ウォルナットやブラックチェリーなどの広葉樹

図1 日本の造作材分布

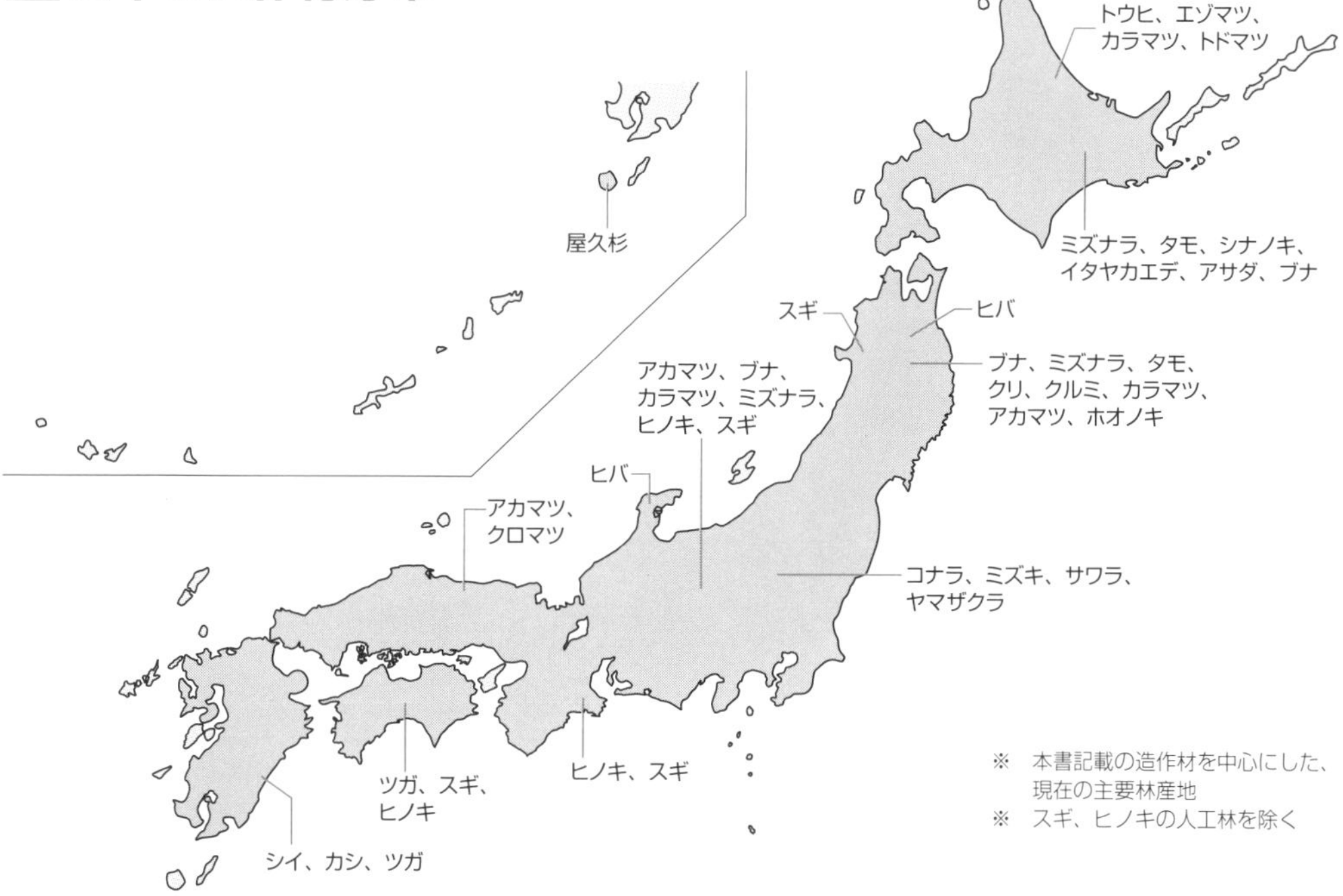

※　本書記載の造作材を中心にした、
現在の主要林産地
※　スギ、ヒノキの人工林を除く

図2 世界の造作材分布

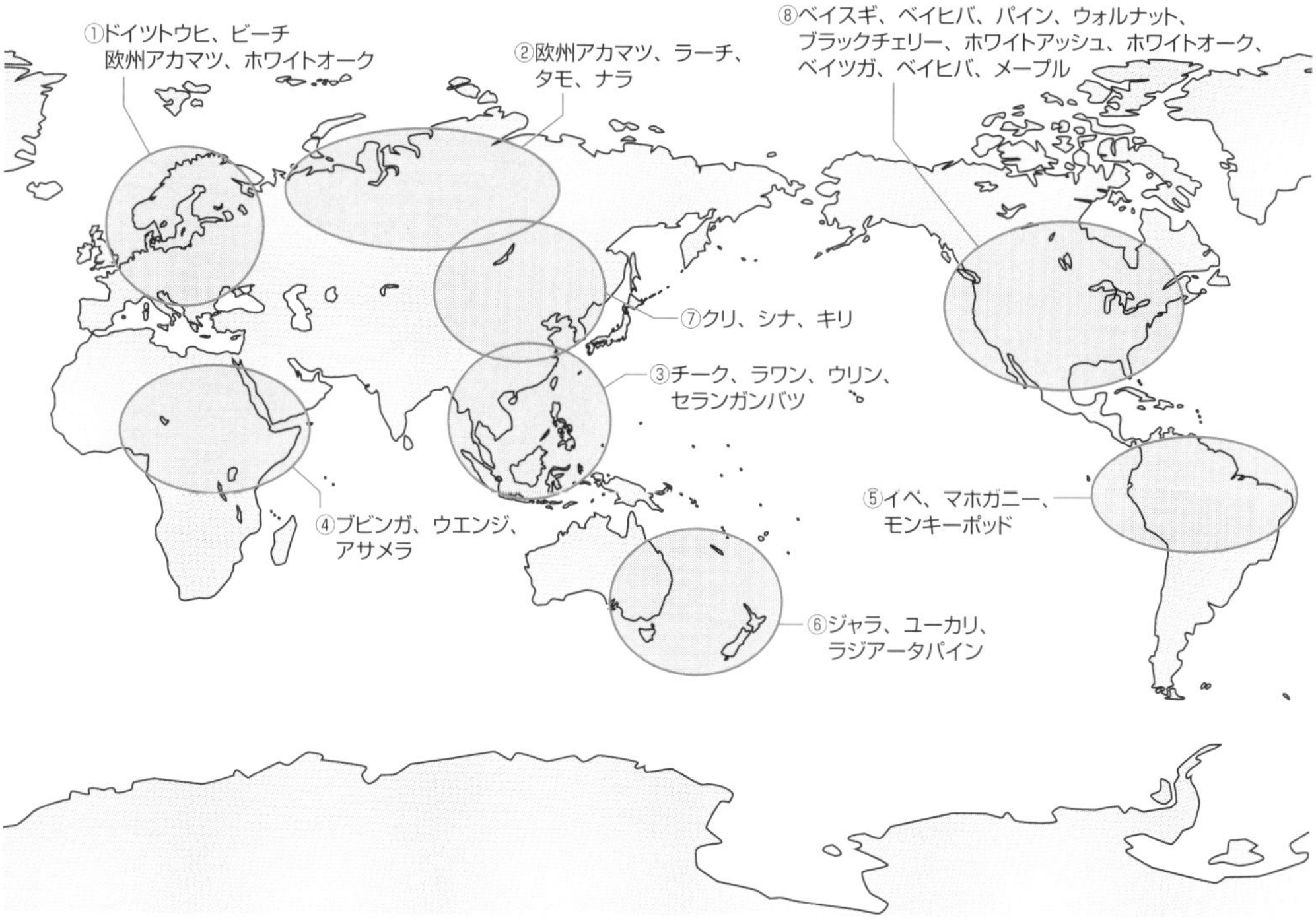

執筆者：西田和也

38 針葉樹と広葉樹

●針のような葉をもち、真っすぐに立つ針葉樹
●丸い葉を広げ、枝を伸ばす広葉樹

木材となる木の構造

樹木の幹の内部を仔細に見ていくと、樹幹は樹皮、木部、樹心（髄）の3つからできていると分かる。

樹木は樹皮の直下にある形成層の柔細胞（活細胞）が養分をとって分裂し、その外側に樹皮、内側に木部を形成して生長する。木部は根から葉へ水分を送り、樹体を支える役割を果たす。

形成される細胞のうち、春から夏にかけてつくられる部分を春材（早材）、夏から秋にかけてつくられる部分を秋材（晩材）という。春材は細胞壁層が薄く大きく生長するため、やわらかく、色は白い。秋材は細胞壁層が厚く、小さいのでかたく、濃い色をしている。

これらが毎年つくられては層となり、年輪となる。年輪の目幅で比重や強度が変わり、秋目が多ければ重くて硬い材となり、逆に春目が多いと軽くてやわらかい材となる。

針葉樹と広葉樹の断面の違い

樹木には針葉樹と広葉樹がある。針葉樹の代表はスギ、広葉樹の代表はケヤキである（写真1、2）。

針葉樹は、水分パイプと樹体を支持する仮導管と呼ばれる組織がその90％を占めている。縦長の細胞が配列よく並んでいるので、材料として素直で扱いやすい。また、比較的軽いわりに強度があり、建築材料として優れた特質を備えている。性質としては、やわらかく、手のひらで触れると温かく感じる。

広葉樹は、水分を通す役目の導管、木を支える木繊維があり、針葉樹よりも組織は複雑である。繊維質が多いため、重くてかたく、触ると冷たい感触がする。細胞膜が厚く重硬な材は、水分による収縮の影響を受けやすい面もある。

広葉樹は、導管の並び方により環孔型、散孔型、放射孔型の3種類に分けられる（写真3〜5）。これらの違いが、樹種により多様な木肌や木目を生むのである。

写真1 針葉樹の断面

代表的な針葉樹：スギ、ヒノキ、マツ

写真2 広葉樹の断面

代表的な広葉樹：ケヤキ、クリ、ナラ、イタヤカエデ

広葉樹の断面

写真3 環孔型

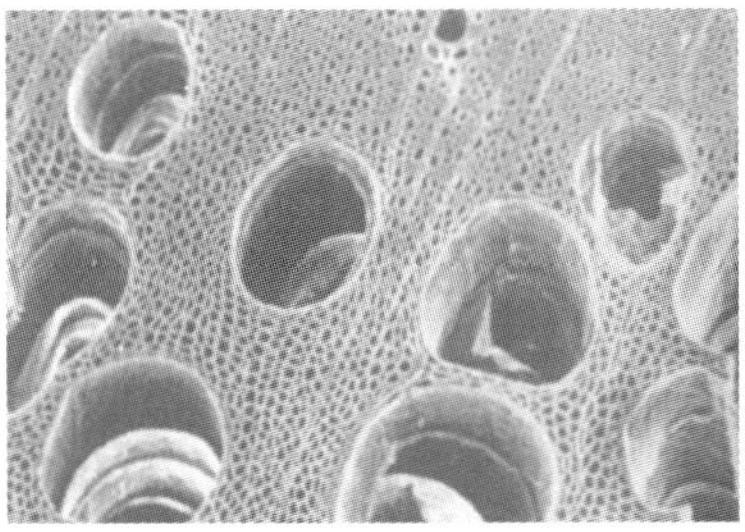

大きな径の導管が並び、年輪がくっきりと浮かび上がって見え、力強い木目だが、導管の径が大きいので、肌目は粗い

代表的な樹種：ケヤキ、クリ、ミズナラ、ヤチダモ

写真4 散孔型

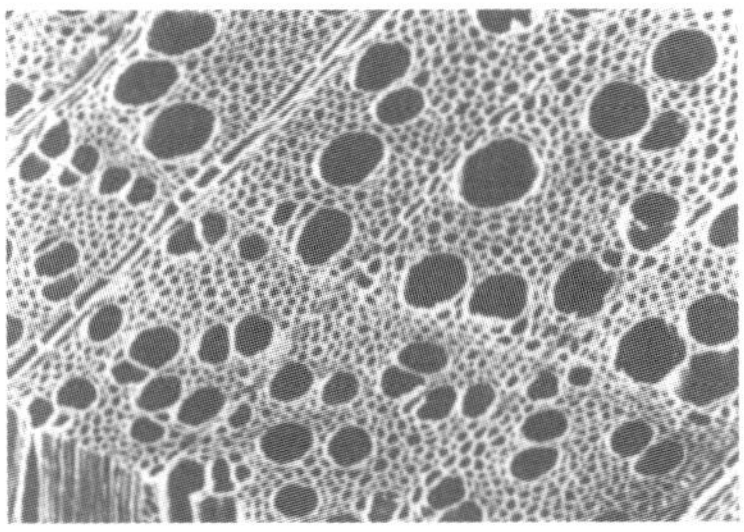

散孔型の導管は環孔型に比べて小さく、数多く均等に分散している。そのため年輪がはっきりしていないが、木目は緻密で繊細な表情をもっている

代表的な樹種：ヤマザクラ、イタヤカエデ、トチノキ

写真5 放射孔型

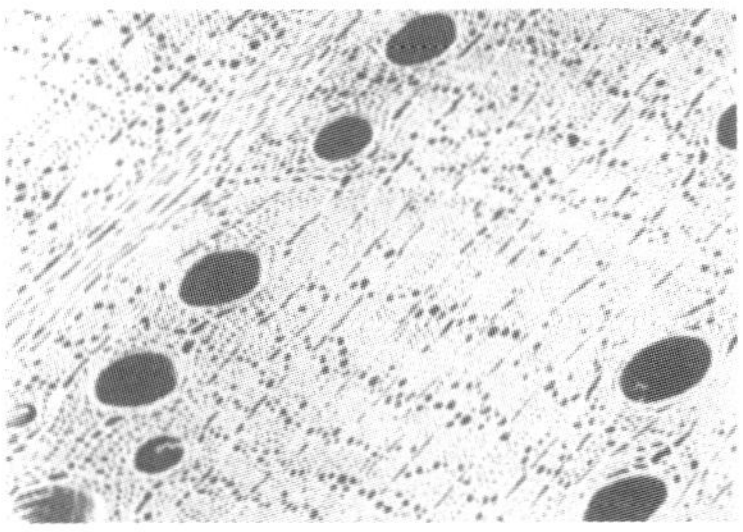

やや細かい導管が放射状に分散しており、木目ははっきりとしないが、放射組織が明瞭なので、表面には独特の模様が表れる

代表的な樹種：シラカシ、アラカシ

執筆：松原正明

39 ヒノキ

きめ細かい木肌

●一流の証、「檜舞台」を生み出す
●高級住宅の代名詞＝檜普請の家

ヒノキの有用性と多用途性

ヒノキには、ほかの木材に比べてさまざまな優位点がある。

・乾燥がしやすいとともに、木理が通直で均質であるため、狂いが少なく加工性がよい
・耐温・耐水性に優れ保存性が高い
・色は、心材が淡紅色で辺材はほとんど白色
・木肌はきめが細かく、仕上げ次第で美しい光沢が出るとともに、特有の芳香がある

このような特性から、非常に多くの用途に用いられている。たとえば、土台・柱・梁などの構造材、床板・框・敷居・鴨居・廻り縁・天井板・幅木などの造作材。これ以外に、木製建具や仏像・風呂桶・髷物・家具・箸などにも使用されている。

神社仏閣に欠かせない

ヒノキは高品質な木材の代名詞として、古来、神社仏閣建築に数多く使用されてきた。そのため、ヒノキの大径木は枯渇寸前となり、江戸時代、幕府直轄の山ではヒノキの伐採が厳しく制限された。この制限は能舞台などの材にも適用され、幕府公認の大劇場以外でヒノキは使用できなくなった。

つまり、ヒノキの舞台は権威ある劇場だけのものであり、そこに立つのは一流の役者だけだったのである。そこから、晴れの舞台に立ち、自分の腕前や演技を披露することを「檜舞台に立つ」というようになったといわれている。

ヒノキの産地

ヒノキの分布は福島県南部以南の本州、四国、九州である。ただし、天然林が残るのは、木曽・高野山・高知県西部などである。また、人工林としては吉野・尾鷲・東濃・天竜・和歌山の各地方のものが有名である。

針葉樹　ヒノキ
名称：桧・檜
分類：ヒノキ科ヒノキ属
分布：福島県以南の本州、四国、九州

写真1 **立木**

樹幹は通直で、常緑の高木

写真2 **樹皮**

濃赤褐色で、薄皮のように裂ける

写真3 **葉**

葉の先はやや鈍形で、側葉の先はやや内側に曲がっている

写真4 **ヒノキを保育園の床に使用した例**

適度な硬さから、幼児の飛び跳ねる空間の床として採用された

40

スギ

やわらかくポピュラー

●加工性に優れ、多用途の材となる
●幅広い価格帯、豊富な供給源が魅力

日本の固有種

　スギは日本の固有種で、種類も豊富、全国に数百種あるといわれる。代表的なのは屋久杉、秋田杉、吉野杉、魚梁瀬杉、北山杉などである。戦後全国で一斉に植林が行なわれた、国内で最もポピュラーな樹種の一つである。

　辺材は淡黄色で、芯材は淡紅色〜黒褐色までさまざまである。木目は通直で軟らかく、加工が容易である。

　なお、ベイスギは日本でいうネズコのことであり、性質や特徴は異なる。

ユーティリティが高い

　建築用として外部・内部問わずあらゆる部材に使用されている。真っすぐに育つため、長尺材が取りやすく、樹齢に応じて太く育つ。そのため、ほかの樹種に比べて赤身・白太や板目・柾目を選り分けてそろえられる。

　床材としての長所は、やわらかく足触りがよいこと、呼吸率（調湿機能）が優れていることである。ただし、呼吸率がそのまま収縮率の高さにつながるため、乾燥が重要な意味合いをもつ。長年使用すると夏目が押しつぶされ、「浮《う》づくり」のような状態になっていくので、耐久性を考えると、厚材（30㎜程度）で使用するほうが好ましい。

　材がやわらかいので傷は避けられないが、復元率が高いので、少々のへこみであれば、個人でメンテナンスできる。ただし、床暖房との相性がよくないので、床暖房に頼らなくてもスギ材の温かみを生かした使い方ができないか考えたい。

　価格帯の幅広さは群を抜いており、坪当たり数千円の安価な板材から、何百万円もする高級材まである。供給資源は豊富なので、森林環境保護の点からも積極的に消費していきたい。

針葉樹　スギ
名称：杉、椙
分類：ヒノキ科スギ属
分布：北海道（函館を北限とする）〜九州

写真1 立木

常緑の高木で、30〜40mに生長する

写真2 樹皮

赤褐色または暗赤褐色。繊維質で細長くはがれる

写真3 葉

針形で、基部は太い

写真4 スギをダイニングの床に使用した例

やわらかく足触りがよい

執筆：西田和也

41 ヒバ

耐湿性に優れる

●辺材が少なく、心材の割合が多い
●耐水性に優れるため、浴室の壁材などに適する

常緑針葉樹の高木

最も有名な産地は、日本三大美林の一つ青森県である。しかし、天然林や天然更新による造林であるため、貯木量が年々減少、近年、保護林として規制されたことから、伐採が制限されている。これから期待できる産地は、石川県の能登地方である。青森県と同じく高湿で、曇天の多いこの地では、日射を好むヒノキが育ちにくいため、ヒバ、スギの山が形成されている。

ヒバは、見た目はヒノキ材と似ているが、ヒノキ材より色みが黄色っぽく、辺材が少なめで心材の割合が多い。心辺材での色の違いはあまりない。また、立木の状態での含水率は60％前後と低いため、天然乾燥でも含水率は比較的早く落ちる。生長が遅いため、主に流通しているのは80年生以上の材である。

土台、デッキ材に最適

ヒバ材の最大の特徴はその香りである。これは、ヒノキチオールという抗菌性に優れた精油分に由来する。

また、心材の割合が多いことから耐水性に大変優れる。浴室の壁材など、特に耐湿性を要求されるところに適す材といえる。材質はややわらかめだが、耐久性に優れるため、針葉樹のなかでは、土台やデッキ材に最適といえる。

能登のヒバは青森ヒバに比べ若いため、丸太の直径が30～50㎝程度のものも多く出回っている。そのため、並材である板目材や節あり材が取りやすい。つまり、高級材である青森ヒバと同じ性能をもつ材が安価に入手できるのである。ただし、80～130年生の若木は捻じれやすいので、よい製品を選ぶことが肝要である。

針葉樹　ヒバ
名称：檜葉（別称：翌桧［アスナロ］、能登での地域名：档［アテ］）
分類：ヒノキ科アスナロ属
分布：北海道（南部）、本州（青森県・栃木県・佐渡島・能登あたり）。日本特産。

写真1 立木

30mまで生長する高木。幹も太い

写真2 樹皮

暗赤褐色の繊維質で、縦に裂ける

写真3 葉

大形の鱗状で、側葉の先は内曲している

写真4 ヒバを浴室の天井に使用した例

耐湿性に優れていることから浴室に採用。ここでは、赤身を浴室に続く脱衣室・洗面室の天井にも使用している

執筆：西田和也

42

アカマツ

床材として注目

●マツタケとともに、長い寿命を全うする
●長さ1間（1820㎜）が主流

内陸部で育つアカマツ

アカマツの色は、心材は褐色、辺材は黄色に近い。心材部分は小さく、マツ特有の性質から、節と節とが等間隔で現れる（集中節）。

明るい場所を好んで育つが、不毛な土地でも耐えられるため、内陸部を中心に植林されてきた。１９７０年代から松くい虫（マツノザイセンチュウ）の被害が爆発的に増加し、本州の多くの地域で産出が減少した。現在の主産地は東北と長野県などの高地である。

良好な環境のアカマツ林では、マツタケが多く見られる。マツタケとは共生関係にあり、マツタケの生える山は木の寿命が長いといわれる。ロシアやヨーロッパ、ニュージーランドなどから輸入されるパインは、木目は近いが、木の育ちはまったく異なり、その特徴は製品にも反映されている。

床材として多用

古来、梁桁材として多く使われてきたが、前述の松くい虫の被害で減少。平角材にした際の捻じれや狂いといった問題から、１９９０年頃から構造材としての使用が大きく減った。その代わり、硬い冬目とやわらかく保温性のある夏目のバランスのよさから、床材として注目されるようになった。ただし、ヤニ分を含むため、脱脂乾燥されたものを使用するのが望ましい。

日本のアカマツは曲がりが強く、長尺材が取りにくい。約1間（１８２０㎜）程度が主流である。また伐期や乾燥工程に細心の注意が必要で、夏（水を吸う時期）に伐った材や養生中に雨にあたった材は、例外なくアオ（カビ）が入る。強度や耐久性にはまったく問題ないが、意匠上敬遠される傾向にある。そのため製材工場では、屋根付きの専用土場を確保して対策している。

針葉樹　アカマツ
名称：赤松（地松）
分類：マツ科マツ属
分布：北海道～九州まで

写真1 立木

丘陵に多い常緑樹。高木と低木がある

写真2 樹皮

赤褐色〜暗赤色で、亀甲状の割れ目ができる

写真3 葉

針形の緑色で、断面は半円形

写真4 アカマツをLDKの床に使用した例

保温性のよさ、耐久性の高さに特徴がある

執筆：西田和也

43

カラマツ

黄葉する針葉樹

- 心材と辺材の色差が明確
- 乾燥次第で品質に大きな差が生じる

耐久性のある旋回木

秋になると広葉樹のように黄葉し、落葉する珍しい針葉樹。信州の小諸地区を原産とし、岐阜県以北に生育する。国内では信州や北海道で積極的に植林が進められたほか、東北地方にも多い。ロシアや中国から多く輸入されている「ラーチ」も同種のものである。

心材は褐色、辺材は黄白色で色差がくっきりとしている。水に強く高い耐久性をもつ。ただし、捻れながら育つ旋回木のため、建築用材として使用するには熟練した乾燥の技術が必要である。割裂性はよいが、針葉樹としては重厚で、加工しにくい部類に入るといえる。

十分な乾燥が用途を拡大

昭和中期ごろまでは土木用材としての需要がほとんどだったが、乾燥技術が発達した昨今は、外壁やデッキ材、内装材などとして用途を広げた。それまで建築用材として認知されていなかった最大の理由は、「捻れやすく暴れが大きい」ことと「ヤニの問題」が挙げられる。原木価格は比較的安いものの、十分に乾燥・養生させた材でないと欠点が顕著に現れてしまう。その意味で、材料の見きわめが大切になる。

通常40～60年生の原木を伐採し、建築用材に加工する。80年生以上の高齢木や天然林のカラマツは「天カラ」と呼ばれ、銘木として珍重されている。捻れながらも真っすぐに育つので、4mほどの長材の調達や辺材を省いて、赤身のみでそろえることが容易である。

床材としては、針葉樹のなかでは比較的かたさがあり、色をそろえやすい。節にこだわらなければ供給量も安定しており、比較的安価で人気がある。

針葉樹　カラマツ
名称：唐松・落葉松
分類：マツ科カラマツ属
分布：岐阜以北～北海道（近似種：ヨーロッパ・シベリア・ヒマラヤ・北アメリカ北部などの亜寒帯）

写真1 立木

生長の早い高木

写真2 樹皮

不規則な鱗片状にはがれる

写真3 葉

線形で、長さは1～3㎝、幅は1～1.5㎜

写真4 カラマツを図書館の床に使用した例

色を揃えやすく、硬さがあることから、図書館の床として採用された

執筆：西田和也

44 サワラ

軽く加工しやすい

- ヒノキの妹分
- 外装材としても使われるが、供給量は少ない

ヒノキに似た日本特産の樹種

日本特産の樹種である。ヒノキに似ており、種子、苗の状態では、林業に携わる人でもヒノキとの見分けは難しいといわれる。そのため、ヒノキの苗を植林する際に、数%混ざった状態でヒノキ林のなかで育つこともあるという。やがて生長すると、葉の形状にヒノキとの違いが表れてくる。葉先を比較して尖っているほうがサワラである。産地は木曽、伊那（長野県）などが有名。人工造林も行われているが、伐採量には限りがある。

重厚なヒノキに対して、サワラはやわらかくて軽い性質から、ヒノキの妹分と呼ばれてきた。昔からヒノキは「高級品」と位置づけられており、価格的にもほかの樹種に比べ高価だった。そこで、ヒノキによく似たサワラが代用品として人々の生活に欠かせないものとなっていたのである。

赤身は耐久性がある

サワラは、ヒノキよりも赤みがかった黄色をしている。気乾比重が0・34とヒノキの0・41に比べて軽く、加工しやすい。また、特有のサワラニンという物質を多く含み、ヒノキのような強い芳香ではなく、さわやかな香りを放つ。

サワラは水や湿気に強いので、外装材として使用されることも多い。特に赤身の張った高齢樹は、耐久性に優れ、浴室内の造作材や浴槽、樽、桶などに利用される。水などに濡れると、赤色のシミのような紋様が浮かび上がるのが特徴である。

加工性がよいため、床、壁材にも適しているが、絶対数が少なく、ヒノキのような安定供給が難しい。なお、ヒノキより強度が劣ることから、構造材としてはあまり使われない。

針葉樹　サワラ
名称：椹
分類：ヒノキ科ヒノキ属
分布：本州（岩手県以西、四国、九州）

写真1 立木

常緑樹で高木

写真2 樹皮

灰褐色で薄くはがれる

写真3 葉

先は尖っていて、側葉の先は内曲しない

写真4 サワラを浴室に使用した例

水や湿気に強いことから、浴室の天井、壁などに採用される

執筆：松原正明

45 ツガ

高級材として重宝

●高知、宮崎の標高１０００ｍ付近に育つ高級材
●緻密な木目で、豊かな表情をもつ床材として珍重される

高地に育つ高級材

ツガ（トガ）は、主に標高１０００ｍ付近の高地、高山に生育する常緑針葉樹である。高知、宮崎を主な産地とし、特に高知の土佐ツガは有名である。

大きく木取りできる硬い材は高級材として重宝され、城のような建築物ではヒノキ、スギ、マツと並び、なくてはならない樹種であり、修復用の材として欠かせない存在である。特に西日本では、ヒノキ普請よりさらに高級な普請として、ツガ普請がある。数寄屋や大店の屋敷、別荘などにツガ普請の物件が多く残っている。

300年を超える高齢樹が、梁桁材や床材に使用されてきたが、現在は大きく木取りできる立木が少なくなっている。そのため、自然環境保全の観点から、自然倒木する前の立木のみを伐採して材として用いている。

硬く水切れのよい日本のツガ

一般に、内部造作材の建具枠や幅木に多用されているツガはベイツガである。ベイツガの外観は日本固有のツガと似ているが、性質はまったく異なる。軟らかく水に弱いといわれるベイツガに対し、日本のツガは、針葉樹のなかでもとりわけ硬く、水切れのよい材として認知されてきた。

300〜500年育ったツガは、幹が１ｍほどで、それほど太くならず、アテ材にも見えるような、入り組んだ木目や緻密な木目に育つ。そのため、その独特な木目をもつ板で加工した床材は、高名な建築家や大工のなかにもファンが多い。

＊アテ材：樹木に強い力がかかることで、それに耐えうるように一部分が強化された木をいう。板などに加工すると、成形後にその部分が曲がる、捻じれるなどの癖を発露するため、建築材から外すのが常道とされる。

針葉樹　ツガ
名称：栂
分類：マツ科ツガ属
分布：本州南部、四国、九州

写真1 丸太

心材と辺材の境界ははっきりしている

写真2 樹皮

縦に裂けて鱗片状にはがれる

写真3 葉

線形で葉先は凹状

写真4 ツガをリビングの床に使用した例

硬く、水切れがよい。写真は伝統構法に則って建てられた住宅に、土佐ツガを朝鮮張りした

執筆：西田和也

46 レッドシダー

フェノールを多く含む

●防虫・防腐性が高く、耐朽性に優れる
●ベイスギ喘息に注意が必要

通直の木理で独特の香り

レッドシダーはベイスギとも呼ばれるが、いわゆるスギの仲間ではない。ヒノキ科ネズコ属で、そこからアメリカネズコとも呼ばれる。日本の鼠子《ねずこ》（常緑の針葉樹でヒノキ科クロベ属。本州や四国が産地で主に中部地方に多い。木曽の五木《ごぼく》の一樹種）とは異なる。

材木の多くは、年数を経て直径3m以上の大径木に育ったものが伐採され、それから製材されているため、若木と比べて安定している。

辺材は白く、心材は赤褐色だが、その色調はさまざまである。製材後、さらに褐色にくすんでいく。木肌は中程度からやや粗いが、木理は通直で独特の芳香がある。

強度は低いほうだが、軽く、加工性がよい。乾燥後の収縮が少なく、防虫・防腐効果の高いフェノールを多く含んでいるため、耐朽性も高い。米国では、先住民族のある部族が、レッドシダーでトーテムポールをつくっているほどである。

外装材、デッキ材として有用

北米では、屋根葺き材（ウッドシェイク）として利用するのが一般的である。元々高価な銘木のスギ材の代用品として、天井材などにも加工されていた。

近年は2×4材として多く出回っており、腐りにくく耐朽性がよい性質を生かして、外装材やデッキ材に使用されている。

国内製材品もあるが、現在は減少傾向にある。製材の際に出る木粉がアレルギー反応の原因になる場合があるため、木粉についての対策を施さなければならないからだ。

製材の現場では、木粉の飛散対応を実施すると共に、作業者はマスクを着用するなどの必要がある。

針葉樹　レッドシダー
名称：米杉、カナダ杉
分類：ヒノキ科ネズコ属
分布：北米大陸西部地区一帯

写真1 立木

高木で幹の太さが3mを
超えるものもある

写真2 樹皮

暗赤色で縦に裂ける

写真3 レッドシダーをデッキに使用した例

加工性がよく、乾燥後の収縮も少ない。
耐朽性も高いことから、デッキ材として
採用される

執筆：松原正明

47

ブナ

均一な肌色

●おとなしく、規則的に並んだ木目が美しい

●曲木として最適な建築材である

生命力が強く、単一で森を形成

本来すべて辺材だが、偽心材と呼ばれる部分を形成する。偽心材は褐色または紅褐色、辺材は白色、淡黄色または淡紅色で、境界は不明瞭である。ほかの樹種よりも生命力が非常に強く、単一樹種で森を形成することができる。ブナの森は非常に美しく、その代表が秋田県の白神山地である。ヨーロッパではブナを「森の母」「森の聖母」と呼んでいる。

耐久性に難。貯木量は豊富

日本では現存量の最も多い広葉樹である。多くは均一な肌色をしており、小さな斑が規則的に並んだ木目はおとなしく、見た目にも美しい。ただ以前は、耐久性が低く、狂いが生じやすいため、豊富にあるわりには、建築用材として積極的に使われる場面が少なかった。しかし、昨今の乾燥技術の発達と合板加工技術の出現により、その長所が生かされ加工需要が増している。

一方、その性質から曲木《まげき》に適しており、明るい木肌と主張しない木目から、家具用材として比較的好んで使われてきた。オイルなど浸透性の塗料を重ね塗りすれば、ブナの美しさがより醸し出される。

ワックス成分が多く配合されている塗料は、比較的少ない塗り回数で仕上がる。また、ウレタン塗装やUV塗装のような塗膜を形成する塗料を使用すると、ブナの美しさをより発現するため、既製品の床材は塗膜塗装としたものが多い。主にヨーロッパからの輸入材である。

国産のブナを使用した建材は貯木量が多いわりには、製造している工場がほとんどない。板材にした際に狂いが生じやすく、歩留まりが悪いのが敬遠される理由のようだ。

広葉樹　ブナ
名称：椈・山毛欅
分類：ブナ科ブナ属
分布：東アジア、北アメリカ、ヨーロッパ。日本では北海道〜九州まで。

写真1 立木

落葉樹の高木。
無毛の葉は互生する

写真2 樹皮

鱗状の灰青色

写真3 ブナをダイニングの床に使用した例

明るい木肌と木目が美しい

執筆：西田和也

48 ホオノキ

独特の色みが魅力

●木目が細かく加工がしやすい
●日常生活と密着し、独特の色みで愛用される

葉も実も利用される

ホオノキは、山地の比較的肥沃な場所に生育する落葉高木である。日本各地で見ることができる。枝先には直径約15cmの大きな花を咲かせるのも特徴のひとつ。黄白色で芳香がある。

ホオノキの由来は包《ほう》で、葉が長さ20～40cmくらいの大きな卵型をしている。この葉は朴葉《ほおば》味噌や朴葉寿司に代表されるように、古くから食べ物を包む用途に使われてきた。また、樹皮は煎じて下痢止めや健胃薬として用いられてきた。

食用として利用できる実のなる木や、ホオノキのように生活に役立つ木は、過度に伐採されることなく山に残されており、貯木量も多い。

材として見た場合、ほかの木には見られない色みが特徴的である。心材はくすんだ灰緑褐色で部分的に黄色が入り、辺材は淡い黄白色である。心材・辺材の色の差は大きいが、境界はわりと明瞭である。ただし年輪が不明瞭で早材と晩材の差が少ない。木目は通直、均質・緻密である。

木目が細かく用途は多様

ホオノキは広葉樹としては適度に柔らかく肌触りがよい。木目が細かいため、加工がしやすく、このような性質から版画用の版木や彫刻材、お椀、お皿と言った木工に適しており、最高級の材は刀の鞘として使用される。

また、下駄履きが普通だったころ、ホオノキは下駄の替え歯として大いに流通した。軽柔でサイズ調整しやすいというのがその理由で、朴歯《ほおば》といえば下駄の歯を意味した。

広葉樹　ホオノキ
名称：朴の木
分類：モクレン科モクレン属
分布：日本、南千島、中国、朝鮮半島

写真1 立木

落葉樹の高木

写真2 樹皮

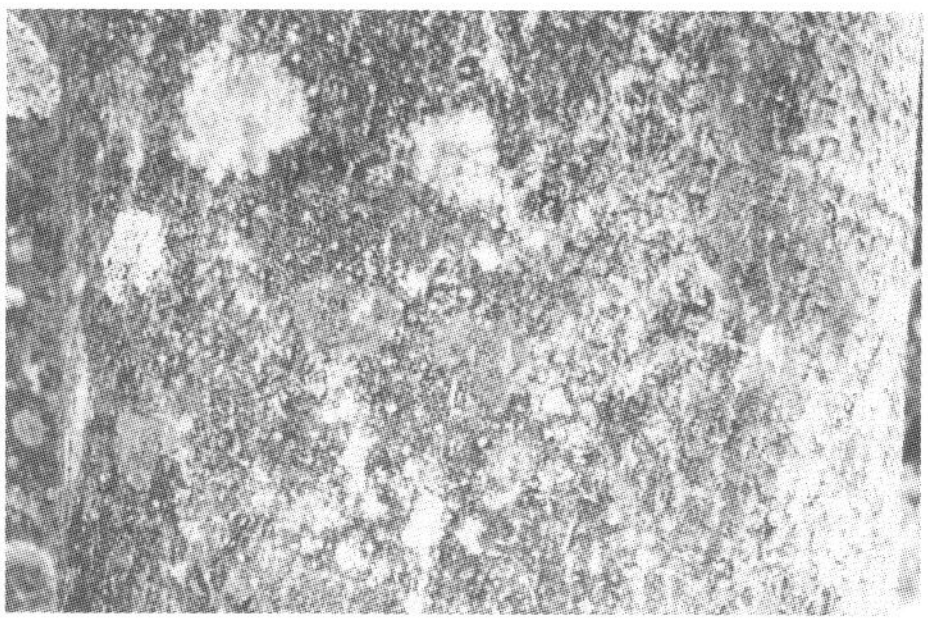

灰白色で滑らか

写真3 葉

互生する。逆さ卵形

写真4 ホオノキを器に使用した例

柔軟で狂いが少なく、加工性もよい
事例写真：白鷺木工

執筆者：西田和也

49 ケヤキ

さまざまな杢が出る

●色見と表情が豊かで重厚な質感がある
●玄関の式台、テーブルの天板などに適する

本州～九州に生育

北海道、沖縄などを除く日本の山野に生育する落葉広葉樹。公園や街路に植えられることが多い。高さ20～30m、直径は大きなもので5mにもなる。

みやびやかで存在感がある。色は橙色が強い茶色。年輪がはっきり分かりやすく、素直な木目で上品。つやつやと滑らかな仕上がりながら重厚な質感がある。玉杢・牡丹杢・泡杢・如輪杢・葡萄杢・笹杢など、美しい杢が出てくるものもあり、珍重される。

高級材として用いられる

ケヤキは水に強く、弾力性と硬さをもち合わせ、耐久性がある。そのため、建築用材では古くから家の大黒柱や社寺建築などで、高級材として用いられてきた。そのほか、玄関の式台や框、床の間板など、住宅の大切なところに用いられ家全体を引き締める。家具用材としてもテーブルの天板やタンスに、面白いところでは、杵や臼、タイコの胴にも加工されている。

またケヤキは育ち方の違いで材料の質が異なるため、呼び名を変える場合もある。目が細かく材質がよいとされるものは赤ケヤキ、目が粗く材質がよくないものを青ケヤキと呼ぶ。青ケヤキは若木で比較的色が浅く辺材が多くて暴れやすい。

大木になることもあるが、簡単に育つわけではないので、高価な材料には間違いない。ただし、辺材を含む青ケヤキはわりと手ごろな価格で手に入れることができる。

一般的に床材としては流通していない。ケヤキは門材などとして使われることが多い。

広葉樹　ケヤキ
名称：欅
分類：ニレ科ケヤキ属
分布：本州、四国、九州、朝鮮半島

写真1 立木

落葉樹の高木で、大木になる

写真2 樹皮

年を経ると片状にはがれ、波状になる

写真3 葉

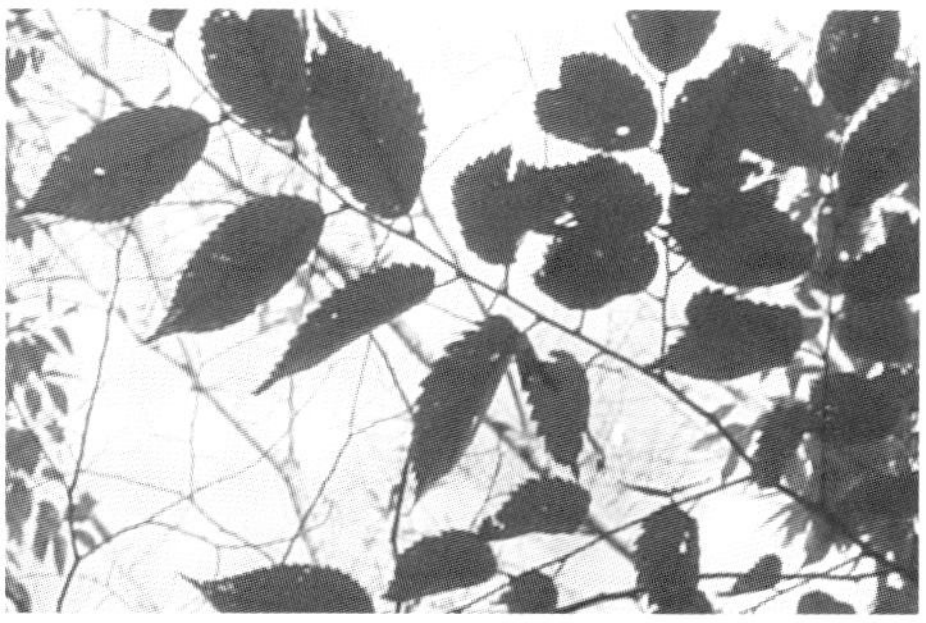

細い卵形で3～7㎝ある

写真4 ケヤキを家具に使用した例

水に強く、弾力性や耐久性もある

執筆者：西田和也

50 クリ

優しい表情

●木目が上品
●やわらかく、温かみのある床材として人気

東北地方に優良材がある

世界中でクリの種類は約10種類ほどあるが、よく見かけるのは日本の柴栗、甘栗の原料のシナグリ、マロングラッセにするセイヨウグリなどである。イガに包まれたクリの実は、古くは縄文時代から、食用として人々の暮らしを潤してきた。

クリは落葉広葉樹である。冬の寒さで照葉樹が育ちにくく、ブナなど夏の暑さで落葉冷温帯樹種が育ちにくい森林帯によく育つ。現在、産地としては、東北地方が有名である。

クリは高さ約20m、直径60㎝ほどが一般的で、大きいものは直径1.5mにもなる。色は茶色。上品な木目で、表情がどことなく優しい。ナラが男性的であるのに対し、クリは女性的な印象を与える。

また、浸透性の塗料を塗装すると木目が映え、より魅力的な表情になる。ピンホールと呼ばれる、とても小さな虫穴があるのも特徴の一つ。

やわらかく温かみがある

クリはタンニン分を多く含み、水に強い。また、シロアリなどの害虫にも強く、腐食しにくい。耐久性に優れており、昔から家の土台としてよく使われてきた。そのほか、線路の枕木、土木用の杭などに使われた歴史があり、今はデッキ材・床板などとして人気がある。

日本古来の加工技術とされる「名栗《なぐり》」は、板材や角材に独特の削り痕を残し、意匠に味わいを出すことができる。この言葉の語源は、兵庫県丹波の職人がクリ材を手斧で波形に削ったものが元といわれている。

硬い材料として扱われる広葉樹のなかでは、やわらかい。

広葉樹　クリ
名称：栗（呼び名：シバグリ、ヤマグリ）
分類：ブナ科クリ属
分布：北海道南部、本州、四国、九州、朝鮮半島

写真1 立木

落葉樹で高木だが、まれに低木もある

写真2 樹皮

暗緑色で皮目がはっきりしている

写真3 葉

長楕円状の披針形で、先は鋭くとがっている

写真4 クリをリビングの床に使用した例

適度に硬く、耐水性・耐久性に優れている

執筆者：西田和也

51

ミズナラ

深みがあり男性的

●虎斑は家具材として好まれる
●床材として耐久性に優れる
●深みのある色は塗装でさらに輝く

低地から山岳地まで生育する

ミズナラは、低地から山岳地まで広範囲に生育する落葉広葉樹である。高さ25m、直径1.5mになるものもあり、枝葉も大きく広がり雄大である。

色は濃い茶色で深みがあり、少し荒荒しく勢いのある男性的な表情をしている。

年輪とは別に、動物の毛並みのような模様が入るところに特徴がある。これが柾目材に「虎斑《とらふ》」と呼ばれる模様として入ると、家具材などとして好まれる。また、浸透性の塗料を塗装すると、熟成されたブランデーのような色になる。

硬いが加工しやすい

ミズナラは重くて硬く、床材として人気の樹種である。特に北海道のナラ材は、その木目の美しさと色合いから人気が高い。また、世界的な銘木として盛んに輸出された歴史があり、世界のナラ類のなかでは加工しやすく見映えもよいとされている。

現在、ナラのフローリングは、中国から多量に輸入されている。そのためか、床材需要だけの責ではないが、一時、中国の山々からミズナラが減少し、洪水の原因になったことは有名である。現在は中国でも伐採が制限され、多くはロシアなどから中国経由で輸入されている製品がほとんどである。

元々、ヨーロッパでは家具材・床材にはオークが用いられていたため、フローリング＝オーク（ナラ）というイメージがある。

しかし、日本の場合、素足で生活することが多いため、すべての場面で硬い床となるナラ材は勧められない。椅子やソファのある生活の場や、土足の床、店舗などに向いている。

広葉樹　ミズナラ
名称：（水）楢
分類：ブナ科コナラ属
分布：北海道、本州、四国、九州（近似種：南カラフト、南千島、朝鮮半島、中国東北部）

写真1 樹皮

落葉樹の高木。樹皮は黒褐色で、縦に深い割れ目ができる

写真2 葉

逆さ卵形で、三角形の鋸歯で先は尖っている

写真3 木口

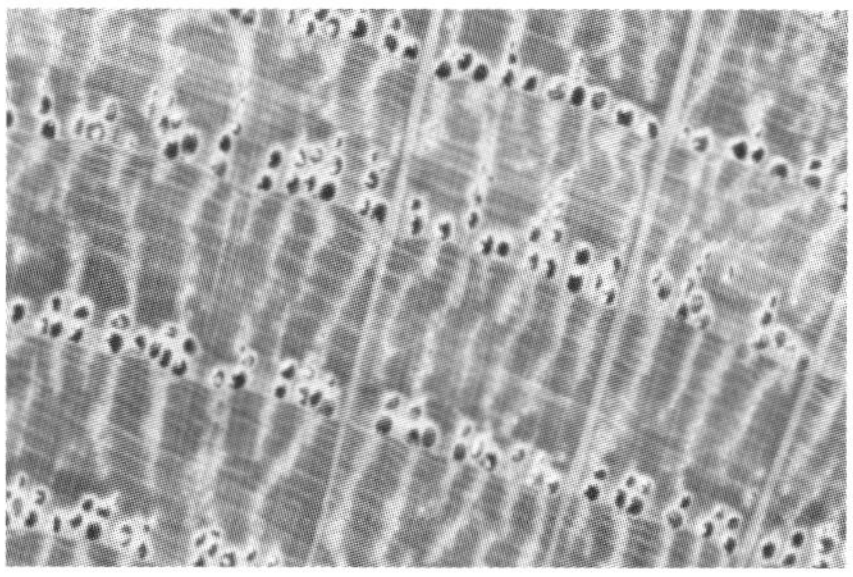

木口面の拡大。年輪とは別にこのような模様が入る

写真4 ミズナラを学校の廊下に使用した例

重く、硬いことから土足用の床に向いている

執筆：西田和也

52 タモ

均質で粘りがある

●木目が縦に真っすぐ通り、はっきりしている
●弾性が高く枠材に適している

肥沃な湿潤地に育つ

タモ（別名「谷地《やち》ダモ」）は、読んで字のごとく谷の地、湿地に育つ樹種である。沢沿いで肥沃な水はけのよい湿潤地を好み、湖畔などではごく普通に見られる。

主に北海道で育つが、広葉樹のなかでも樹高が高く30m以上にもなる。また、直径も1mほどに生長することから、植林も多くされている。

ケヤキやクリと同様、大きな導管が年輪に沿って並ぶ環孔材に分類される広葉樹の仲間で、木目がはっきりしている。心材は淡い黄褐色がかった銀鼠色、辺材は明るく白っぽい黄土色で、心材と辺材の境界は明瞭である。

広葉樹のなかでも特に木目が縦に真っすぐ通っており、材質は均質、粘りがあり、節や材利用上の欠点も少ない。

北海道には「ヤチダモ」のほかに「アオダモ」がある。アオダモはトネリコとも呼ばれ、主に野球のバット用材として重宝されている。

なお、北米産のホワイトアッシュも同じトネリコ属であるため、メジャーリーグのバットはこの材を利用することが多い。

加工性がよく多用途

ほかの材に比べ弾性が高く、ナラやカバほど硬くないため、加工性もよい。

関西では、昔から手摺や幅木などの枠材に同じトネリコ属のシオジを好んで使っていたが、近年は入手困難になったため、北海道産のタモ材が使われるようになった。

しかし、現在流通しているほとんどは、ロシアから中国を経て輸入された、日本のタモに近い品種の材である。

用途は多く、枠材などのほかにカウンターや階段の段板《だんいた》などには、タモの集成材も多く使われる。

広葉樹　タモ
名称：（谷地）梻
分類：モクセイ科トネリコ属
分布：北海道、本州（北部）

写真1 立木

高木または3～4mの小高木

写真2 樹皮

暗灰色で縦に割れる

写真3 葉

対生で、奇数の羽状複葉である

写真4 タモを洗面カウンターに使用した例

木目がきれいであるうえ、材に粘りがある

執筆：西田和也

53

カバ

やわらかな色合い

- 国内では十数種ある上品な材
- 土足用の床材として使用できる強度をもつ

北半球に育つ高木

カバは山地に生育する落葉広葉樹で、高さ25m、太さは1mを超えるくらいに育つ。北半球の温帯から亜寒帯にかけて40種ほど分布しており、日本では、知名度の高いシラカバ、量の多いダケカンバなど十数種ある。

材木として良質なのはマカバである。カバザクラとも称されるが、いわゆるサクラとは別種で、色や木目が似ているために高級材のミズメザクラに模して呼ばれる。

導管が数多く均等に分散している散孔材で、年輪はほとんど認められず、木目は緻密である。色合いは、辺材は白桃のようなやわらかな白色で、心材は薄桃色から紅褐色までの色差がある。心材と辺材の境界も明瞭である。

こうした特徴から、床などで使用すると主張の強い樹種のように思われるが、実際は上品でおとなしいイメージを与える。また、経年変化によって辺材の部分が褐色がかってゆくが、次第に色の違いが目立たなくなり、深みのあるつやも出てくる。

店舗・集合施設の床材に向く

ほかの多くの広葉樹と同じく材質は硬い。床材としては、土足用や重歩行用として使用しても耐えうる強度をもち、キズもつきにくいため、店舗や集合施設にも向く。また、正しく乾燥された材は寸法安定性が高く、ムク材にとって厳しい条件である床暖房に使用できる製品もある。

ただし、2mを超える長尺材の生産が難しいため、床材としては乱尺材、フィンガージョイント材、パーケットフロアになる。また、幅木や框を同じ材でそろえる場合は、2m以下の材しか供給できない。

広葉樹　カバ
名称：樺（ウダイカンバ、マカンバ、マカバなど）
分類：カバノキ科カバノキ属
分布：北海道、本州中部以北、南千島

写真1 立木

落葉樹の高木。岐阜山中にあるマカバの林

写真2 樹皮

平滑だが、横に割れる

写真3 カバを玄関上がりの床に使用した例

強度があり、傷も付きにくい

執筆者：西田和也

54

イタヤカエデ

絹糸のような光沢

●肌触りの滑らかな材面に緻密で複雑な木目が特徴
●楽器にも用いられる硬さをもつ

北海道を中心に分布

日本では北海道を中心に広く分布する落葉広葉樹である。カエデ類のなかでは比較的大きく育つ種で、20mくらいになる。また、葉は屋根がかかったように広範囲に生い茂り、その様子からイタヤ（板屋）カエデと呼ばれるようになった。

一般に、紅葉で葉が赤く美しく色づくのはイロハモミジなどで、主に日本国内やアジア地域に集中して自生している。イタヤカエデは黄褐色に変化する。なお、カエデの名の由来は、カエルが手を広げた様からだといわれる。

色合いは全体的に白っぽく、心材はやや赤みを帯びている。なめらかな肌触りの材面には、絹糸のような光沢があり、緻密で複雑な木目が見られる。なかでも鳥の目のような小さな杢が無数に出る鳥眼杢《ちょうがんもく》が有名である。

床材、家具材に適する

硬く丈夫であるため、家具に多用されるほか、独特の振動性能を持つことから、バイオリンやピアノなど楽器の材料として最適とされる。また、スピーカーのボディなどにもよく使われる。

強さと美しさを兼ね備えていることから、内装材としての需要も高い。特に米国材のハードメイプルは敷居やドア枠、幅木などに多く利用されていた。だが現在は、保護されたことと価格高騰であまり輸入されていない。

床材としては、国産材以外に中国やロシアから、日本のイタヤカエデに近い品種の材が輸入されている。ただし、カエデはほかの一般的な広葉樹に比べて捻じれが生じやすいので、乾燥工程には特に注意が必要である。購入の際は、乾燥工程と含水率に留意している業者から仕入れる必要がある。

広葉樹　イタヤカエデ
名称：板屋楓
分類：カエデ科カエデ属
分布：日本、近似種：サハリン、朝鮮半島、中国など

写真1 立木

20m前後に生長する高木の落葉樹

写真2 樹皮

縦に裂け、割れる

写真3 葉

対生する。縁に鋸歯はない

写真4 イタヤカエデを廊下の床に使用した例

木目が美しく、強度が高い

執筆：西田和也

55

アサダ

赤白の強いコントラスト

●資源量の少ない高級材
●硬さに定評があり、床材として汎用性が高い

北海道中南部に育つ希少種

アサダ属は全世界に7種ある。北米に3種、中国に2種、朝鮮半島、日本に各1種確認されている。

そのうちの1種アサダは、北海道の中南部を中心に自生する個体数の少ない落葉広葉樹である。高さは20m、太さは50㎝くらいにまで生長する。不規則なうろこ状になった樹皮が特徴で、立木でもほかの木と判別しやすい。また、その反り返った樹皮が下からはがれていく様子から、別名ハネカワと呼ばれたりもする。

心材は濃い赤褐色なのに対し、辺材はとても白い。境界もはっきりしているため、赤白のコントラストが強い。その反面、木目は不明瞭であまり目立たない。

元々サクラ材と見た目がよく似ていることから、その代用として使われてきたが、昨今では資源の減少からアサダ自体も希少価値のある高級材として取り扱われている。また、その硬さから、米国ではアイアンウッド、中国では鉄木と呼ばれる。

赤と白の色差が鮮明

材面には適度な光沢があり、磨き込むほどにつやを増す。国産材のなかで最高レベルの強度を有するため、強度を求められる床材には特に適している。

実際、かつては紡績工場など重歩行用の床材として多く使われてきた経緯がある。硬いため重歩行には耐えられるが、ほかの広葉樹同様、長尺材や幅広材はとれない。

また、赤い心材と白い辺材の色差がオイル塗装などでより明瞭になるため、使用する際は、赤白の別を事前に知らせておく必要がある。なお、色差は2年3年と、時間とともに落ち着き重厚な味わいとなる。

広葉樹　アサダ
名称：浅田
分類：カバノキ科アサダ属
分布：日本

写真1 立木

15mを超える高木の落葉樹

写真2 樹皮

縦方向に、片状にはがれる

写真3 葉

卵形ないしは卵形の楕円状。縁には鋸歯がある

写真4 アサダをリビング・ダイニングの床に使用した例

強度があり経年変化を楽しむこともできる

執筆者：西田和也

56 ウォルナット

独特な茶褐色が人気の木材

- 木理は直通で、肌目はやや粗い
- 乾燥処理後の暴れや狂いが少ない

高級家具にも使われる人気木材

元々家具用材、仕上げ材としてエボニー（黒檀）やローズウッド（紫檀）やマホガニーなどの主流だった高級木材の流通が少なくなり、その代わりとして同じく濃い色と木目が特徴的なウォルナットがブラックウォルナットとして広く知られるようになった。乾燥すると硬く狂いの少ない性質で家具として重用されていたが、昨今その色合いと木目の美しさから床材、壁材などに広く使用されている。

現在、価格も他の木材と比べて突出して高価なものとして流通しているが、亜種のクラロウォルナットは更に高値で流通している。カルフォルニア産の苗木にヨーロッパ産の苗木を接ぎ木して成長したものがクラロウォルナットであるが、その最初に成長した根本の部分がこぶのように丸く成長し独特な木目を作る。その部分の突板が化粧板として高級車のコンソールパネルに使用されるなど珍重されている。

床材として需要が高まった背景

我が国で床材として使用されるようになったのは最近であるが、近年急激に増加している。違法木材の取り締まりにより輸入されにくくなったアジア、アフリカ材と比べて北米材は出荷管理された木材が流通するためチーク材、カリン材などがよく使われた。1970～2000年以降はブラックチェリーと並んで床材として人気になり、ナラ材やカバ材と並んで人気の樹種である。家具用材としては絶対的人気樹種であり、ホテルや飲食店ではテーブル、カウンターとして欠かせない独特な色合いの木材として多く使用されている。

広葉樹　ウォルナット
分類：クルミ科クルミ属
分布：カルフォニア周辺など、近似種：ヨーロッパ

写真1 立木

落葉樹。20〜30mに達する高木

写真2 樹皮

暗色で深い溝がある

写真3 葉

奇数の羽状複葉で鋸葉がある

写真4 ウォルナットを家具に使用した例

独特の茶褐色で高級感がある

執筆者：西田和也

57 オニグルミ

きれいな肌色

●心材と辺材の境界がはっきり
●適度な強度と加工性のよさが魅力

全国に分布する

日本全国に広く分布する落葉広葉樹で、種（実）が硬くゴツゴツとした殻をもつことで有名である。果肉の中の種は食用としたり、搾って油を得たりする。

心材と辺材の境界は明瞭である。心材は橙色っぽい褐色で、塗装をすることでさらに明るく変化する。辺材は灰白色。全体的につやっぽく木目が美しい。材面の感触はやわらかく、見た目にも温かみのある印象を受けるが、十分な耐久性もある。

同じクルミ科でも、サワグルミなどはやわらかく耐久性に劣り、見た目も白っぽい。代表的な用途はつまようじである。同じクルミ科の国産材でありながら、樹種によっては対照的な性質を有する。

塗装性のよい家具用材

適度な強度と加工性のよさを併せもち、磨き込むことで深いつやが出るため、古くから家具用材としての需要が高い。珍しいところで、銃床（硬いなかにクッション性があるため、発射の反動を吸収する材として絶対的に使用される）の材としても用いられる。

オニグルミは、外材ではウォルナットにあたるが、より肌触りがやわらかいため、素足で生活する日本人向けの床材に適している。落葉広葉樹は薪に使われ枯渇することが多いが、オニグルミは幸いにして多くの木々が残されており、貯木量の心配はない。

無塗装のときは白っぽい肌色をしているが、オイルなどを塗装すると淡い茶褐色になる。浸透ムラが少なく、塗装性もよい。また、長く使うことにより、より深い色合いとなり、ムク材のよさが醸し出される。

広葉樹　オニグルミ
名称：鬼胡桃
分類：クルミ科オニグルミ属
分布：北海道、本州、四国、九州、サハリン

写真1 立木

幹の太さ1m、高さは20mにもなる高木。
大形で羽状の複葉がつく

写真2 樹皮

鱗片状で縦に裂ける。染料としても利用される

写真3 オニグルミを床に使用した例

木目が美しいことから和空間の床に使用した例。明るさと温かみのある色合いが空間にマッチする

執筆者：西田和也

58 板目と柾目

●木の切断方向で決まる板目と柾目
●用途によって使い分けられる板目材と柾目材

板目と柾目の違い

木材を切断すると、切断方向によって異なった木目が現れる。この違いを表したものが板目と柾目《まさめ》である（写真1）。

木材を樹心から離れた位置、年輪に接する方向で切断すると、タケノコ模様の木目が現れる。これを板目という。乾燥による収縮は、木表《きおもて》（樹皮に近い面）のほうが木裏《きうら》（樹皮から遠い面）よりも大きいため、板目板は木表側に反る（写真2）。

一方、木材を樹心が通る面で切断すると、樹の幹に対して平行で真っすぐな木目が現れる。これを柾目という。その模様は、「糸柾《いとまさ》」「本柾《ほんまさ》（図1）」とも呼ばれる。柾目は、乾燥による狂いが少なく、木目も美しい。

木取りにおける板目と柾目

丸太を板材や角材に裁断する計画を木取りという。木取りの際は、製材や乾燥収縮に伴って起こる材の変形、狂いに常に注意しなければならない。木には常に生長応力（木の組織を維持しようとする力）が働いているからである。

また、木取りには、板目取りと柾目取りがある（図2、3）。

板目取りは、幅広の材が取れ経済的であるが、幅反り（木表が引っ張られて外側に反る現象）が起こりやすいという弱点をもつ。一方の柾目取りは、板幅が制約され挽き残りの材が出るため歩留まりが悪いが、狂いの少ない材が取れる点に特徴がある。

丸太を中心から板取りした場合、中心に近いごく狭い部分からは、板幅の中心のみに4～6cm程度の幅の板目が現れ、その両側すべてが柾目となる中杢材が取れる（図4）。この材は美しく、1本の丸太からわずかしか取れないため、和室の天井板などに珍重されている。

さらに少し外側になると、板目部分の幅のやや広い中板目材（図5）と呼ばれる材が取れ、さらにその外側は板目材となる。

写真1 板目（左）と柾目（右）

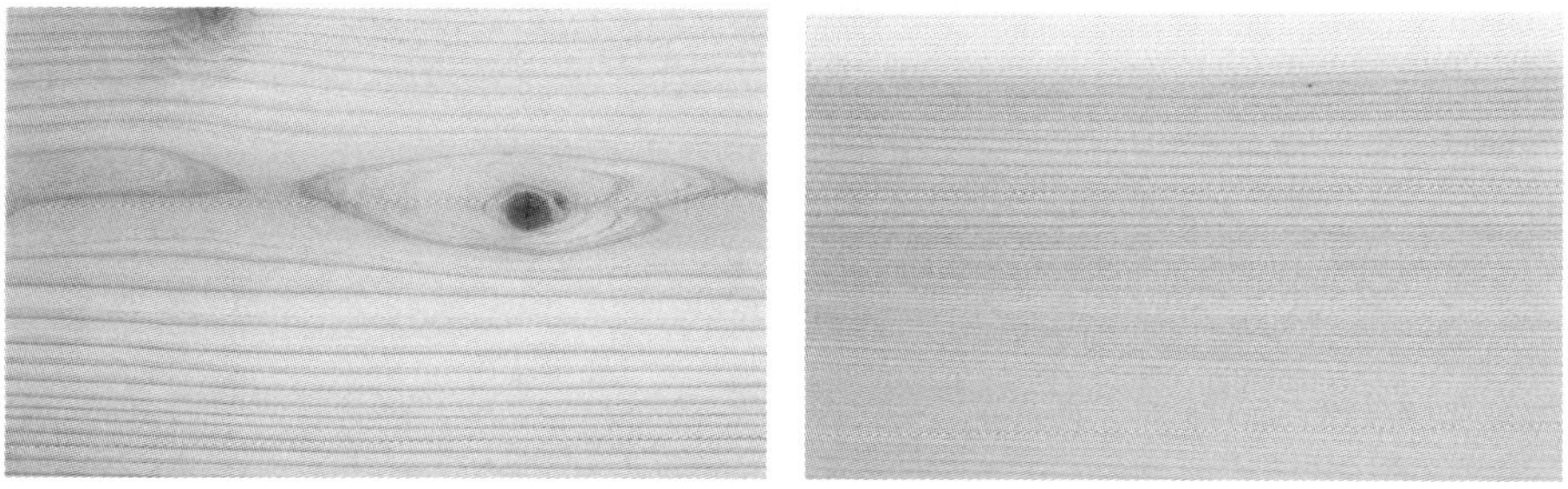

写真2 木表（上）と木裏（下）

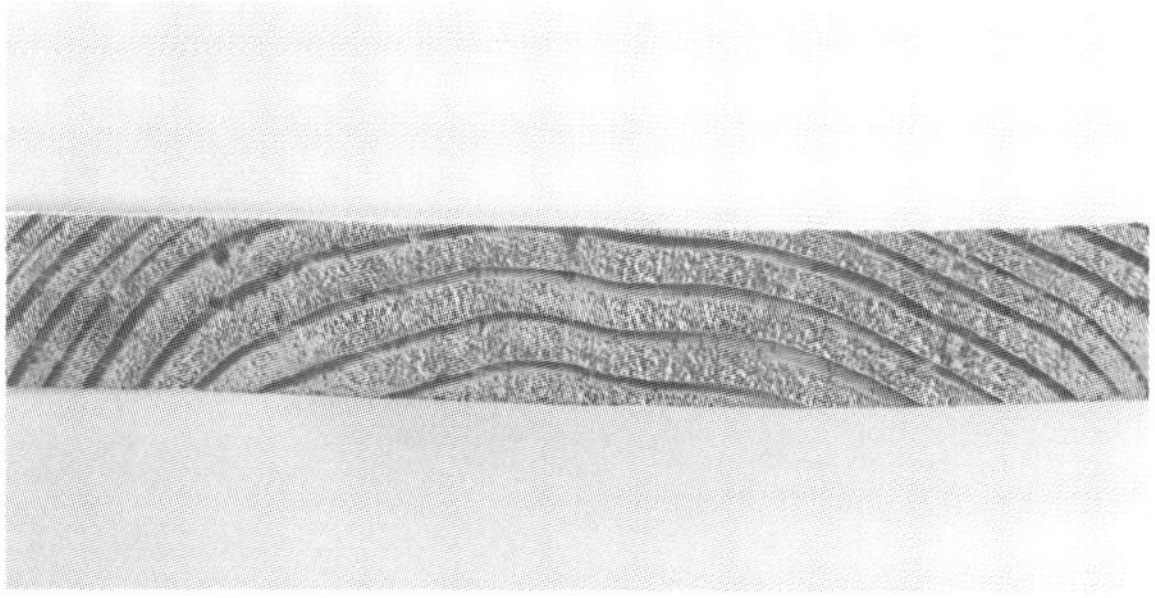

木表は樹皮に近い面、木裏は樹皮から遠い面

図1 本柾

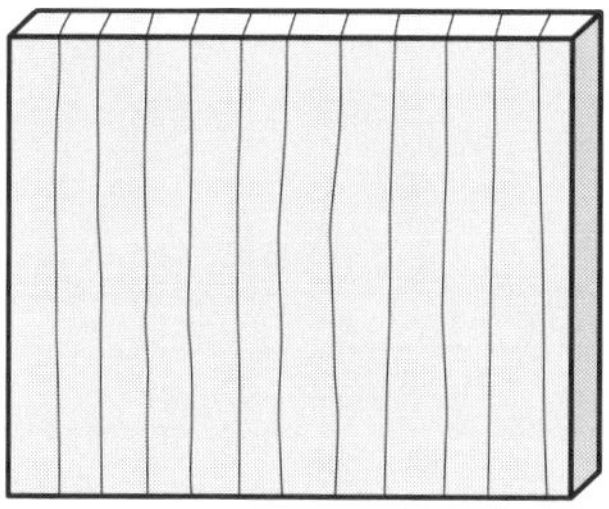

年輪に対してほぼ直角に切り出した板の表面に現れる木目

木取り

図2・3 板目取り、柾目取り

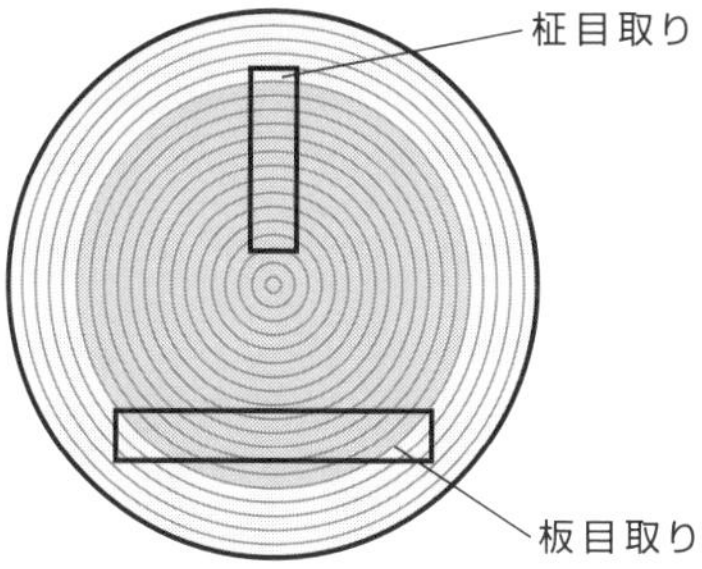

図4 中杢材

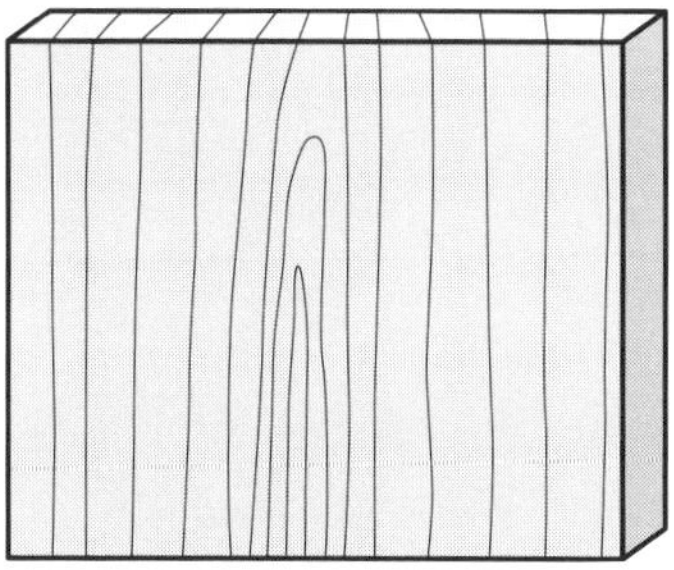

板幅の中心のみに板目が現れ、その両側はすべて柾目となる

図5 中板目

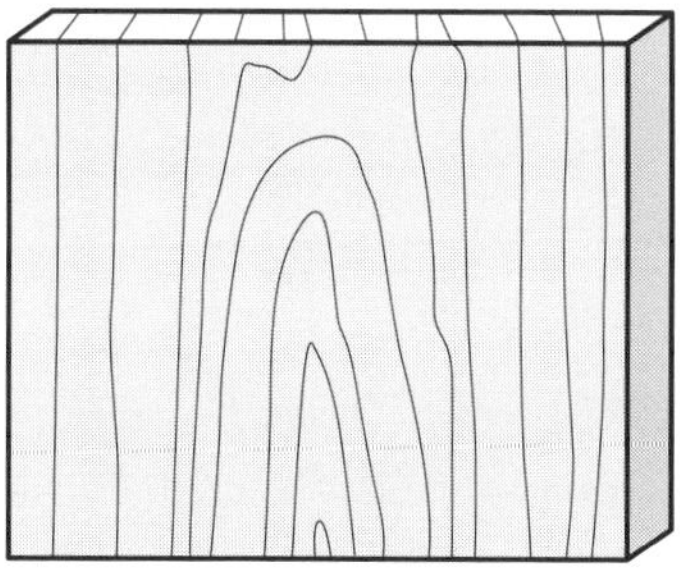

板幅の中心にやや幅の広い板目が現れる

執筆：松原正明

59 造作材の加工方法

●モルダーによって仕上げ加工の合理化が進む
●切削方法の多様化

造作材の加工法とその特徴

【床壁材の加工】 原板（少し大きく木取した板）→乾燥→加工機（モルダー）で成形。同時に、本実《ほんざね》や雇《やと》い実、相決《じゃく》りなどの加工をする（写真1）。

床材は板と板とを合わせたとき表面に隙間のない突き付け加工とし、壁材は板と板との間にあそびのある目透し加工をすることが多い。

端部加工はエンドマッチと呼ばれる本実形状の加工をすることもある。主に乱尺材や1間《けん》（１８１８㎜～）の長さの材、2間（３６４０㎜～４０００㎜）の材は、加工機械の問題でエンドマッチ加工なしとなることが多い。

【フィンガージョイント加工】 長く取れない材は、短尺材にエンドマッチ加工した材を長さ方向につないで施工する。短尺材を4～5枚フィンガージョイント（写真2）で縦つなぎして1枚の床板に加工するのである。

【表面加工】 板材や角材の表面を刃物によって希望の形につくり上げる。伝統的な「釿《ちょうな》」や「突鑿《つきのみ》」といった道具を用いた名栗加工や、近年は特殊な刃物を使ったNCルーターによる装飾加工もあり、既製品として流通する。

【形状加工】 ドア枠、幅木、廻り縁などの加工品が既製品として多く流通している。その材はすべてモルダー（多軸ムラ取り加工機。写真3）によって製作される。上下左右に回転式の刃物（写真4）をセットし、高速回転する機械の中を板材が通ると、任意の形状に仕上がって出てくる。

幅、厚さ、形状は刃物の設定によって決まる。壁材のドイツ下見や南京下見なども、モルダーとそれ専用の刃物さえあれば規格内で自由に製作できる。

【仕上げ加工】 床材などはサンダー仕上げが基本である。

手カンナ仕上げを機械でまねた「超仕上げ加工」もあるが、塗装することを前提としたサンダー仕上げは、木の表面の繊維を均一に整えることによって、塗装の吸い込みムラを抑えることを目的としている。

写真1 実《さね》の種類

本実

雇い実

相決り

写真2 フィンガージョイントと使用する刃物

刃物を回転させ、短尺材にエンドマッチ加工し、フィンガージョイントでつなげる

写真3 モルダー

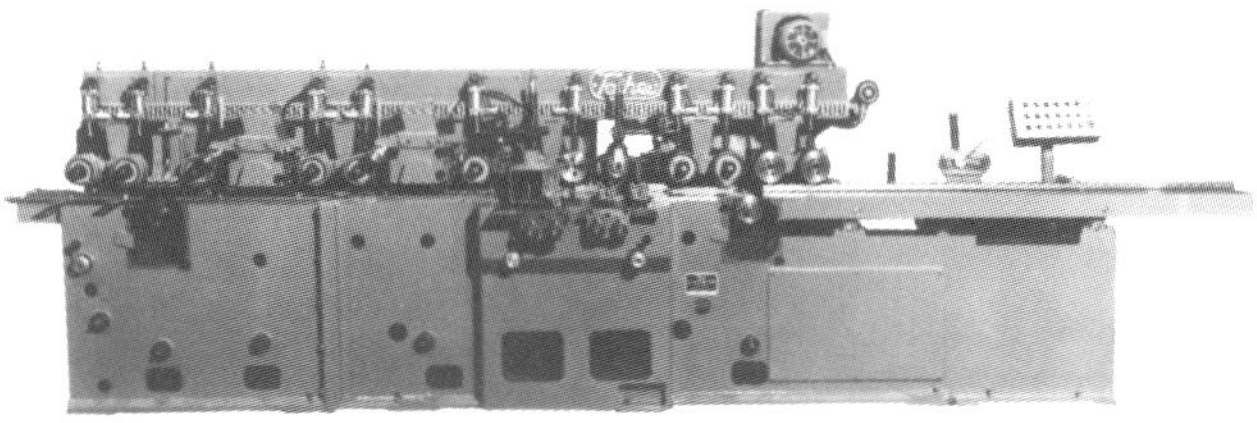

高速回転する刃が装着された機械の中に材を通すことで、壁材用などの加工を自由に行うことができる

写真4 刃物

モルダー用の刃。この刃を上下左右にセットして回転させ、自由な形状の材をつくる

執筆者：西田和也

column 森と街をつなぐ木材コーディネート

木材を使うことが推奨される理由の一つに、資源再生産にかかる環境負荷が、鉄やコンクリートと比較して圧倒的に少ないことが挙げられます。気候条件に恵まれた日本の人工林からは、建築の柱や梁に活かせる木材であれば、50～60年で立派に再生することが可能です。建築の耐用年数と森づくりの時間を半世紀とすれば、手の届く身近な森林資源を、比較的軽微な設備によって、繰り返し建材として生産し続けることができるのです。

十分に成長した立木が育つ今日の日本の森からは、資源を伐採搬出し利用しようという機運が高まっています。しかし、木材生産や利用のみが先行して、次の森づくりを疎かになると、瞬く間に資源が絶えてしまうことも私たちは知っておかなければなりません。資源の再生産が約束されてこそ、鉄やコンクリートに代わる本当の意味での優れた再生可能資源として、木材を選ぶことができるのです。

NPO法人サウンドウッズは、木材の生産にかかる森から街までの間の関係者の利害を調整し、木材の品質や性能を確保すると同時に、次の森づくりに必要な収益を森に確保する「木材コーディネーター」の役割を提唱しています。自主事業で毎年開講している基礎講座は、森林林業の基礎、原木と製材の計量、製材・乾燥・加工の手順、木材価値と価格、原木品質に応じた多段階利用、関連業者間のネットワーク形成などの基本的な理解を促すコンテンツを用意しています。独自のテキストを使用した座学と、森林や製材所に出向いて森林調査の手法や製材木取りを実体験で学ぶフィールドワークに取り組みます。

基礎講座は、森林林業、木材製造流通、建築等木材利用の分野の実務者が全国から集まり、受講生自らの専門的経験や知識を「教え」「学ぶ」研修内容を通して、木材供給関係者の相互理解の促すコーディネーターとしてのセンスを身に着け、各々の実務に活かしていただくことが狙いです。また、講座修了者が主体的に取り組む研究会の運営も支援しています。ウェブサイト「木材コーディネート基礎講座」http://school.soundwoods.net/ で、講座や修了者情報を提供中です。

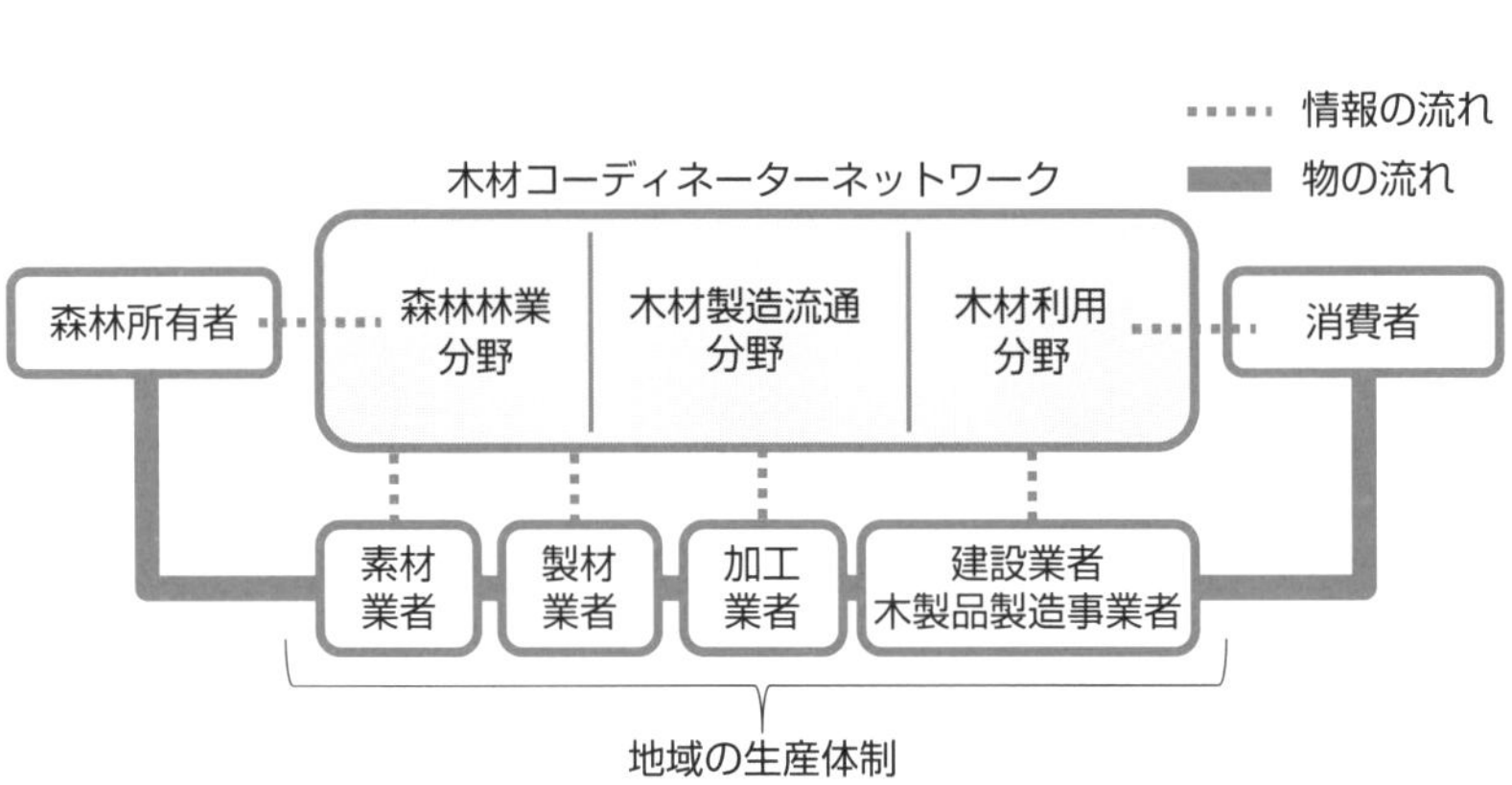

執筆：安田哲也

Part 4
適材適所な使い方

60 木材を使うメリット

●軽くて強い木材は、耐久性のある建築材料
●厚さを工夫することで、耐火性能のある木造建築も可能となる

木材のメリット

木材はさまざまな特徴、性質をもっており、同じ場所で育った木でも、まったく違った特性を発揮することがある。その特性を生かした使用が求められる。以下は木材の長所と短所である。

【構造強度】木材の一番の特徴は、対重量強度が高いことである。軽くて強いため、建築材として非常に望ましい性能を有している（表1）。

【耐久性・耐朽性・耐候性・耐蟻性】コンクリートなどに比べて耐久性が低いとされるが、建立後1千年以上の古建築が存在する。環境やメンテナンス次第では耐朽性を発揮する。

耐朽性は水分環境の管理をしっかりすることで向上する。紫外線劣化などの耐候性も、塗装により防ぐことができる。さらに耐蟻性は、水分、侵入経路などへの注意でクリアできる。

【断熱性】多くの木は熱伝導率が低い。断熱性は比重に反比例するので、厚さの確保によっては断熱材にもなる（表2）。

【防火性】木を燃やすと1分間で1㎜弱炭化する。ある程度炭化が進むと（40㎜程度）、それ以上は炭化しなくなる。したがって、燃えることと厚さを考慮すると、木造でも防火や準耐火などの設計（燃えしろ設計）が可能となる。

【加工性】簡単な工具で加工でき、釘や接着剤で容易に固定できる。増改築も容易で、住宅規模の建築には最適である（写真）。

【健康への影響】木にも多少の毒性はあるが、住宅の建築などに使われてきた木材は安全である。また熱容量が小さいため居住性が高く、色合いや香りが精神的な安らぎを与えてくれる。

【意匠性】木取りにより、さまざまな表情を見せられる。柾目、板目、玉杢など、多様な表情を家具などに生かせる。節や樹種による独特な色合いや木目も魅力である。

【経済性】ほかの建材に比べ、加工工程で使用するエネルギーが少なく、原材料が世界各地に豊富にあることから、非常に経済的である（表3）。

表1 強度の比較

材料	比圧縮強度（kg t/㎡）	比引張強度（kg t/㎡）	比重
スギ	848	1,697	0.33
アカマツ	804	2,549	0.51
鋼材	525	525	7.8
アルミニウム	1,182	1,182	2.7
コンクリート	72	7.2	2.5

ほかの建築材料と比較して、木材は対重量強度が高いことが分かる

表2 熱伝導率の比較

材料	熱伝導率（kcal/m·h·℃）	温度（℃）
スギ、エゾマツ（密度 0.30 ～ 0.45）	0.08	20
ヒノキ、ラワン（密度 0.46 ～ 0.60）	0.11	20
合板（密度 0.55）	0.11	20
鋼	347	0
ステンレス	21.1	0
ガラス（パイレックス）	0.937	30 ～ 75
コンクリート	0.86	常温

木の熱伝導率は低く、厚さを確保すれば断熱材にもなる

表3 加工に要するエネルギー量

材料	エネルギー量（103kcal/kg）
木材	0.5
石膏ボード	2
鉄骨	7
プラスチック製品	22
アルミニウム製品	73

原材料から製品にするまでの直接投入エネルギー量（石炭、石油類、電気ガスなど）の推計。木材はほかの材料に比べ、加工に要するエネルギー量は少ないといえる

写真 木材の造作例

色合い、木目などを生かし、柱、床、壁などに独特の意匠性を表現できる

執筆：松澤静男

61 土台に適した材

●一般的に多いのは防腐・防蟻処理材
●製材でコストパフォーマンスが高いのはヒノキ

防腐・防蟻処理の土台

現在、大手ハウスメーカーやパワービルダーなどが住宅の土台に使用しているのは、防腐・防蟻剤を加圧注入した輸入材（主にベイツガなど）である（写真1）。

防腐・防蟻処理材（写真2）を土台に用いる場合、指針となるのは住宅金融支援機構の技術基準（フラット35）である。ただし、次に挙げる樹種は、防腐・防蟻措置を講じなくてよいとされている。

［耐久性D1の樹種例］

ヒノキ、ヒバ、ベイヒ、ケヤキ、タイワンヒノキ、スギ、カラマツ、ベイスギ、クリ、ベイヒバ、コウヤマキ、サワラ、ネズコ、イチイ、カヤ、クヌギ

製材の土台

前述の樹種（D1）には、現実には入手困難なものや非常に高価で一般に使用できないものもある。

国産材のなかではクリの土台が最高級とされているが（写真3）、供給量が少ないため価格も高くなる傾向にある。同様に青森ヒバも供給量が少なく、高価な材である。

コストパフォーマンスを考えると、ヒノキ（写真4）、ベイヒバが適しているといえそうで、国産材保護の見地から言えば、やはりヒノキがベストだろう（表）。

土台用材の注意事項

防腐・防蟻処理材は、薬剤注入処理の性質上、薬剤が完全に木材の中まで浸透しない。そのため、注入材を後から加工したり現場で穴開けしたりすると、そこが弱点となる。腐朽が発生したり、シロアリの食害を受けることになるからである。特にアンカーボルトの穴は現場であけることが一般的なので、より注意が必要である。

また、製材のうちいわゆる白太と呼ばれる辺材部分の性能は、表の一般的な性能よりかなり落ちる。可能なかぎり、辺材の少ない材を用いたい。

写真1 ベイツガ

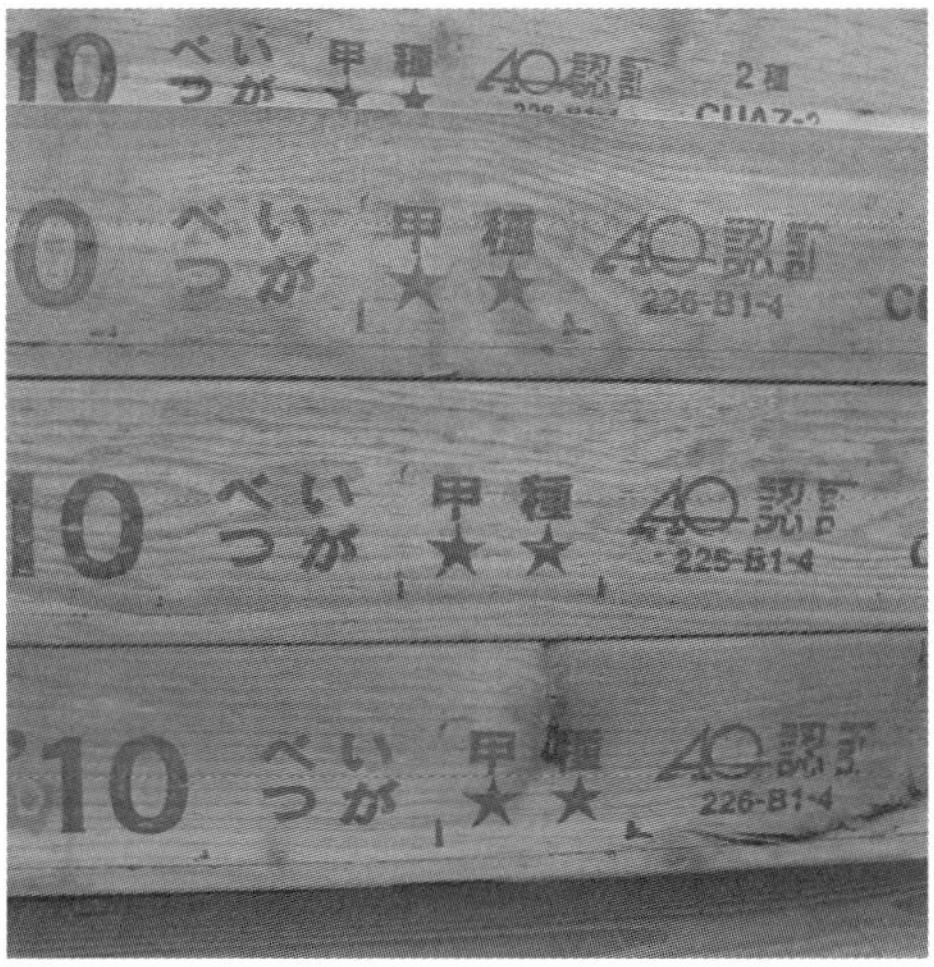

流通量が多く、コストパフォーマンスに優れる

写真2 加圧注入材

腐朽や虫害を避けるため薬剤注入処理された材

写真3 クリ

土台としての信頼が高い高級材

写真4 ヒノキ

耐久性に優れ、国産材が豊富なヒノキ

表 土台用材

産地	樹種	値段	耐久性	対シロアリ
外国産	ベイツガ注入	1(基準値)	K3、AQ2 種相当	
	ベイヒバ	約 1.5 倍	強	強
国産	ヒノキ	約 1.3 倍	強	中
	青森ヒバ	約 2.5 倍	強	強
	クリ	約 3.0 倍	極強	中

＊価格はあくまで目安であり、参考の基準値である

執筆：中島創造

62 柱に適した材

●一般に多いのはスギ
●国産材が復権傾向にある

柱材に求められる性能

柱や束の材には、主として圧縮性能が求められる（乙種構造材）。これは、一定の圧縮性能さえあれば、どんな樹種でも柱になり得るということである。だが広葉樹の場合、捻れや割れなどが後から発生しやすく、そのことが柱を取り巻く造作材に影響を及ぼす。そのため、一般にはヒノキ、スギ、ヒバ、ベイツガなどの針葉樹が用いられる。

ただし、建物の構造や用途、和風か洋風かで適材は変わる。たとえば、純和風の真壁の部屋には、ヒノキの無節や秋田スギなどが重用される。また、床柱にはクリやクワ、クロカキ、サクラやエンジュなどさまざまな樹種が使用される。

スギが圧倒的に多い

現在、構造用として使われる国産材は、ほとんどがスギ、ヒノキ、アカマツである。なかでもスギは流通量の７割以上を占め、製材の柱はスギが圧倒的に多い（図1）。

ただし、大手ハウスメーカーやパワービルダーでは、構造用集成材を使うことが多い。特に、国産スギ構造用集成材または輸入材（主に欧州アカマツ、ホワイトウッド集成材）である。これは、金物工法への対応と同時に、製材の乾燥収縮による床鳴り、クロス切れなどのクレームを削減したいためでもある。

国産材に復権の兆し

近年、北洋材の輸出税率の引き上げや円安により、輸入材の価格は上昇していた。その一方、CO_2削減を目的に、国産材の利用を促進する補助金が出されたことで、国産材の価格は下落した。そのため、輸入材の割合が減少し、国産材のウエイトが高まる傾向にあった（表1）。ただし、２００９年に住宅着工件数が大きく落ち込んだことで、国産材の供給量は前年に比べて６％程度減少している（図2、表2）。柱材の価格は、産地、仕入れ先などによりばらつきがある。和室などに用いる役柱は、樹種・等級などによって驚くほどの価格差がある（表3）。

図1 国産材の樹種別素材供給量の推移

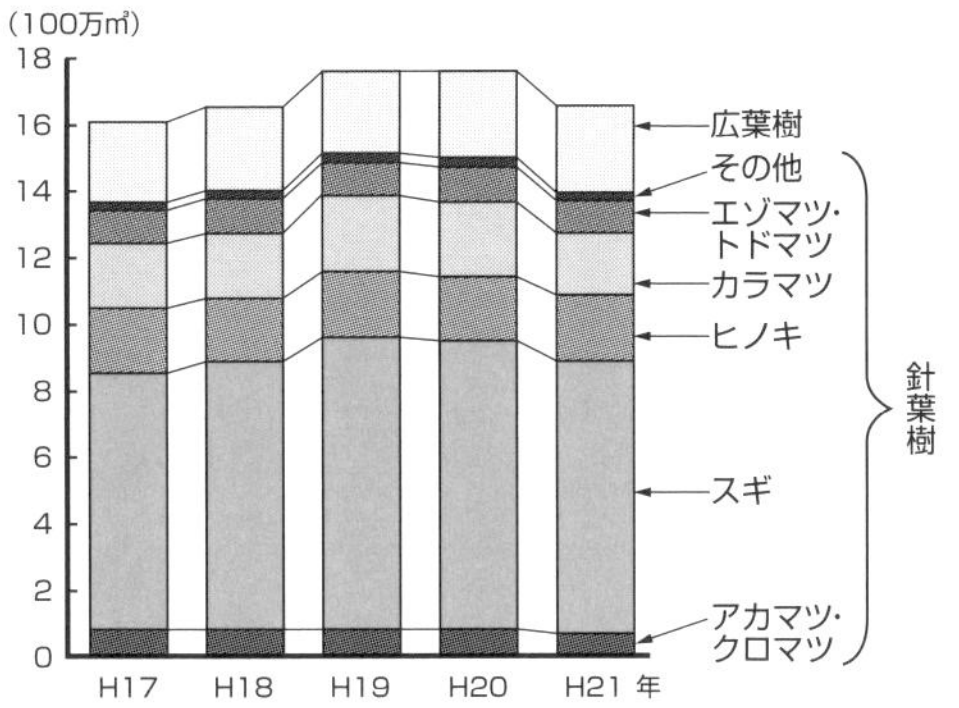

図2 素材供給量および国産材供給割合の推移

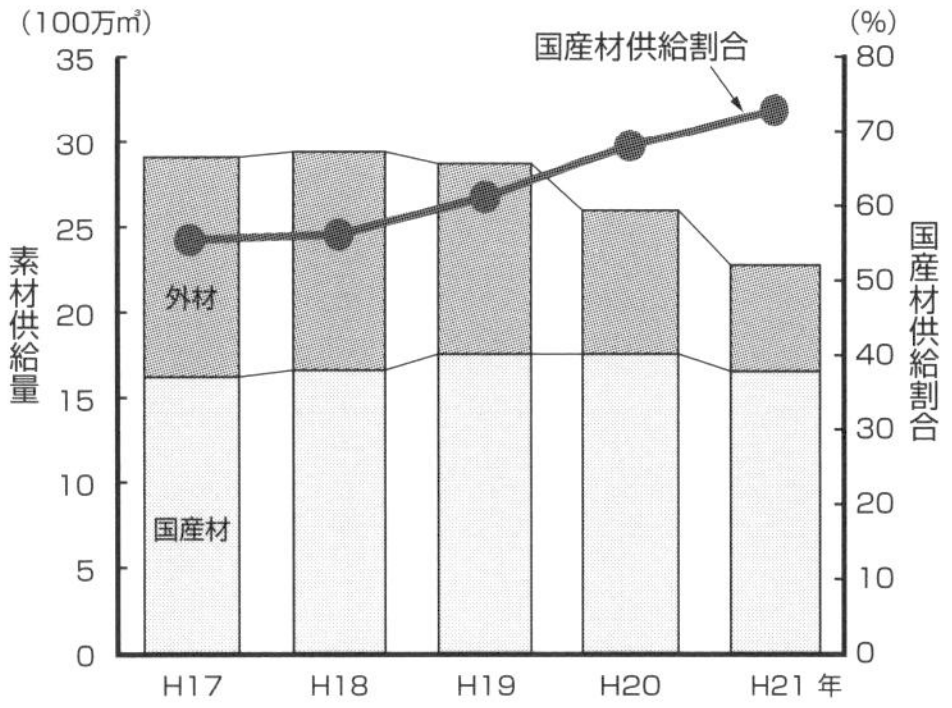

表1 木材製品輸入量の推移

単位：1,000㎥

年次	製材品	合板	木材チップ (1,000t)
H17	8,395	4,574	14,112
H18	8,504	4,881	13,776
H19	7,354	3,430	14,337
H20	6,522	3,063	14,722
H21	5,569	2,460	10,478

資料：財務省「貿易統計」より

表2 新設住宅着工数の推移

単位：1,000 戸

年次	合計	木造住宅	非木造住宅
H17	1,236	543	693
H18	1,290	559	731
H19	1,061	505	556
H20	1,083	517	577
H21	788	430	358

資料：国土交通省「住宅着工統計」より

表3 大壁柱の規格と価格

部位	樹種	種別	品等	サイズ		材長		
				短辺 (㎜)	長辺 (㎜)	3m	4m	6m
大壁柱	ヒノキ	KD 背割りあり	特一等	105	105	3,476円	—円	—円
				120	120	4,838	8,084	16,934
		KD 背割りなし	特一等	105	105	4,032	5,371	—
				120	120	5,262	7,016	17,539
	スギ	EW	特一等	105	105	2,410	3,396	—
				120	120	3,145	4,435	10,765
	ヒノキ	EW	特一等	105	105	4,200	6,160	10,220
				120	120	5,600	8,820	13,300
	ベイマツ	EW	特一等	105	105	—	—	—
				120	120	—	—	10,360
	欧州アカマツ	EW	特一等	105	105	3,032	4,719	7,183
				120	120	3,942	6,213	9,425
	ホワイトウッド	EW	特一等	105	105	2,892	4,509	7,043
				120	120	3,802	6,143	9,285

表の価格は2010年10月12日現在の価格（価格は3カ月ごとに見直される）であり、販売者の倉庫のトラック積み込み渡し価格。

有効期間内の取引についてのみ適用される

出典：Piccolo:木構造計画ホームページ（http://www.piccolo-net.jp/）

執筆：中島創造

63 梁に適した材

●梁材は強度が重視される
●一般にベイマツが多く使われる

梁に求められる性能

梁は横使いされる構造材で、ＪＡＳでは、高い曲げ性能が求められる甲種構造材Ⅱに区分されている。

土台や柱は材幅・材せいともに105㎜または120㎜が一般的だが、梁の場合、支点間距離とその上に載る荷重（積載荷重や屋根荷重・積雪荷重など）によって梁せいの寸法が大きく異なる。さらに、樹種による強度の違いが大きいため、ほかの構造材に比べ、曲げヤング係数およびせん断強度が重視される（表1）。

梁せい390㎜以上は注意

梁材は強度が第1のポイントになるが、設計によっては化粧で梁を露《あらわ》す場合がある。また、どうしても柱を入れたくない、または大空間を取りたい、などの要望が出てくるときがある。

そうしたさまざまな条件をクリアできるように梁の材せいは決定する。ただし、樹種によっては390㎜以上の材せいが必要になる場合が想定される。390㎜以上の梁を使えば、その分天井高が低くなる。そのまま天井高を確保しようとすると、各種斜線にかかり、プランの変更を余儀なくされることもある。

梁材の価格と流通

流通面・価格面も考慮に入れる必要がある（表2）。

たとえば、欧州アカマツ構造用集成材（以下、ＥＷ）は、材の長さや材せいによらず立方単価は一定である。しかしムクの製材品は、材が長いほど、また材せいが大きくなるほど流通量が少なく、立方単価は右上がりになる。したがって、横架材を架構から考え、ムク材の梁せいを決定する際は、一般に流通しているか、高価にならないかを考慮する必要がある。

現在、一般にはベイマツが価格性能比で一番優れているといわれる。国産材ではスギが多く用いられているが、ベイマツに比べやや強度が落ちるのが弱点である。

なお、小屋梁材などには、アカマツなどの丸太梁も使用される。

表1 針葉樹の構造用製材（目視等級区分製材・甲種構造材）の強度性能

樹種	等級	基準材料強度（N/㎟）				基準弾性係数（kN/㎟）		
		Fc	Ft	Fb	Fs	E_1	$E_{0,0.5}$	G_0
ベイマツ	1級	27.0	20.4	34.2	2.4	12.0	8.5	E_0の値の1/15
	2級	18.0	13.8	22.8				
	3級	13.8	10.8	17.4				
カラマツ	1級	23.4	18.0	29.4	2.1	9.5	6	
	2級	20.4	15.6	25.8				
	3級	18.6	13.8	23.4				
エゾマツ トドマツ	1級	27.0	20.4	34.2	1.8	10.0	7.5	
	2級	22.8	17.4	23.2				
	3級	13.8	10.8	17.4				
スギ	1級	21.6	16.2	27.0	1.8	7.0	4.5	
	2級	20.4	15.6	25.8				
	3級	18.0	13.8	22.2				

Fc：圧縮強度　Ft：引張強度　Fb：曲げ強度　Fs：せん断強度　E_1,$E_{0,0.5}$：ヤング係数　G_0：せん断弾性係数

表2 梁材の規格と価格

部位	樹種	種別	品等	サイズ		材長			
				短辺（㎜）	長辺（㎜）	3m	4m	5m	6m
平角梁・桁	スギ	KD	特一等	105	150	3,775円	5,027円	9,377円	11,245円
					180	4,922	6,562	11,907	14,288
					210	5,561	7,409	14,670	17,596
					240	6,350	8,467	17,640	21,168
					270	7,506	10,002	19,852	23,814
					300	8,600	11,466	22,932	27,518
					330	10,192	13,583	26,688	32,017
					360	11,113	14,818	29,106	34,927
				120	150	4,687	6,250	11,340	13,608
					180	6,078	8,104	14,364	17,237
					210	6,880	9,173	17,640	21,168
					240	7,862	10,483	21,168	25,402
					270	9,253	12,338	23,814	28,577
					300	10,584	14,112	27,468	32,962
					330	12,474	16,632	31,878	38,254
					360	13,608	18,144	34,776	41,731
	欧州アカマツ	EW	特一等	105	150	4,437	5,909	7,391	8,864
					180	5,318	7,091	8,864	10,637
					210	6,210	8,273	10,346	12,410
					240	7,091	9,455	11,819	14,183
					270	7,982	10,637	13,301	15,955
					300	8,864	11,819	14,773	17,728
					330	9,755	13,001	16,255	19,501
					360	10,637	14,183	17,728	21,274
					390	11,528	15,364	19,210	23,047
					450	14,889	19,845	24,812	29,768
				120	150	5,065	6,754	8,442	10,130
					180	6,078	8,104	10,130	12,156
					210	7,091	9,455	11,819	14,183
					240	8,104	10,806	13,507	16,209
					270	9,117	12,156	15,196	18,235
					300	10,130	13,507	16,884	20,261
					330	11,143	14,858	18,572	22,287
					360	12,156	16,209	20,261	24,313
					390	13,169	17,559	21,949	26,339
					450	17,010	22,680	28,350	34,020

表の価格は2010年10月12日現在の価格（価格は3カ月ごとに見直される）であり、販売者の倉庫のトラック積み込み渡し価格。

有効期間内の取引についてのみ適用される

出典：Piccolo:木構造計画ホームページ（http://www.piccolo-net.jp/）

執筆：中島創造

64

下地に適した材

- ●特1等材（並材）が大半を占める
- ●合板の普及で減少する材もある

野物としての下地材

下地材は野物《のもの》とも呼ばれ、仕上げとして用いない部材を総称する。仕上材と区別され、特1等材（並材）が大半を占める。おおむね規格寸法に製材されて流通しているため、規格寸法を用いると、安価な材を手早く入手できる。

下地材には、乾燥材（KD材）と生材（グリーン材）がある。仕上がりの善し悪しは、下地材の精度によるところが大きいので、乾燥収縮による材の変形を考慮して選定し、使用する（写真）。

代表的な下地材

下地材選定時の注意点、推奨樹種は以下のとおりである。

・**根太**　床の強度や床下の湿気、シロアリ対策などを考慮して選定する。ヒノキ、ベイツガ、ベイマツ、欧州アカマツなどがよい。なお、断面は負担荷重と床梁間隔、根太間隔で決める。

・**根太掛け**　根太同様の要件で選ぶ。ヒノキ、ベイツガ、ベイマツがよい。

・**床、荒板**　もともと畳の下地板として用いられていたが、近年は合板が普及したためあまり用いられなくなった。スギがよい。

・**間柱、窓台**　外壁の防腐、防蟻を考えた選定をする。ヒノキ、スギ、ベイマツなどがよい。

・**胴縁**　スギが用いられる。

・**貫**　真壁造にはスギが使われていたが、今はほとんど用いられない。

・**あらし（ラス板）**　外壁のラス下地の板張り。スギが用いられる。

・**野縁**　天井下地組材で、30×40㎜の材が汎用性が高い。欧州アカマツ、ヒノキがよい。

・**垂木**　もともとは化粧材だったが、軒天井を張るようになったことで、下地材としても扱われるようになった。断面は母屋などのスパンによって決まる。ヒノキ、ベイツガ、ベイマツなどを用いる。

・**野地板**　床の荒板と同様、合板の普及とともにあまり用いられなくなった。スギがよく使われる。

表1 下地材の代表的な規格寸法

下地材	規格寸法（㎜）
根太	36 × 45、45 × 60、45 × 90、45 × 105
根太掛け	30 × 90、30 × 105、45 × 105
床・荒板	15 × 150
間柱・窓台	30 × 90、30 × 105、45 × 90、45 × 105
胴縁	15 × 45
貫	15 × 90
あらし（ラス板）	11 × 85
野縁	30 × 40、36 × 45
垂木	36 × 45、45 × 60、45 × 90、45 × 105
野地板	12 × 180

写真 下地材の施工例

野縁や胴縁などを取りつけたところ。乾燥収縮による材の変形を考慮して樹種などを選択する必要がある

執筆：堀井良夫

65 外壁に適した材

●外壁材は防水、防火、防腐など建築物の耐久性に多くの役割を担う
●不燃木材の登場で選択肢が広がる

外壁用木材の防水対策

木のもつ性質は多種多様で、建築材料としては一見やっかいに思えるが、使い方を吟味すれば非常に優れた材料となる。調湿性、加工性に優れ、コスト、流通の面でもメリットが大きい。また、いわゆる新建材と違い、有機的な性質が経年変化を楽しませてくれる。

外壁に使用する際は、防水面が最も気がかりだが、これは極力雨掛かりを防ぐことがポイントになる。具体的には、軒を出した屋根形状が有効になる。軒を出し雨掛かりを軽減させることにより、多くの材種選択が可能になる（写真1、図）。

外壁に適した材としては、一般にヒノキやヒバなどが筆頭にあげられるが、北米材のベイスギやベイヒバなどもよい。国産材に比べ比較的安価で耐久性にも優れている。

耐久性はやや劣るが、地場産材（スギやカラマツなど）も気候風土に根ざした材料として魅力がある。運搬などの環境面でも省エネルギー化につながる。

難燃性のある木材

防火面では、昨今は不燃木材が各メーカーより数多く販売されている。これにより、首都圏など準防火地域や延焼の恐れのある部分でも、外壁に木を使用できるようになってきた（写真2）。

また、ある程度の厚みを確保すれば化学的な処理をしないでも外壁材としてそのまま使用できることが実証されている（30㎜程度燃焼すると炭化層ができ、それ以上燃えにくくなる）。今後はより一層外壁に木材を利用できる機会が増えると考えられる。

防腐面での注意点

防水性能と重複するが、防腐面では、とにかく木を濡らさないこと、そして濡れても水切れがよく乾きやすい状態にすることが重要である。

木が腐る要因は、水分、酸素、そして腐朽菌が活性化する温度である。防腐面でも使用個所を吟味し、水に強い材種を選択することが重要になる。

軒があることで、雨掛かりを軽減させせられる

写真1

図

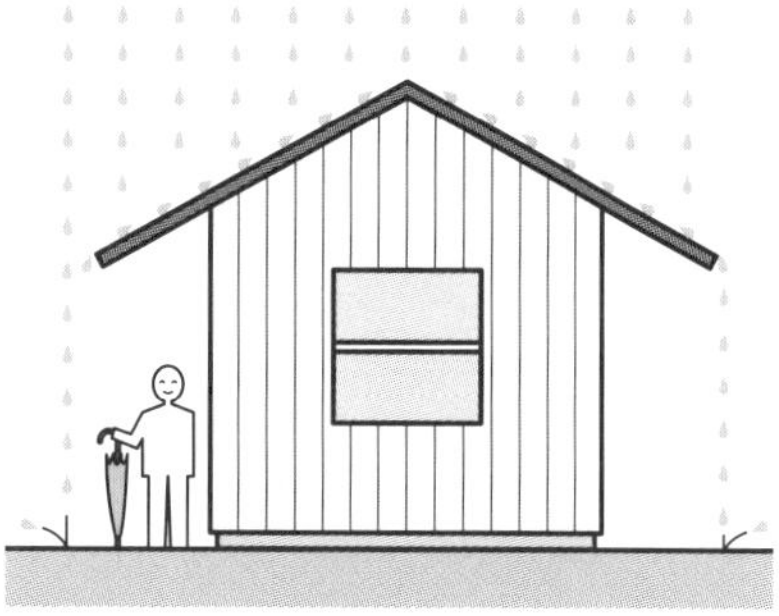

軒を出した屋根形状にすることで雨掛かりを軽減。これにより、外壁に使用した木材の耐久性を上げることができる

写真2 外壁に木を使用した例

外壁に木を使用した木造2階建て

3階建てでも外壁に木を使用する例が見られる

不燃木材の登場で、外壁に木を使用する例が見られるようになってきた。準防火地域や延焼の恐れのある部分でも、下地に防火認定材（ダイライトなど）を下張りすれば、仕上げに木を張ることも可能なケースがある。ただし、各自治体によって解釈や取扱いが異なる場合があるため、使用に当たっては事前に各自治体の受付先の担当者と協議する必要がある

執筆：渡辺ガク

66 デッキに適した材

- クリとヒバが最適
- 国産材、外材を問わず、使用条件を十分に考慮する必要がある

耐久性が最大要件

デッキ材の必要条件は、耐久性が高いことである。材が腐って足が踏み抜くような事態だけは避けなければならない（写真1、2）。

最適な材（国産材）はクリとヒバで、次にカラマツ、ヒノキ、スギの赤身と続く。外材ではセランガンバツ、ウリン、イペ、レッドシダーなどが多用される。ほかに、防腐注入材もある。

それぞれの利点と欠点

デッキ材として用いられる各木材の利点と欠点は以下のとおりである。

【クリ】
利点：耐久性、耐候性に優れている。
欠点：無塗装で使用した場合、雨にあたると茶黒いシミが出る（タンニン）。

【ヒバ】
利点：淡黄色のため、雨による目立ったシミはできない。
欠点：材料単価がほかの材より高め。

【カラマツ】
利点：安価である。
欠点：反りや割れが出やすい。

【ヒノキ】
利点：材の入手が容易である。
欠点：淡黄色のため、辺材（白太）が多く入っていても見分けにくい。

【スギ】
利点：安価である。
欠点：やわらかいため、摩耗が早い。

【セランガンバツ・イペ・ウリン】
利点：耐摩耗性、耐久性、耐候性が高い。雨にあたると赤黒い樹液を出すが、表面には目立たない。
欠点：雨にあたると、樹液がコンクリートなどを汚す。また、かたいトゲが経年変化と共に出てくるため、定期的なメンテナンスが必要となる。

【レッドシダー】
利点：安価である。
欠点：やわらかいため、摩耗が早い。

【防腐注入材】
利点：メーカーの保証が付く。
欠点：防腐剤の浸透が表面から3～5㎜程度のため、削ると効果がなくなる。

図1 耐候性の比較

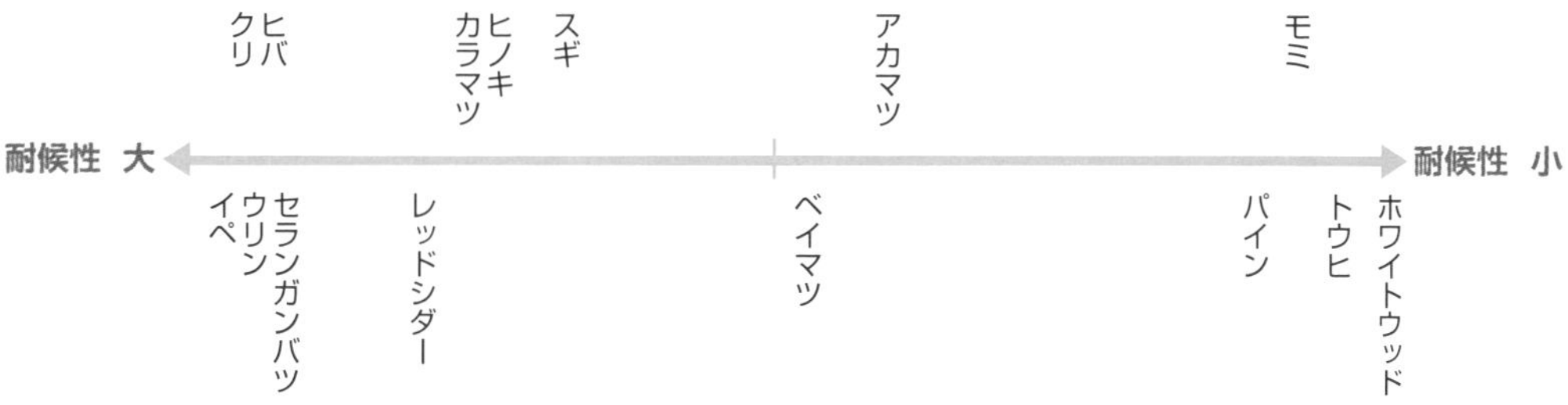

写真1 バルコニー

老朽化したデッキをヒバを使って張り替えた例。雨によるしみができにくい

写真2 縁側

縁側としての使用目的を考慮し、耐候性、耐久性に優れた材を使用した。ここではクリを使っている

執筆：西田和也

67 内装に適した材

●内装仕上材の主流は針葉樹材
●スギ、ヒノキ、ヒバが三大素材

床壁材に適しているスギ

スギの特徴は軽くてやわらかいことである。軽いということは、たくさんの水分や温度を吸収しやすいことを意味する。その特徴から、リビングや寝室・子供部屋・押入などさまざまな個所で使用されている（写真1）。

やわらかさ＝クッション性は、床材などに使用した際に、その本領を発揮する。ただし、やわらかいということは、傷がつきやすいという欠点も併せもつため、事前の注意が必要だ。

なお、同じスギでも白い部分「辺材」は、水分に対する耐久性が低いため、水廻りでの使用にはあまり適さない。

内装材以外にも適すヒノキ

ヒノキは、スギに比べると重くて硬く、白いという特徴をもち、昔から高級材として使われてきた。城郭建築はもとより、神社仏閣にも多用されていることから、その耐久性は実証されている。ヒノキだからこそ、何百年もの歳月に耐えることができたと考えられる建物も多い。

ヒノキは香りがよく、気持ちを落ち着かせる効果に優れているといわれる。そのため、リビングなどの落ち着いた空間で床材として使われる。

また、内装材はもとより、土台や大引、柱などの重要な部分にも使われ、シロアリにも強い。スギでは少し心配なキッチンや洗面所、トイレなどの水廻りにも適した材である（写真2）。

水廻りに強いヒバ

浴室の天井・腰板や洗面所など、水廻りに適していると考えられるのがヒバである（写真3）。

ヒバの特徴は虫害や木材腐朽菌に強いことで、特にシロアリに対する強さは他に類を見ないほどである。これはヒノキチオールという成分によるもので、強力な殺菌・抗菌作用、炎症を鎮める優れた消炎作用、強い皮膚浸透作用がある。シロアリやカビはこのヒノキチオールを嫌う。

写真1 スギを腰板に使った例

スギの保湿性、やわらかさを考え、腰板として使用

写真2 ヒノキをキッチンの床に使った例

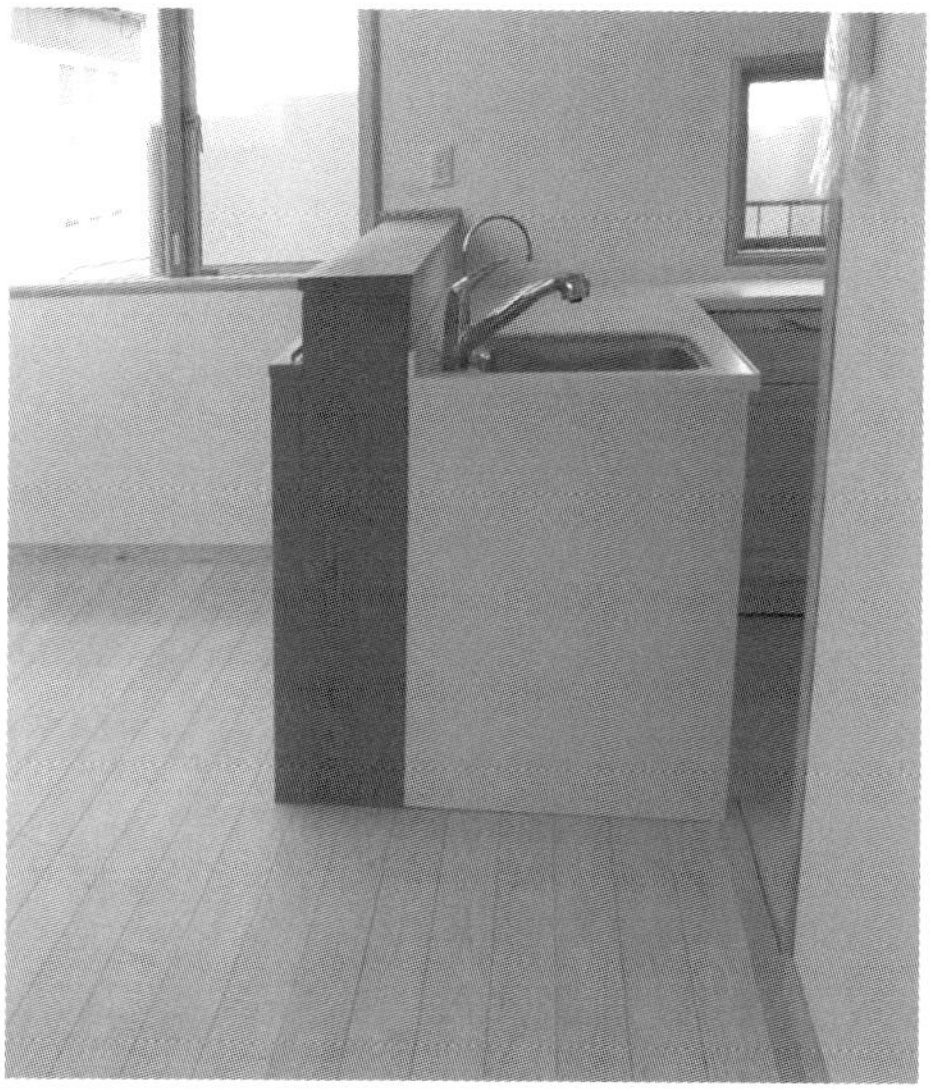

水や虫害に強いヒノキの特性を生かしている

写真3 ヒバを浴室の天井に使った例

木材腐朽菌に強く、抗菌作用もあるヒバは、
浴室の天井に適している

表 内装仕上材に利用される樹種

場所	樹材	特徴
リビング	ヒノキ、スギ	落ち着いた室間
押入	スギ、キリ	調湿機能
水廻り	ヒノキ、サワラ、ヒバ	腐りにくい
個室	スギ、ヒノキ、サワラ	断熱効果に優れている

執筆：井上泰一

68 内部水廻りに適した材

●水切れのよい納まりを考える
●換気、乾燥などによるメンテナンスが重要

樹脂を多く含む樹種

水廻りの壁や天井には、樹脂を多く含み湿気に強い材を使う。国産材ではヒノキ、ヒバ、サワラ、スギ（赤身）、外材ではウエスタンレッドシダーなどである。節のある材は、水が貫通する隙間の有無を確認し、ある場合は埋め木やパテなどで処理をする。

水に負けない施工法

板を張る前は、湿気が漏れないように適切な防水、防湿処理を行う。そのうえで水切れのよい張り方とする。特に、板の木口は水が浸み込みやすく乾燥に時間がかかる。また、コーナー部やほかの部材と突き付ける個所、水洗金具やアクセサリーの取り付け個所も、水切れを考えた納まりとする必要がある。

浴室の床付近では、木材の利用は避け、タイルや石張り、ハーフユニットバスなどを使用するのが望ましい。木を使用したい場合は、スノコ状にして交換できるようにしておきたい。

木材に撥水処理を施す場合は、木材用の撥水剤やオイルなど、表面に塗膜のできないものを使用する。必ず屋内用のものとし、F☆☆☆☆など人体に安全なものを使用する（写真1）。

換気・メンテナンスの方法

浴室の壁や天井などに木材を使用する際は、濡れた木材を乾燥させる換気の工夫が不可欠である。換気窓の設置や浴室乾燥機の使用などである。ただし、浴室乾燥機などを使用する場合は、あまり高温にすると板に割れや曲がりが生じやすくなるので、温度には注意する。理想は、軽く水気を払って換気する程度である（写真2）。

使用後、木材を乾燥させる際は、石鹸、トリートメントなどが残留しているとカビの原因になるので、きれいに洗い流すこともメンテナンスの重要事項となる。

使用環境にもよるが、長期的なメンテナンスとしては、1年に1度程度、撥水材などの塗装を行うとよい。

写真1 リビングとキッチンの床にクリを使用した例

キッチンとリビングを連続させ、床材を統一している。オイル仕上げで水や汚れへの抵抗力を付与する

写真2 ヒノキを浴室の壁に使用した例

材の保湿性、保水性などを考え、過乾燥にならないよう、換気に十分な注意が必要となる

執筆：惟村憲司

69 床に適した材

●床材には6つのタイプがある
●生活環境に応じた選択が重要
●施工は晴れた日に行いたい

床材の種類は6つ

以下の6種類が主な木質系の床材。広葉樹のムクフローリングは、一枚モノではなくジョイントのあるユニタイプが多い。

・**ムクフローリング**　製材→乾燥→加工という工程で、1本の木からつくられる床材（写真1）。

・**積層フローリング**　板材を2層、3層、4層に積み重ね、表面に薄い単板を張る床材（写真2）。

・**集成フローリング**　集成材を床材にしたもの（写真3）。

・**パーケットフローリング**　木片状の木を組み合わせ、正方形または方形のタイル状に加工した床材（写真4）。

・**複合フローリング**　表面に薄い単板または突き板を張ったもので、基材が合板もしくは集成材の床材（写真5）。

・**圧密フローリング**　ムク板を熱ローラーで加熱圧縮した床材（写真6）。

床材の選び方

床材は、使用される場所、建築主の好み、生活スタイルに応じて選ぶ。水廻りか否か、床暖房の使用の有無などで選択肢は異なる。樹種による堅さの違い（図）、個体差を事前に把握しておく。耐摩耗性が向上するような塗装で仕上げれば、やわらかい木でも堅くなることを覚えておきたい。

床材の施工方法（ムク材の場合）

施工は、晴れ・湿度50％前後の日を選び、窓を閉めて行うとよい。雨天では湿気で板が膨らみ、後日、隙間が発生してしまうからである。

施工時は、まず運び込まれた床材を仮並べし、張り上がりの様子を確認する。次に、壁から少し間を開けて張り始める（住宅では5～10㎜程度）。また、広葉樹を使う場合は、板と板の間は強く当てずに張り、針葉樹は板と板の間を詰めて張る。なお、自然塗料などで着色仕上げする場合は、雄実《おすざね》に塗装してから張る。それにより、乾燥時期に板と板の間が空いても目立たなくなる。

写真1 ムクフローリング

木本来の美しさを表現できる

写真2 積層フローリング

均質で表面が滑らか。耐久性がある

写真3 集成フローリング

耐久性、対摩耗性に優れている

写真4 パーケットフローリング

表面がコーティングされ、耐水性に優れる

写真5 複合フローリング

反りや収縮などの狂いが少ない

写真6 圧密フローリング

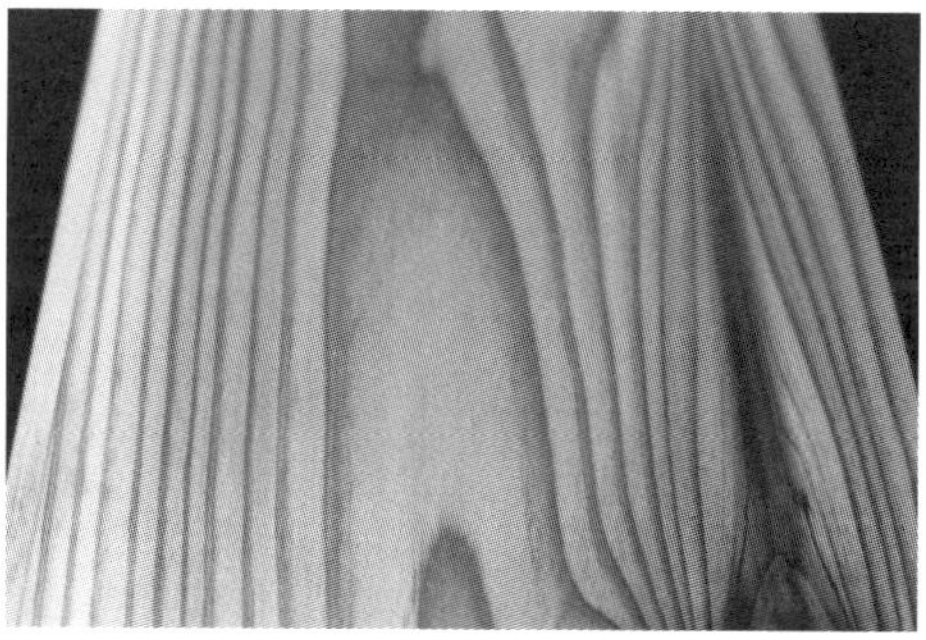

収縮しにくく、木目を生かすことができる

図 樹種による堅さの違い

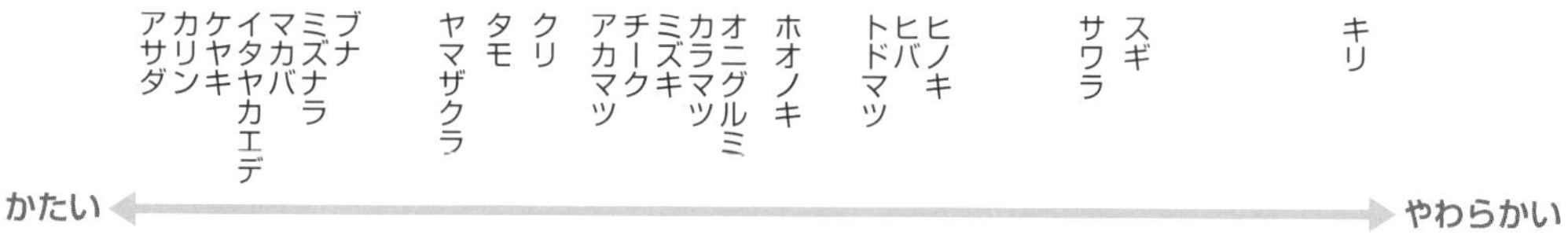

執筆者：西田和也

70 枠に適した材

●外部、水廻りには防水、防腐、防蟻性能が求められる
●内部枠材は、木目と耐久性で選ぶ

外部、水廻りに適した材

一般に「枠材」というときは、建具の枠材をさす。建具には、外部や水廻り用と内部用とがあるが、用途に応じて使われる材種には多少の違いがある。

外部や水廻りの枠材は建具の材種に左右されるが、基本的には雨掛かりや風雪に耐えられるものを選ぶ。すなわち、防水、防腐、防蟻に優れているものである。

また、変形や変質、ひび割れなどを防ぐため、防水、防腐に優れた塗料を定期的に塗布する必要がある。さらに敷居や鴨居に至っては、木材保護のために、銅板やガルバリウム鋼板を巻くこともある。

外部、水廻りに適する樹種を針葉樹と広葉樹に分けると以下のとおり。

・**針葉樹**　ヒノキ、ヒバ、サワラ、ベイヒバ、ベイスギ
・**広葉樹**　ケヤキ、クリ、チーク

状況に応じ、材種の特徴を生かした選定をしたい（表1）。

内部建具に適した材

日本古来の真壁における内法材は、柱、梁の材種をもとに選択されることが多い。敷居にはヒノキ、アカマツ、ツガ、鴨居にはヒノキ、アカマツ、ツガ、スギが多く用いられている。

一方、内部大壁の枠材は多種多様である。一般には、材種の性質はもちろんだが、木目の美しさや耐久性によって選択されることが多い。

内部建具用枠材も、針葉樹、広葉樹に分かれるが、耐久性が要求される敷居には、堅い樹種が選択される。

・**針葉樹**　アカマツ、ツガ、ヒノキ
・**広葉樹**　タモ、ホワイトアッシュ、ミズナラ、オーク

また、竪枠や鴨居には加工性に優れた樹種が選択される。

・**針葉樹**　スプルース、ベイツガ
・**広葉樹**　ラワン

いずれにしろ、材を選ぶ際には、外部枠材同様、材種の性質を十分に考慮した選択が必要になる（表2）。

表1 外部・水廻り用枠材の特徴

樹種		特　徴
針葉樹	ヒノキ	材は緻密、均質で加工性に優れ、内外ともに使用される
	ヒバ	材は緻密、均質で耐水・耐湿に優れている
	サワラ	ヒノキに似ている。耐水・耐湿に優れるが、やわらかい
	ベイヒバ	材は緻密。木目が密で均一。耐水・耐湿に優れる
	ベイスギ	材は密でやわらかく、加工性がよい。耐水・耐湿に優れ、狂いも少ない
広葉樹	ケヤキ	板目が美しいが、材質は強靭で耐水・耐湿に優れる
	クリ	材は重厚で耐久・耐朽性に優れる
	チーク	銘木高級材で耐久・耐朽・耐虫害性に非常に優れる

表2 内部建具用枠材の特徴

用途	樹種		特　徴
敷居	針葉樹	アカマツ	脂化が多く粘り強く耐久性に富み、加工が容易である
		ツガ	材質は緻密。耐朽性がある
		ヒノキ	耐水・耐湿性に優れ、加工性がよい
	広葉樹	タモ	重厚で靭性・弾力性に富んでいる
		ホワイトアッシュ	タモと同様であるが、耐水・耐湿性に劣る
		ミズナラ	重厚で加工は困難。硬くて割れやすい
		オーク	ミズナラに近い。加工性は比較的よい
竪枠・鴨居	針葉樹	スプルース	材は軽軟で緻密。加工性に優れ、無臭である
		ベイツガ	材は光沢がある。加工性に優れ、無臭である
		ウンスギ	材は軽軟で耐久性、強度は落ちる。加工性はよいが、割れやすい。マツ科であるが、樹脂は少ない
		ヒノキ	特有の光沢があり、狂いが少ない
		アカマツ	耐久性に富み、加工性がよい
		スギ	材は軽軟で、加工性に優れている
	広葉樹	ラワン	一時期、伐採規制が行われたため、入手しづらくなっている

写真 枠材の施工例

加工性に優れたベイツガを窓の
竪枠として用いている

執筆：堀井良夫

71 家具に適した材

●家具材は色目と住空間とを考慮して選ぶ
●強度と粘りがあり、狂いの少ないものが最適

多いのは広葉樹

家具材となる天然木材には、針葉樹、広葉樹共に、耐久性だけでなく木目や色目が求められる（写真）。

針葉樹のスギは、角材から板材までつくることができる、比較的安価な材である。古くから和家具の材料として重宝されてきた。パイン（マツ）も、比較的安価な材として用いられるが、国産のアカマツ、ヒノキは高級材で、家具材としての使用は少ない。

家具の材料として広く使われているのは、耐久性に優れる広葉樹のほうで、主に、メープル（カエデ）、キリ、タモ、ナラ、ビーチ（ブナ）、クリ、ケヤキ、サクラ、ウォルナットなどである。

なかでもキリは、タンスなどに使われる日本の伝統的家具材である。非常にやわらかく、調湿と熱伝導率に優れ、収納物を湿気と火事から守るとされる。

家具の適材

桐箪笥に代表されるタンスという家具は、江戸時代に広まったものである。それまでは、いわゆる家具というものはなく、奈良時代の正倉院にもあった漆塗りの箱がある程度だったとされる。日本に家具の概念が本格的に広まるのは、明治以降に西洋家具が入ってきてからである。

西洋家具には椅子や机、ベッドなど、人体系的な家具が多い。そのため、耐久性に優れた広葉樹が使われてきた。その流れは今も同じで、特にウォルナット（クルミ）は木目が美しい、加工性・着色性がよい、強度と粘りがありながら狂いが少ないなどの理由から好まれる。ことにアメリカで人気が高く、高級家具に利用されている。

国産材を使用した高級な家具材もあるが、一般には、耐久性に優れ比較的安価に入手でき木目も悪くないナラ、タモ、ニレ、カバなどの人気が高い。また最近は、アジア家具の人気で、黒檀やローズウッドなどのチーク材も多く使われている。

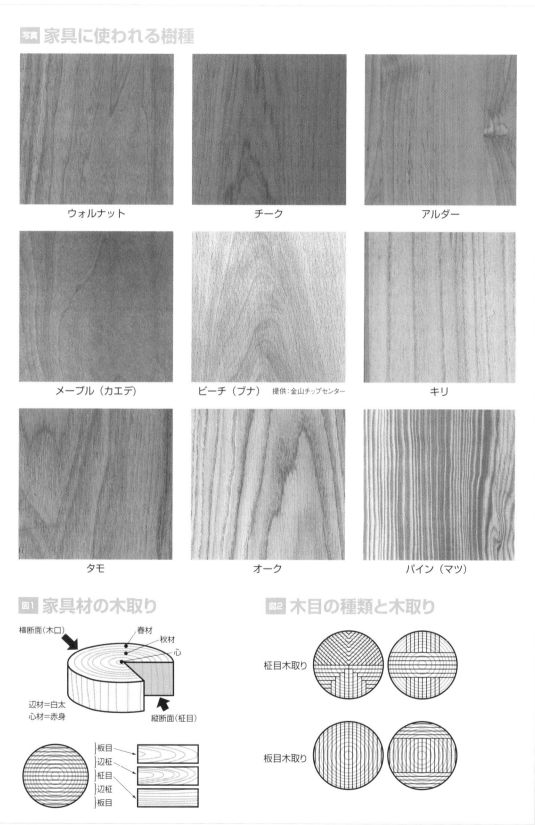

写真 家具に使われる樹種

ウォルナット

チーク

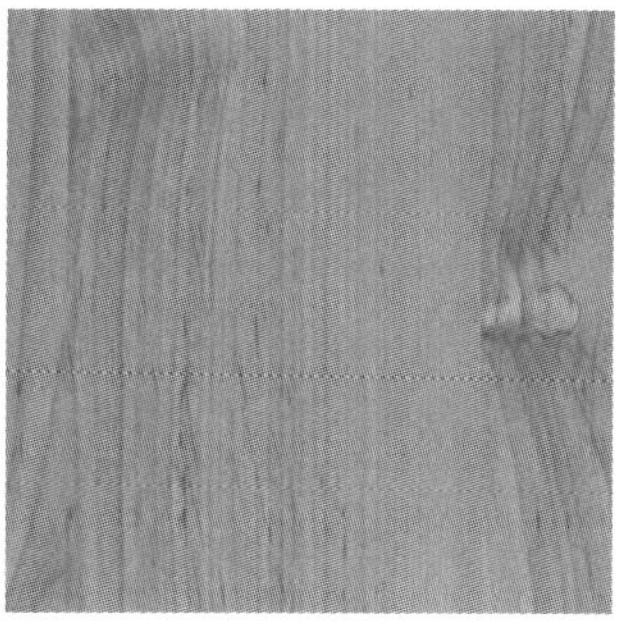
アルダー

メープル（カエデ）

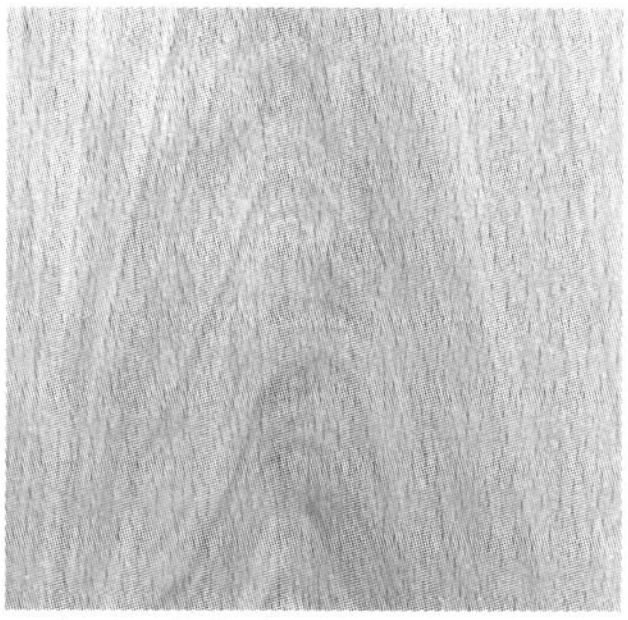
ビーチ（ブナ）　提供：金山チップセンター

キリ

タモ

オーク

パイン（マツ）

図1 家具材の木取り

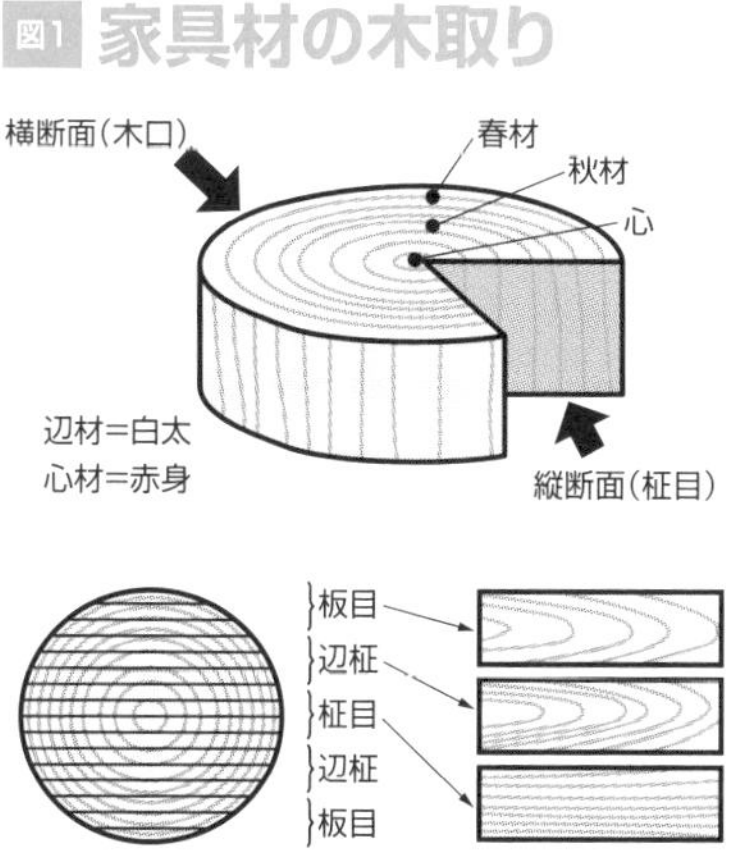

図2 木目の種類と木取り

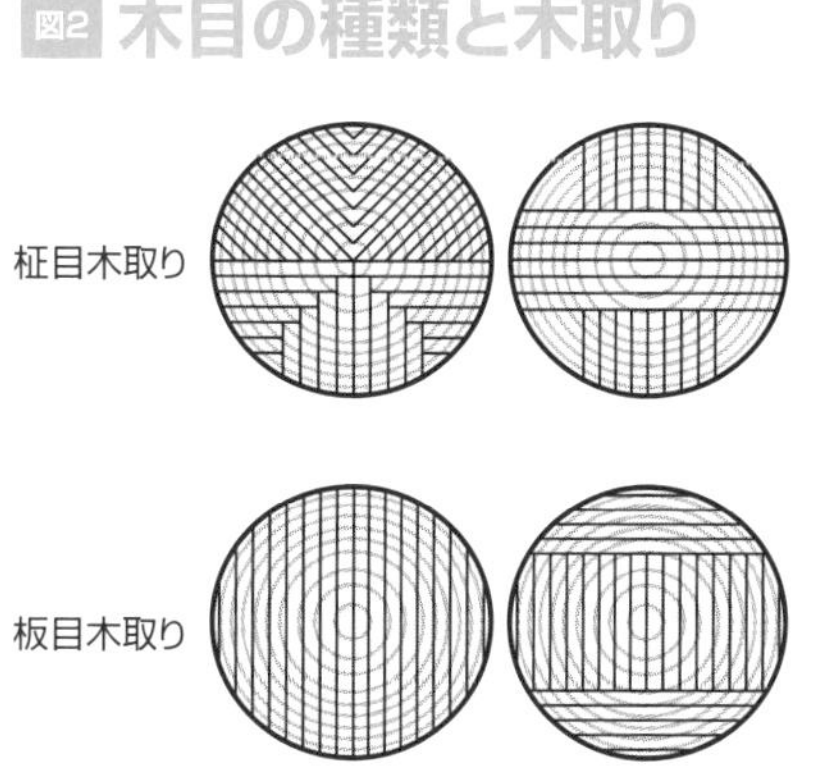

執筆：芹沢一明

72 ＴＶＯＣの影響

●ＴＶＯＣ（総揮発性化学物質）は、ムク材からも放出される
●木の家に健康を求める建築主には十分な説明が必要

空気質汚染の主因

近年、住宅の高気密・高断熱化や、化学的に処理された建材の使用を背景に、室内の空気質汚染の主因となる化学物質が注目され始めた。

これに伴ない、厚生労働省は特定する揮発性化学物質（ＶＯＣ）９種類の指針値と、特定できない総揮発性化学物質（ＴＶＯＣ）の暫定値を示している（表）。

ＴＶＯＣ濃度と木の家

揮発性化学物質は木材からも生じる。

たとえば、純然ムクの木の家ではαピネン（マツ、ヒノキ、スギなど多くの針葉樹に含まれる）の濃度が高いなど、ムク材によりＴＶＯＣ濃度が高くなる傾向がある（特にテルペン類「表の№26、27、28ほか」の濃度が高い）。ただし、その評価方法については、学術的にはまだ結論が出ていない。

また、濃度の定性分析で物質の種類を調べた結果、一般に物質数が増えれば、各物質の濃度を足し合わせたＴＶＯＣ濃度も高くなる。つまり、揮発性化学物質を多く含む木を使うほど、ＴＶＯＣ濃度は高くなるのである。

これらの諸問題があるため、厚生労働省では、ＴＶＯＣの濃度については、暫定目標値としている。

また、ＴＶＯＣ濃度の測定は、検査機器が測定できる沸点の一定範囲内のすべてのＶＯＣを対象とするため、結果として高い濃度を測定しがちになる。本来、ＴＶＯＣの測定結果は、測定したＶＯＣの数を明示しなければ、その総量の比較ができない。ＶＯＣの数が多ければ濃度は高くなり、少なければ濃度は低くなるからである。

評価方法も測定のあり方も明確ではないことから、「木の家」から放出されるＴＶＯＣ濃度やアセトアルデヒドについては、医療の専門家でさえ認識を誤り、混乱しがちである。そのため、木の家に健康を期待する建築主に対応する際は、こうした点についても理解したうえで相談に乗るようにしたい。

表 TVOCとアセトアルデヒドが高い傾向を示す木の家の室内空気質濃度

室内空気室濃度の比較 (μg/m³)			Aの家				Bの家		Cの家	
		入居日	2003.3.30				2007.6.1		2007.2.1	
		測定日	2003.8.10				2007.6.11		2007.6.11	
		入居日数	約130日				なし		約130日	
		測定気温	29℃	28℃	31℃	32℃	26℃	26℃	25℃	27℃
		測定温度	74%	77%	82%	81%	71%	64%	69%	70%
		測定部屋	1階寝室	1階和室	2階西洋間	2階洋間	1階広間	2階寝室	1階寝室	2階広間
No.	物質名	厚生労働省の指針値								
1	ヘキサン		28.4	13	<0.5	<0.5	ND	24.8	ND	ND
2	2.4ジクロメチルペンタン		<0.5	<0.5	<0.5	<0.5	ND	ND	ND	ND
3	イソオクタン		1.1	<0.5	0.5	<0.5	1	1.3	ND	ND
4	ヘプタン		9.7	46.2	<0.5	3.1	7.9	0.9	4.5	4.3
5	オクタン		1.1	1.2	4.8	<0.5	33.3	37.1	9.1	12.1
6	ノナン		3.2	3.7	33.7	2	46.3	59.5	4.9	5.9
7	デカン		12.1	8.8	40.6	6.1	167.5	211.3	18.9	21.9
8	ウンデカン		13.1	10.6	30.2	6.4	119.3	142.2	12.4	13.7
9	ドデカン		10.7	12.7	21.3	5.9	25.1	35.1	3	2
10	トリデカン		2.1	1.6	11	3	4.4	7.9	1.3	1.4
11	テトラデカン	330	2.5	2	7.7	1.1	1.7	5.7	0.2	0.7
12	ペンタデカン		1.1	<0.5	1.5	<0.5	-	-	-	-
13	ヘキサデカン		0.7	<0.5	<0.5	<0.5	-	-	-	-
14	ベンゼン		0.5	<0.5	<0.5	11.1	1.4	1.5	1.2	1.1
15	トルエン		29.9	28.1	63	27.7	27.6	24.1	26.1	20.2
16	エチルベンゼン	3,800	3.1	7.5	6.6	3.8	4.6	4.3	3.1	3.6
17	キシレン	870	8.1	15.9	19.4	5.1	7.7	8.2	4.4	5.9
18	スチレン	220	9.6	5.1	11	2.8	17.6	11.5	4.3	3.2
19	m-エチルトルエン		<0.5	<0.5	<0.5	<0.5	20	17.6	3.5	4.6
20	p-エチルトルエン		1	1.2	5.3	0.5	8.4	7.1	1.6	2.2
21	1,3,5-トリメチルベンゼン		0.8	0.7	4.1	0.6	11.7	11.9	1.6	2.3
22	o-エチルトルエン		1.5	1.1	6.1	1.2	20	17.6	0.4	3.5
23	1,2,4-トリメチルベンゼン		5.9	4.8	18	4.6	43.7	39.5	6.6	8.9
24	1,2,3-トリメチルベンゼン		1.6	1.3	5.2	1.3	20.6	17.6	4.2	ND
25	1,2,4,5-テトラメチルベンゼン		<0.5	<0.5	1.1	<0.5	21.7	9.9	0.6	0.7
26	α-ピネン		117	180	295	431	253.5	235	230.5	240.5
27	β-ピネン		1.6	2	2.8	4.7	8.7	5.5	6.7	8.6
28	D-リモネン		8.1	8.8	7.7	11.6	99.3	90.7	78	83.2
29	ジクロロメタン		3	2.5	1.2	1	0.2	0.2	ND	0.2
30	クロロホルム		3.7	3.1	1.3	<0.5	5.9	6.6	0.3	0.5
31	1,1,1-トリクロロエタン		<0.5	<0.5	<0.5	<0.5	ND	ND	ND	ND
32	1,2-ジクロロエタン		<0.5	<0.5	<0.5	<0.5	0.2	0.2	ND	0.2
33	四塩化炭素		0.7	<0.5	<0.5	<0.5	0.4	0.4	0.4	0.4
34	トリクロロエチレン		0.7	0.9	0.7	<0.5	2.4	3	1.4	1.3
35	1,2-ジクロロプロパン		<0.5	<0.5	<0.5	<0.5	ND	ND	ND	ND
36	ブロモジクロロメタン		1.8	1.5	<0.5	1.1	ND	ND	ND	ND
37	ジブロモクロロメタン		<0.5	<0.5	<0.5	<0.5	0.2	0.2	0.2	ND
38	テトラクロロエチレン	240	<0.5	<0.5	<0.5	<0.5	0.6	0.7	1.2	0.6
39	p-ジクロロベンゼン	260	27.8	15.7	199	9.6	4.1	1.8	3.9	4.1
40	酢酸エチル		14.7	20.6	2	1.1	8.1	5.7	2.7	5.1
41	酢酸ブチル		9.5	17.2	3.2	1.7	38.6	17.3	1.3	3
42	アセトン		10.9	6.8	5.7	3.2	143	149	93	116
43	メチルエチルケトン		8.4	6.6	3.5	6.4	ND	ND	29.7	23.8
44	メチルイソブチルケトン		1.1	2.3	0.8	2.5	19	10.3	3.5	2.1
45	ノナナール	41	50.8	32.9	49.5	35.9	ND	ND	24.7	35.5
46	デカナール		10.1	8.5	13	9.2	ND	ND	ND	ND
47	エタノール		<0.5	<0.5	<0.5	<0.5	ND	ND	ND	ND
48	イソプロピルアルコール		<0.5	<0.5	<0.5	<0.5	ND	ND	ND	ND
49	1-プロパノール		<0.5	<0.5	<0.5	<0.5	ND	ND	ND	ND
50	1-ブタノール		3	2.5	0.9	2.5	6.5	13.5	11.8	11.7
	TVOC	400	3,480	3,380	5,430	3,850	1,040	1,078	513	542
51	ホルムアルデヒド	100	53.8	66.6	122	146	32	30	42	39
52	アセトアルデヒド	48	112	107	86.2	51.4	126	133	62	39

は明らかに居住したことによって室内空気質濃度が高まっているものを示す

は同じ入居日数の家を比べた場合に濃度が高い方を示す

特定する揮発性化学物質は、No.11、16、17、18、38、39、45、51、52の9種類である。

執筆：丸山純夫

73 表面仕上げ

●機械式サンダーには、ベルトサンダーと超仕上げがある
●木目、材料の大小により使い分けが必要

機械式サンダーとは

木材の表面を平滑に仕上げることは、塗装の下準備として、また、木を美しく見せるうえでとても重要である。

木工機械による代表的な平削り仕上げとしては、サンダーがけ、超仕上げがある。機械式サンダーは、研磨剤を塗った紙または布を、回転や前後運動させることにより木材の仕上げを行うものである。研磨剤の粒度（番手）は数値の小さい番手のほうが荒く、大きくなるほどきれいな仕上げになる。

ベルトサンダーと超仕上げ

代表的な機械式サンダーに、ベルトサンダーがある。台に固定された木材を、台の上にプーリーでつながれたベルトが回転または前後運動して仕上げていくもので、ベルトには研磨材が貼り付けられている。工場で使う大型のもの、持ち運びのできるポータブルサンダー（写真1）、さらに、簡単な研磨紙を貼り付けた手動のものがある。

超仕上げは、超仕上げカンナ盤（写真2）によって行う。カンナ盤の上に木材を送り出す回転ベルトがあり、下にカンナ刃が固定されている。回転ベルトに圧を加えながら木材を押し出し、手カンナを逆さにしたような形で切削する。削り抵抗（削りにくさ）は木材の硬さ（比重）に比例し、含水率は10%付近が削り抵抗のピークになる。

仕上げ別の用途

超仕上げカンナ盤は、木材に平行した繊維方向（通直木理）はきれいに仕上げやすいが、繊維が直交した（交走木理）木目は削りにくく、ざらついた仕上げになりやすい。そのため、家具などの大きな材料の仕上げには、木理に影響されにくいサンダー仕上げが用いられることが多い。

なお、仕上げ前の分決《ぶぎ》め（寸法決め）や荒仕上げには、自動カンナ（写真3）や自動多軸カンナ盤（モルダー。写真4）が用いられる。刃を回転させて削るため、仕上げ面が浅い波型になる。

写真1 ポータブルサンダー

大型のサンダーではかけにくい部位に、補助的に使用する

写真2 超仕上げカンナ盤

木材を送る速度調整ができるもの、自動的に往復切削をできるものなどがある

写真3 自動カンナ

超仕上げの前工程および荒仕上げとして厚みを一定（分決め）にし、仕上げ面を平にする

写真4 4面モルダー

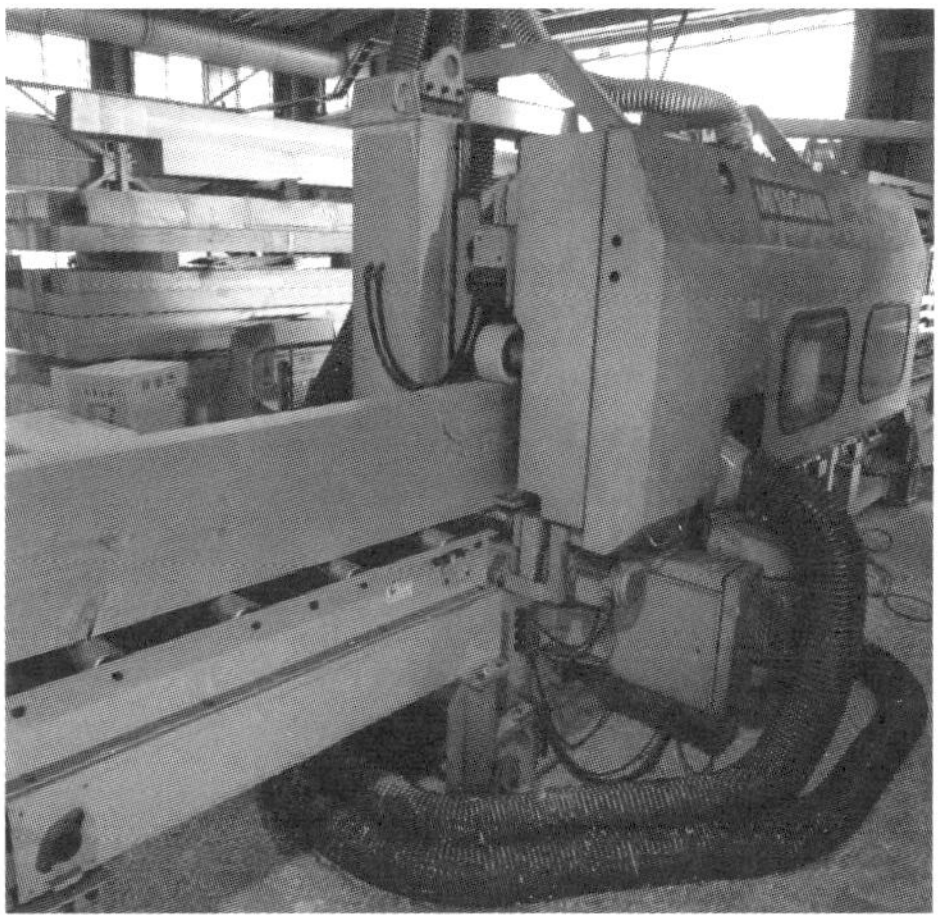

1工程で4面削りと成型加工ができる。木材の上下左右の面について正確な寸法決めをし、表面を滑らかに削る

執筆：堀井満夫

74

オイル塗装、ウレタン塗装、ワックス

●耐久性、メンテナンスを考えた塗料選択が重要
●塗膜をつくるウレタン、含浸するオイル、ワックス

多用されるウレタン塗料

塗装仕上げの種類は多様であり、塗料の種類や使用個所によって耐久性やメンテナンスの頻度も変わる。それだけに塗料の選定は重要である（図）。

一般に最も多く使用されているのは、ウレタン塗料である。塗布面に塗膜を形成して表面を平滑にし、木材を保護強化して水の吸収を防ぐ。主に、水廻りのカウンターや家具、建具などに使用される。

ウレタン塗料は、塗膜に傷がついたりはがれたりすると、いったん塗膜を全面剥離して再塗装しなければならない。そのため、住まい手自らがメンテナンスするのは難しい。また、揮発性の有機溶剤系塗料が多いため、シックハウスに注意が必要である。

長期的には割安で安全なオイル

オイル系塗料は、木材をはじめとする自然素材と最も相性がよい。近年は植物系オイルも容易に購入できる。ただし、においには好き嫌いがあるため、サンプルで確認しておくとよい。

ウレタン系塗料と違い、塗装面に塗膜をつくらず、木の繊維に成分を含浸させることで木材を保護する。そのため、塗装後も木材の呼吸を妨げず、木材本来の調湿作用や手触りが生かされる。ウレタン系塗料より割高だが、健康や環境面、メンテナンス性など長期的な視点で検討すると、決して高いとはいえないだろう。

メンテナンスに優れるワックス

自然系の亜麻仁油や蜜蝋などのワックスも、オイル同様、木材と相性がよい。オイル塗装の上から仕上げとして塗布すると、木肌につやが出て耐久性が向上する。半固形のタイプが多く、住まい手がウエスで塗布できるため、日々のメンテナンスという点ではオイル系よりも気軽で容易である。

なお、自然系塗料の塗装に使用した刷毛やウエスは、そのまま放置すると自然発火の恐れがある。使用後は水に濡らして破棄するなどの注意が必要である。

図 塗装は耐久性をうながす

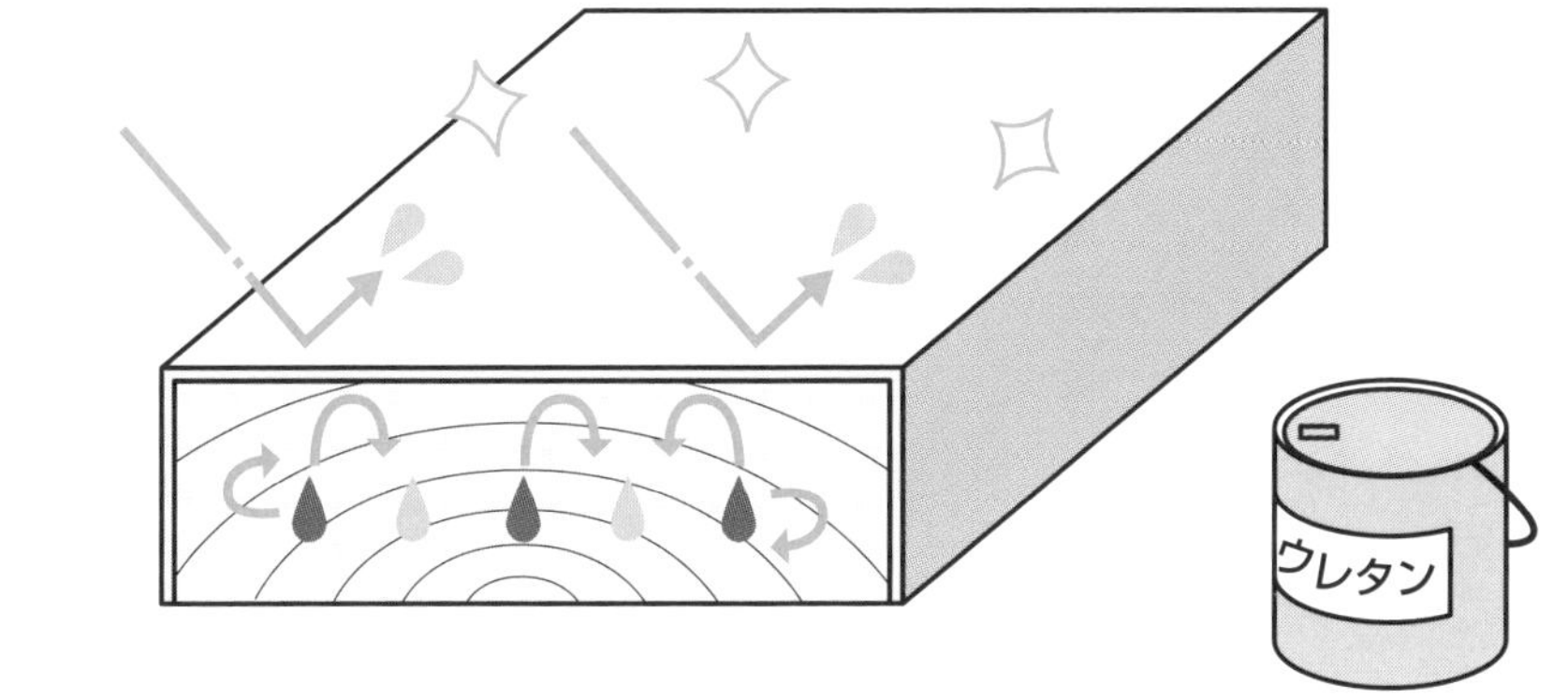

ウレタン塗装は表面を平滑にし、水の吸収を防ぐが、
木の呼吸が妨げられる

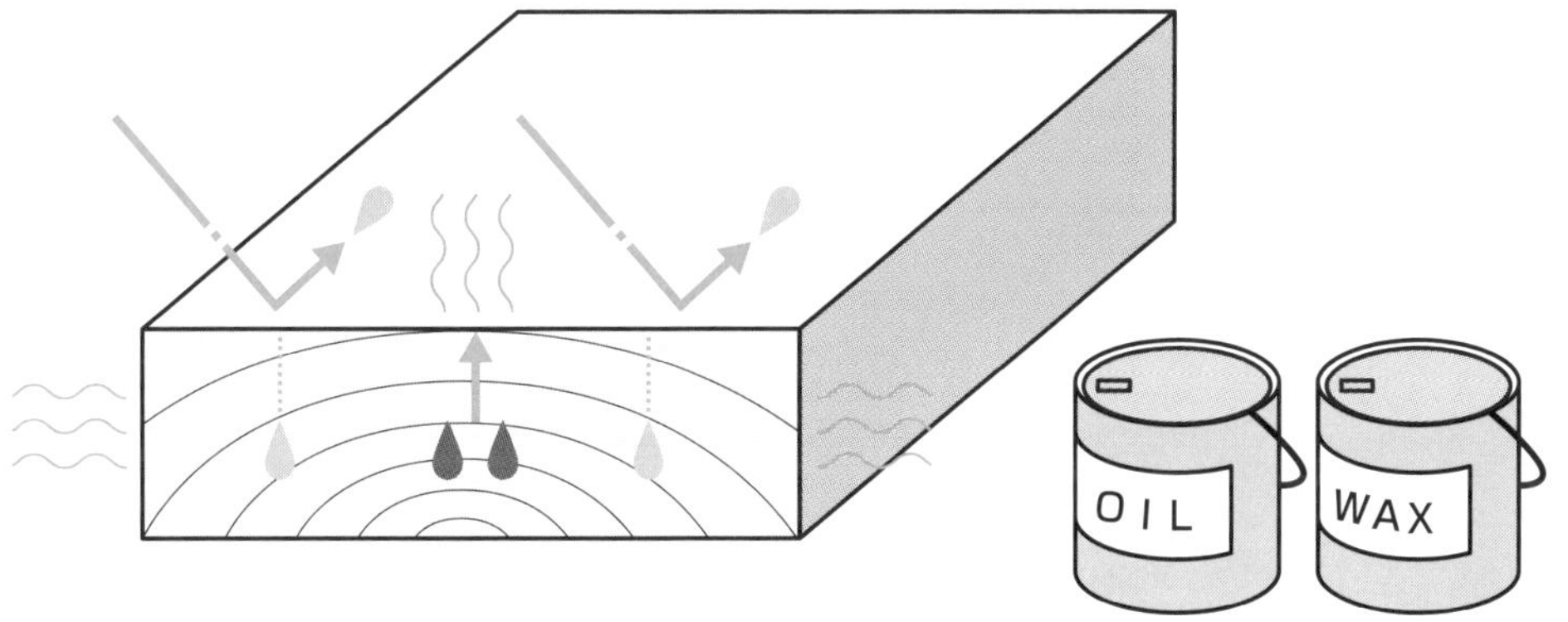

オイルやワックスは、塗装面に塗膜をつくらないため、
塗装後も木の呼吸が妨げられない

執筆：藤田宏臣

75 防腐処理

●加圧注入処理が一般的
●防腐処理で重要なのは、木材の薬剤浸透性

表面処理と加圧注入処理

木材の腐朽を遅らせる防腐処理には、さまざまな方法がある。大別すると、「表面処理（塗布・浸漬）」と「加圧注入処理」の2つであり、現在は、防腐効果や生産性の高い加圧注入処理が一般的である。

表面処理には2つの方法がある。「塗布」は薬剤を材料の表面に直接塗り付けたり、噴霧器で吹き付ける方法で、施工現場で行う（図1）。「浸漬」は、薬剤を満たした槽に木材を漬け置きし、薬剤の浸透を図る。

加圧注入処理は、専用の注薬管に木材を入れ、加圧することで木材に薬剤を充填していく方法で、施工現場に持ち込まれる前に処理される（図2、写真）。

防腐剤のあり方

防腐処理に使われる木材保存剤（防腐剤）には、油性（表面処理）と水性（加圧注入）がある。

薬剤の選択にあたっては、製造時、使用時、廃棄時のいずれの段階においても、より安全で環境への影響の少ないものを選ぶ必要がある。特に近年は、環境や健康への関心が高くなっていることから、過去に使われていた薬剤でも、新しい基準や価値観に照らし合わせると適切でないものもあるので注意したい。

薬剤の浸透性を考える

薬剤の選択と同様に大切なのが、保存処理する木材の性質である。保存処理する場合、木材の耐朽性よりも薬剤の浸透性が重要となる。

浸透性は材種により大きな差があるうえ、辺材のほうが心材よりも浸透性が高い（表）。

木材の浸透性の難易は、常に通導の経路となる組織構造に影響される。柾目面や板目面などの繊維方向に沿った浸透性は、繊維方向に対して直角の方向（放射方向）からの場合に比べ、数十倍に達する（ただし、マツ属の辺材は、放射方向の浸透も容易である）。

図1 薬剤塗布により表面処理された木材

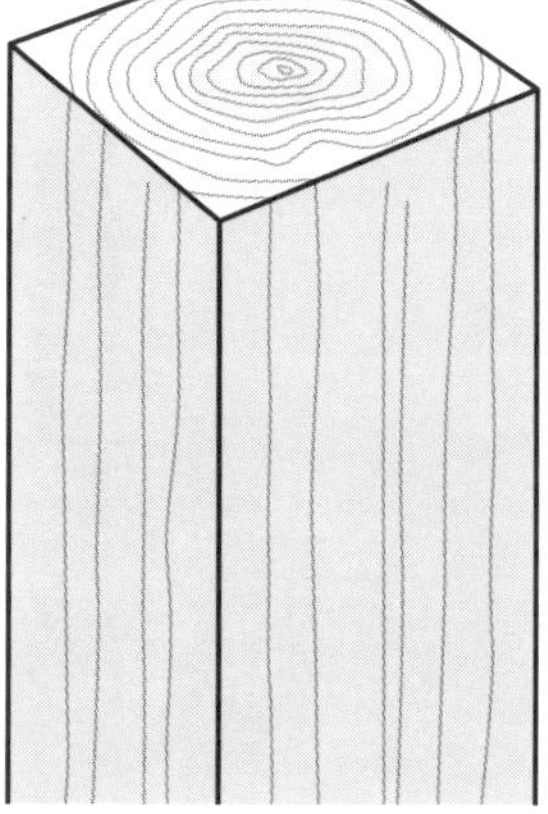

薬剤が内部にまで浸透していないため、表面に被害が及ぶと木材の強度が失われる

図2 加圧注入処理された木材

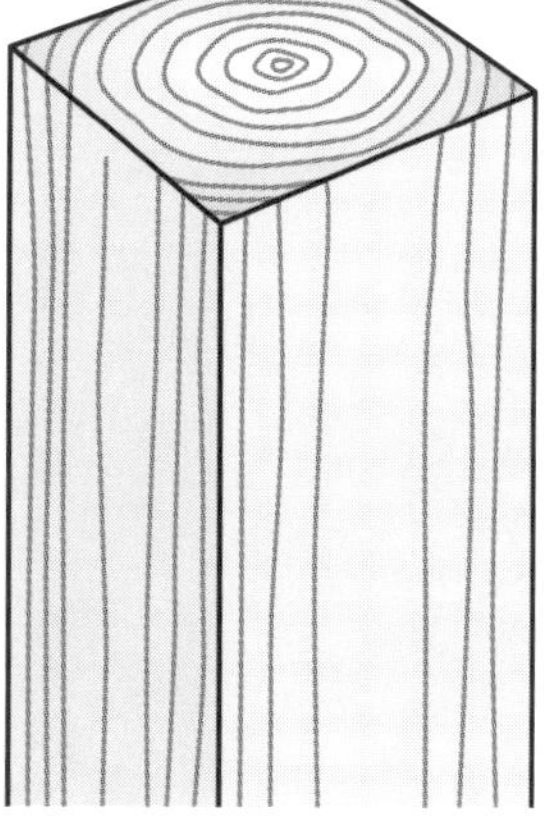

内部まで薬剤が浸透しており、木材の強度が保たれる

写真 加圧注入処理に使用される装置

出典：兼松日産農林

木材を注薬管の中に入れ、薬剤を充填し、加圧する

表 木材の防腐剤浸透区分

浸透区分	樹　種
安易	ヒバ、イタヤカエデ
やや安易	スギ、アカマツ、クロマツ、ツガ、モミ
困難	ヒノキ、エゾマツ、トドマツ、ブナ
極めて困難	カラマツ、クスノキ、クリ、クヌギ

＊表は心材の浸透区分（薬剤の浸透度合いの分類）である

執筆：藤田宏臣

76 シロアリによる被害

●シロアリは地下シロアリと乾材シロアリに分類される
●地球にもっともたくさんいる昆虫の一種

シロアリについて

木材は、多くの生き物にとって栄養とならないため、長持ちする。しかし、シロアリは腸内に原生生物を共生させ、その助けによって木材をエネルギーに変えることができる。そして、シロアリはアリなどに捕食される。つまり、シロアリは、多くの生き物にとって栄養的に価値の無い木材を、動物性タンパク質に大変換している、生態系には無くてはならない益虫である。しかし、木造建築物にとっては大害虫であり、わが国の年間被害総額は1000億円を超えると言われている。

地下シロアリ

地下シロアリは、土壌に生息し、蟻道をつくって木材に到達し、食害する。わが国には、寒さに強い「ヤマトシロアリ」と、加害力が激しい「イエシロアリ」が生息している（図1）。食害には水分が必要で、ヤマトシロアリは雨漏りなどに誘引されることが多い。イエシロアリは水分を自ら運ぶ。

家屋に侵入すると、普段は人目につかない床下や壁内で摂食活動を行うが、ゴールデンウィーク前後から夏にかけて、巣から飛び立つ数千もの羽アリで、被害を知ることになる（図2）。

乾材シロアリ

乾燥材に含まれるわずかな水分だけで生息できる乾材シロアリ。特にアメリカカンザイシロアリの被害が全国的に広がっている。

家屋へは、羽アリの飛来や被害家具・被害建材により持ち込まれる。家屋内の巣から羽アリが飛ぶと新たな巣がつくられ、被害は家屋全体におよぶ。小屋裏の被害が多く、建築基準法などで規定されている従来の対策では防げない。被害は特徴的な糞粒（写真1）で発見することができる。駆除は壁や天井を開口する作業が必要になる場合が多く、その費用は多額になる。

図1 地下シロアリ分布

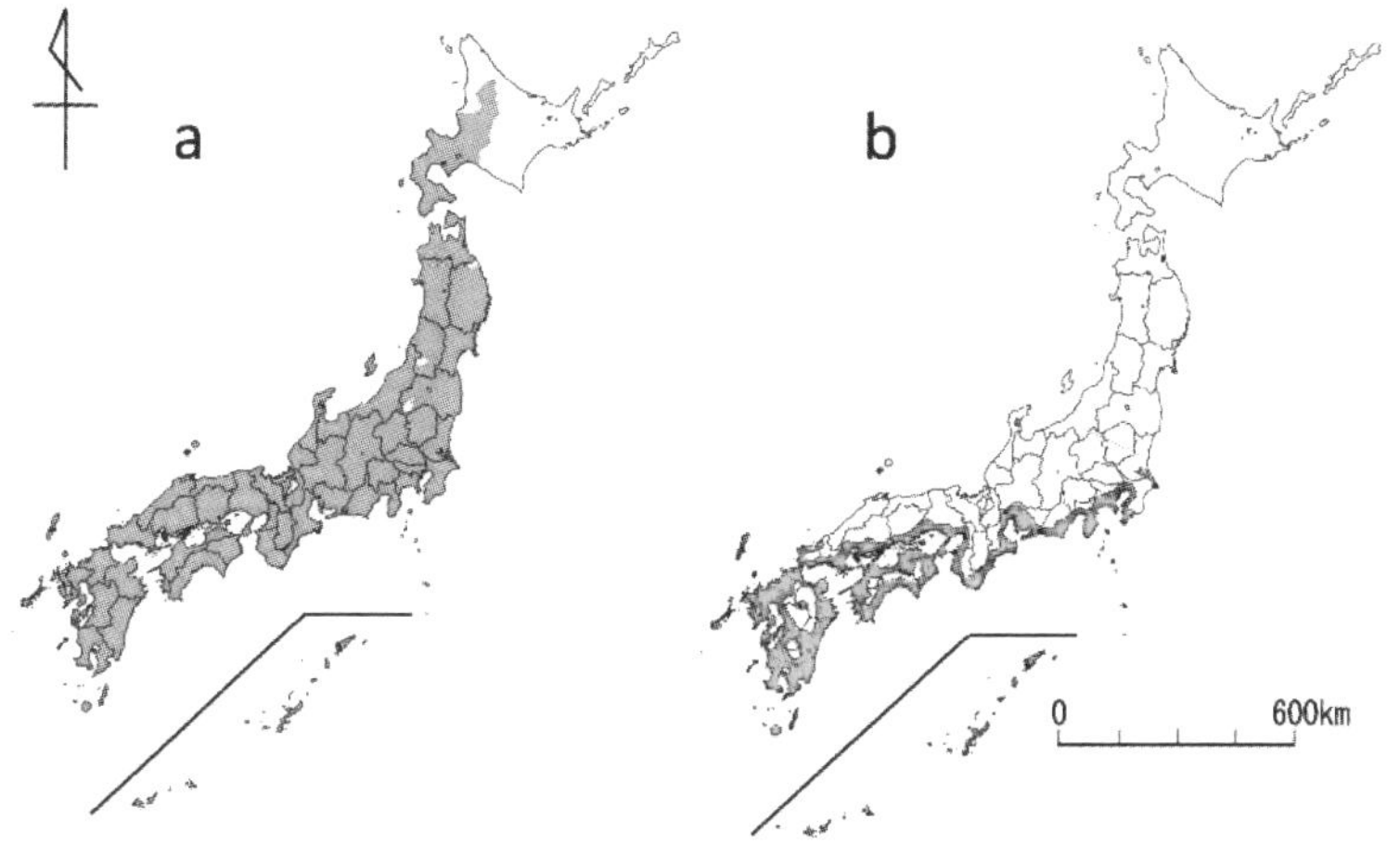

日本産シロアリ分布（2013年）a：ヤマトシロアリ　b：イエシロアリ

出典：木造長期優良住宅の総合的検証委員会 耐久性分科会 平成25年度成果報告書

図2 シロアリとアリの羽アリの違い

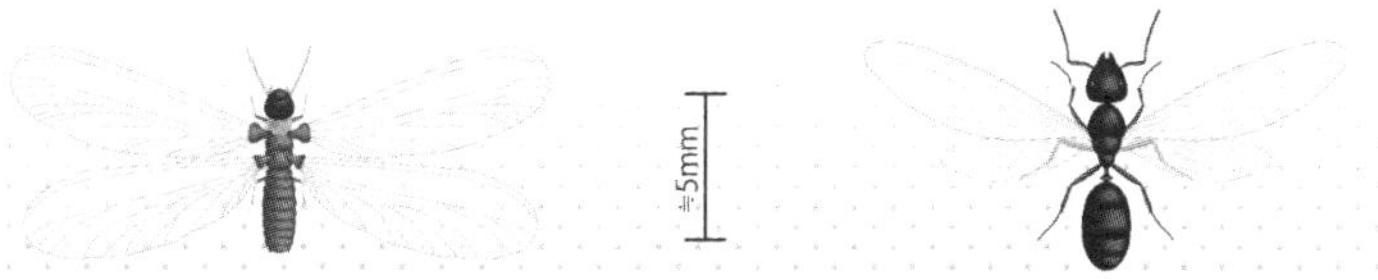

シロアリ		クロアリ
数珠状にまっすぐ	触角	くの字に折れている
4枚とも同じ大きさ	羽	前の2枚が大きい
ずんどう	胴体	くびれている

羽アリの「触角」「羽」「胴体」で、シロアリかアリかを区別することができる。その羽アリがシロアリで、大量に発生していたら、早急な対処が必要になる

写真1 アメリカカンザイシロアリの糞粒

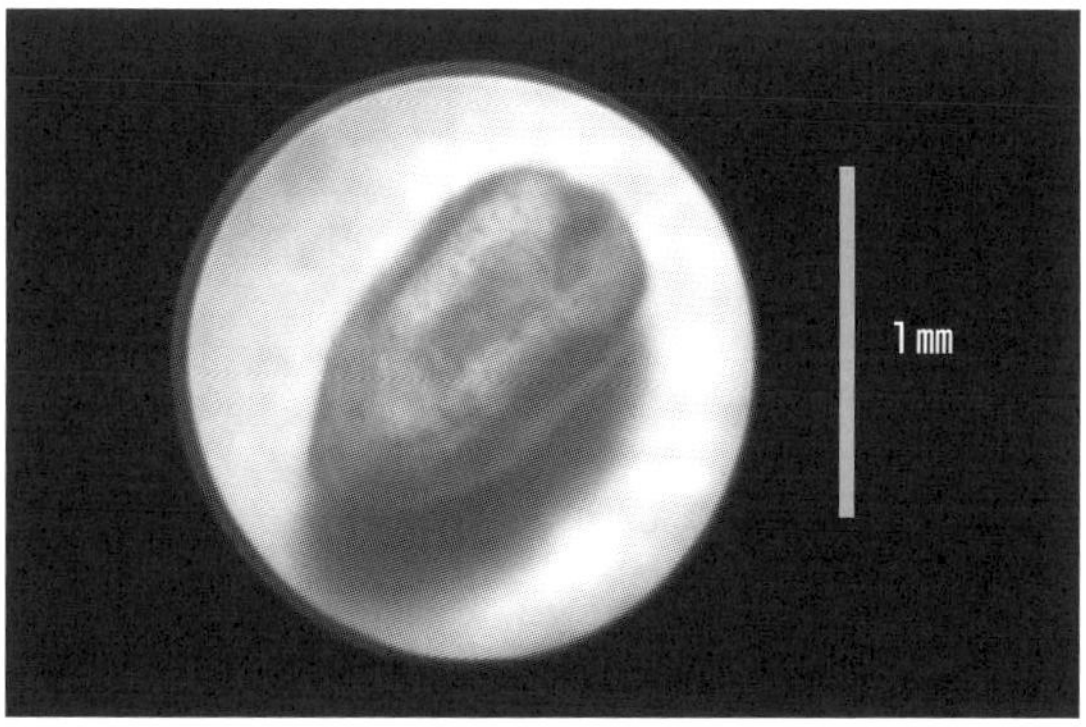

俵状で、横に6本の筋、しっかりとした質感がある。出窓などに落ちていても住まい手は「なにかの種」ほどにしか思わず、対応が遅れることが多い

執筆：浅葉健介

77 防蟻処理

●防蟻処理には土壌処理と木部処理がある
●“コスパ”でリスクを小さくし、どれだけ持続させるかが基本

シロアリ対策

防蟻処理には「土壌処理」と「木部処理」がある。土壌処理は、土壌を防蟻剤で処理する方法であるが、近年はベタ基礎を採用することで薬剤処理を省略する傾向にある。一方、木部処理は、木材を防蟻剤で処理する方法である。土台は高耐久樹種か工場処理剤を使用し、一部現場で薬剤処理する組み合わせが一般的である。

薬剤の選択

防蟻処理には、一般的に日本木材保存協会または日本しろあり対策協会の認定薬剤が使用される。これらの薬剤の多くが有効成分に農薬登録されている合成殺虫剤を採用。住まい手の健康リスクにつながる。効果が持続しないため5年毎の再処理が必要になるが、事実上不可能である。特に近年主流であるネオニコチノイド系殺虫剤は、子どもの脳発達に悪影響を与える恐れが指摘されている。

ホウ酸による木部処理

２０１１年に木部用防腐防蟻剤として日本木材保存協会に認定されたホウ酸による防蟻処理が注目されている（写真1）。ホウ酸は、米国などで採掘されるホウ酸塩鉱物から精製される自然素材。空気を汚さず効果が持続的であるため、近年シェアを伸ばしており、オセアニアでは一般的。すべての構造材を処理するアメリカカンザイシロアリ対策としても使用できる。ただし水溶性のため、シートや撥水剤を利用して雨で溶け出さないような措置が必要。

シロアリ対策は総合的に

配管などは基礎立上りから抜くか、耐圧盤との隙間を防蟻シーリング材（写真2）や防蟻パテ（写真3）で塞ぐ。木部には雨対策まで含めたホウ酸処理を施し、5年に1度は床下検査を行う。これらを総合的に行うことで、シロアリリスクを長期間、小さくすることができる。

写真1 ホウ酸による木部防腐防蟻処理

木材に防蟻剤を処理することにより、木部に直接防蟻性能を付与することができる。ホウ酸処理は安全で効果が持続的だが、水溶性なので雨対策が必須。

写真2 防蟻シーリング材による、耐圧盤貫通部の処理

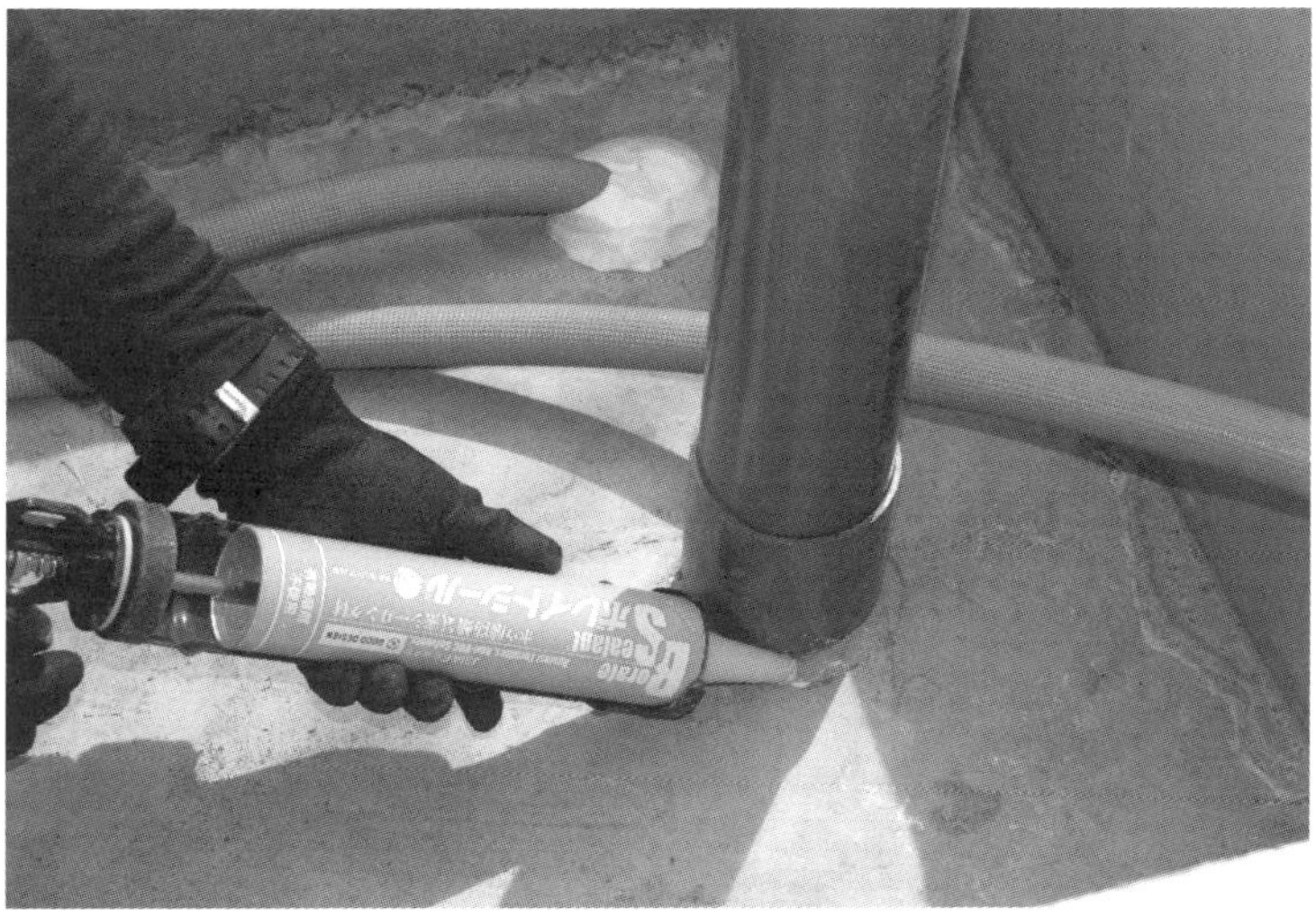

シロアリの侵入経路を遮断することで、シロアリ侵入リスクを低減させる

写真3 防蟻パテにより、水抜き穴を埋める

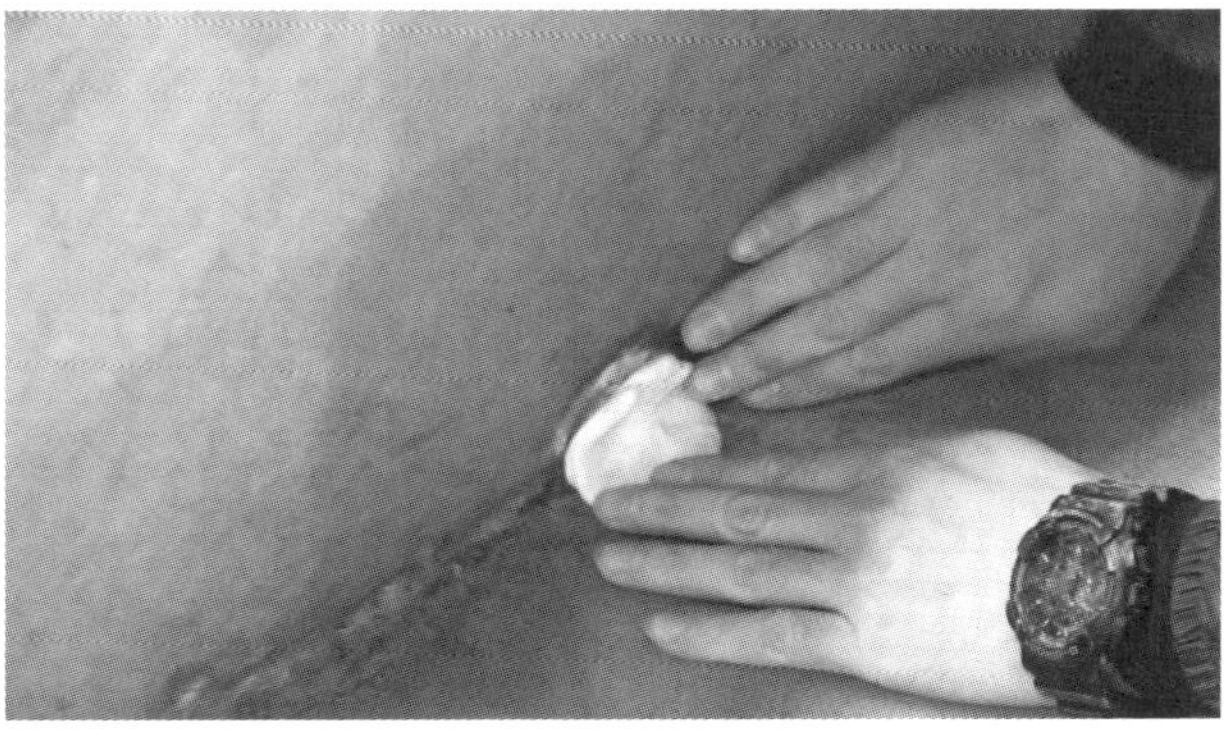

水抜き穴はシロアリの侵入経路となるので、防蟻パテなどで必ず埋める

執筆：浅葉健介

78 薬剤処理による不燃木材

- 着火および発熱現象の抑制力が、木材の内装材としての能力を高める
- 不燃性は薬剤の注入量に左右される

内装制限と木材

建築基準法では、不特定多数の人が利用する施設や大規模な施設、裸火を使う台所などにおいて、火災時に居住者が煙にまかれたり火炎にさらされたりしないように、壁や天井を燃えにくいものでつくるよう内装仕上材が規制されている。いわゆる「内装制限」であるが、そのため、可燃物である木材はそのまま仕上材として使用できない。

木材は、外部から加熱されると表面から熱分解ガスを放出し、それがある濃度に達すると着火する（口火の大小・有無によって着火時間は異なる）。この着火および発熱現象を抑制すれば、木材は発熱しにくくなる。発熱しにくくなれば、建築基準法の難燃材料、準不燃材料、不燃材料に位置づけることが可能となり、内装制限がかかる部屋の壁や天井にも木材を使える。

薬剤の加圧注入による不燃木材

木材を難燃材料、準不燃材料、不燃材料に位置づけるには、コーンカロリーメーターによる試験を行う（写真）。1つの試験装置に10cm四方（厚さは実寸）の試験体をセットし、上部のコーン型ヒーターで、試験体に50kW／m²（火災初期に壁や天井が受ける加熱）の熱量を与えながら口火を近づける。その状態で5分間燃えず、かつ有害なガスを発生しなければ難燃材料、10分間燃えなければ準不燃材料、20分間燃えなければ不燃材料となる（表）。

現在、スギやヒノキなどの針葉樹を中心に、①無機リン酸系、②ホウ砂ホウ酸系、③リン酸グアニジン系などの薬剤を加圧注入して、要求性能を満足させる製品がつくられている。薬剤の注入量をコントロールして、難燃材料、準不燃材料、不燃材料とするのである。

こうした不燃木材は、国土交通大臣の認定を取得したものが多数販売されている。なお、使用条件（雨のかかる場所や湿気の多い場所）によっては、不燃性能が低下することもあるので十分確認したうえで使用したい。

写真 コーンカロリーメーター

コーンカロリーメーターとは、着火防止性能、発熱抑制性能を計測する装置である。熱源のコーンヒーターと試験体を一定の距離に保って試験体を熱し、試験体の着火時間や発熱量を測定する

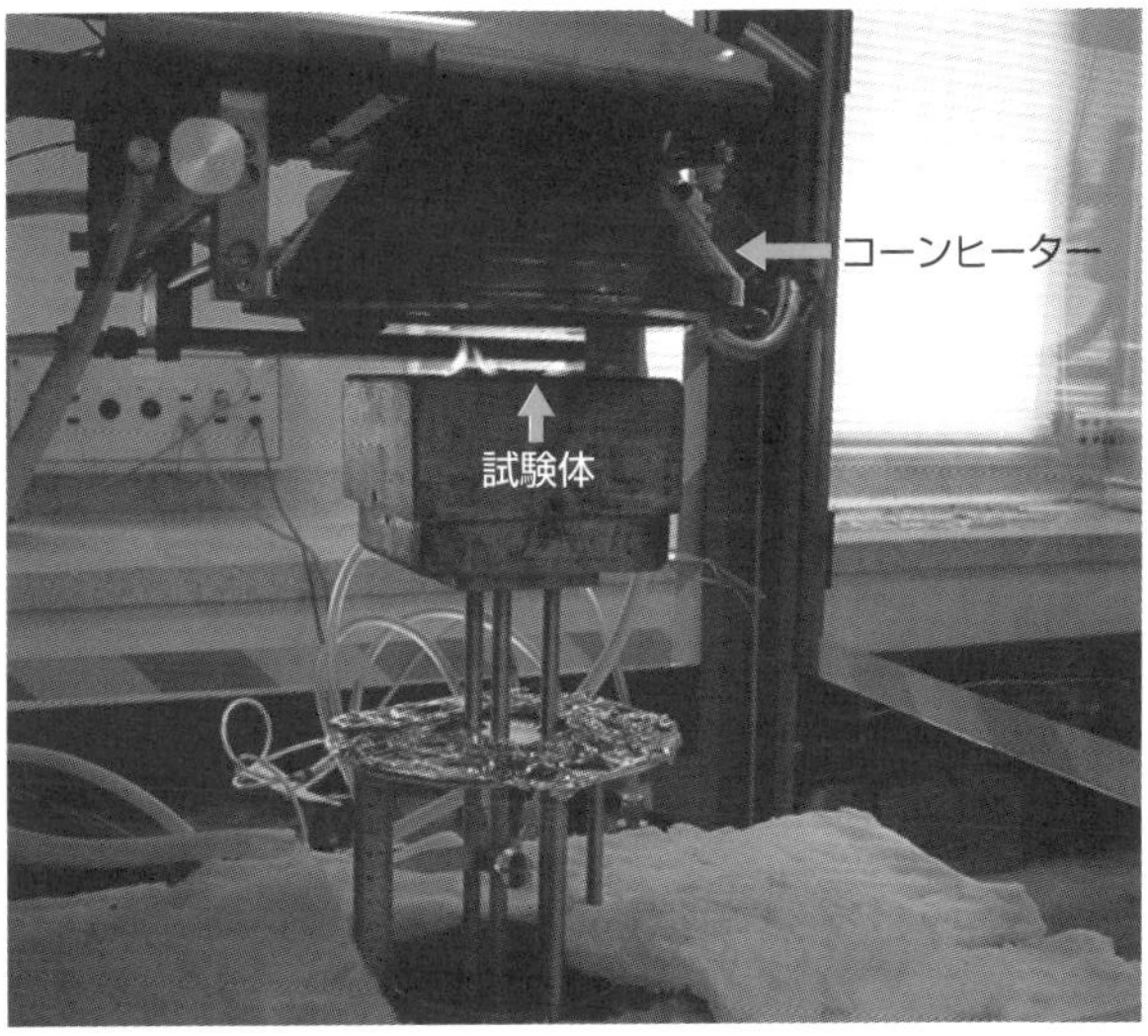

コーンヒーターに熱せられた試験体が熱分解ガスを放出し、試験体に着火したところ。試験体は50kW/㎡の熱量で熱せられる

表 不燃材料・準不燃材料・難燃材料の概要

材料	要求時間	要求性能
不燃材料（法2条9号）	20分	①燃焼しない ②避難上有害な煙などを出さない ③防火上有害な変形、亀裂などの損傷を生じない
準不燃材料（令1条5号）	10分	
難燃材料（令1条6号）	5分	

執筆：安井昇

79 経年変化とメンテナンス①

- 使用材料と部位、塗装で異なる
- 定期的なメンテナンスを考慮した設計が求められる

材料、部位、塗装の有無で異なる

木材のメンテナンス方法は、「使用材料」「使用部位」「仕上げの塗料」により異なる。ここでは、一般的なメンテナンス方法について述べるが、塗装している場合は、基本的に、使用した塗料のメンテナンス方法に従うのがベストであることに留意してほしい。

外壁のメンテナンス

外壁には一般に、スギ、ヒノキ、ヒバ、カラマツ、ベイスギ（カナダスギ）などの針葉樹が使用される。心材を中心に、耐候性の高い成分を多く含む材を安定的にそろえられ、真っすぐな長材を用意できるためである。

ただし、これらの材を使っても、紫外線の影響で木が痩せる劣化が起こったり、風雨による損傷と腐食による劣化はほぼ確実に起こる（写真1）。

紫外線による劣化から木を保護するには、塗装が有効である。たとえば寺社に使用する木材は、古くからベンガラや墨、朱、漆喰（木口部分）を塗装してきた（写真2）。

現在は、より手間のかからないアルキッド樹脂、植物油性、水性など、さまざまなタイプの塗料が販売されている。一般に、塗料によるメンテナンスは、完成前にメーカーの仕様書通りに仕上げ、2～3年以内に再塗装。その後は様子を見ながら、5年後、10年後と塗り重ねる。

近年見直されている焼きスギは、普段の手入れは不要だが、表面の炭化部分が風化した際は、全面を張り替える必要がある。耐用年数は、通常、約15年といわれている。

同様に、注入材・防腐処理材も、塗装など普段の手入れは不要のものが多いが、劣化して薬剤の効果がなくなれば取り替える必要がある。耐用年数は約10～30年といわれている。

なお、外部の木部は定期的なメンテナンスが不可欠であるため、メンテナンスにかかる費用と作業のしやすさなども考慮した設計をすることが望ましい。

写真1 竣工後4年が経過したカラマツの外壁

クリアーに近い色を塗装したカラマツの外壁。施工後4年が経過し、再塗装の時期（施工後2〜3年）を過ぎており、紫外線による劣化でグレーに変色している

写真2 塗装による社寺建築の保護

日本の社寺建築の多くは木造である。長年風雨にさらされて柱や梁などが変色してくるが、定期的に塗装を行うことで、劣化を防止できる

執筆：西田和也

80 経年変化とメンテナンス②

●針葉樹は広葉樹よりも劣化が早い
●床材は変化を楽しめる素材を選ぶ

デッキのメンテナンス

デッキは木材の劣化速度がかなり早く、外壁の10倍ともいわれる。そのため、高耐久の南洋材が多く使用されるが、メンテナンスは不可欠である。

南洋材は無塗装で使用されることが多く、約半年でグレーに変色する。雨や紫外線の影響である。また、紫外線によって短い繊維がとげ状になる現象もあるため、デッキブラシなどでまめに手入れをしておきたい。

針葉樹の場合は、塗装で保護する。劣化速度が速いため、3～6カ月で最初の再塗装をし、1年後にさらに再塗装する。その後は、様子を見ながら再塗装していく（写真1）。

広葉樹も針葉樹と同様だが、クリなどのように無塗装でよいものもある。だが、タンニン成分が雨などによって溶出することがあるため、塗装でその溶出を抑えた仕上げとすることが望ましい。ただし、塗装が材に浸透し定着するまで時間がかかるため、塗装時の天候には注意が必要である。

床のメンテナンス

床はオイルやワックスで仕上げたほうが、キレイに日焼けする。また、汚れに対する抵抗力も無塗装に比べて高くなるため、普段の手入れが楽になる。

普段のメンテナンスとしては、掃除機をかけ、モップ、から拭きをする。浅い傷や汚れは、サンドペーパーで平滑にし、オイルまたはワックスを再塗装する。小さなへこみにはスチームアイロンが効果的である。へこみ部分に濡らした布をあて、その上からスチームアイロンをあてると復元することが多い。再塗装は、オイルの場合は1年ごと、ワックスの場合は3カ月ごとが一般的である（写真2、3）。

ウレタンやUV仕上げの場合、普段は掃除機やモップがけ、水ぶきでもよい。ただし、塗面がはがれたり割れたりした場合は、全面を剥離させ、再塗装する必要がある。定期的な特別のメンテナンスは不要である。

写真1 ヒバを使用したデッキ

雨や紫外線の影響を受けるため、耐候性の高い樹種を選択する。ヒバはそうした要求にこたえうる材の一つである。ただし、室内に比べて劣化速度が速いので、3～6カ月で再塗装し、1年後にさらに再塗装するなどのメンテナンスが必要だ

写真2 ツガを床に使用した例

竣工直後（左）と10年経過したもの（右）。普段のメンテナンスはモップ、から拭きでOK。浅い傷や汚れがついたらサンドペーパーで平らにし、オイルまたはワックスを再塗装する。竣工時は材本来の明るい色合いだが、年を重ねることで、徐々に光沢が生まれ、深みのある色合いとなる

写真3 カバで仕上げた床

オイルやワックスは、床を保護するだけでなく、日焼けや汚れへの対応策となる。普段のメンテナンスはから拭き程度でよい

執筆：西田和也

た

太鼓梁…… 42、58
打撃音法…… 56
玉切り…… 24
垂木…… 154
単板…… 90
段板…… 128
秩父材…… 35
中温乾燥…… 74
鳥眼杢…… 132
超仕上げ…… 172
低温乾燥…… 74
手刻み…… 26
適寸材…… 60
天カラ…… 110
天杉…… 24
天竜材…… 34
導管…… 100
東濃ヒノキ…… 34
虎斑…… 126

な

中板目…… 141
中杢材…… 141
名栗…… 124
名栗加工…… 142
ナチュラルドライ…… 72
生材含水率…… 55
西川材…… 34
根太…… 154
根太掛け…… 154
ネダノン…… 90
熱伝導率…… 30
野地板…… 154
能登ヒバ…… 35
野縁…… 154
野物…… 154

は

ハイブリッド集成材…… 84
ハイブリットビーム…… 46
端柄材…… 46
葉枯らし…… 24
パーケットフロア…… 130
バットジョイント…… 92
ハニカム構造…… 30
腹…… 52
春材…… 100
半径方向…… 31
比強度…… 30
檜舞台…… 102
ピーラー…… 46
標準偏差と木の特性…… 68
表面加工…… 142
フィンガージョイント… 83、86
フィンガージョイント加工… 142
分決め…… 172
物理的工法…… 170
プレカット加工…… 26
プレーナー加工…… 56
平衡含水率…… 54
ベイド工法…… 170
ベルトサンダー…… 172
辺材…… 70
朴歯…… 120
放射孔型…… 100
ポータブルサンダー…… 172
本実…… 88、142
本柾…… 141

ま

柾目…… 140
柾目取り…… 141
松坂材…… 35
丸太の寸法…… 58
丸太梁…… 42
未仕上材…… 62
未成熟材…… 70
民材…… 38
ムク材…… 80
無等級材…… 66
無等級材の基準強度…… 67
雌松…… 42
木材供給量の推移…… 29
木材強度…… 60
木材需要…… 22
木材の含水率推移…… 55
木材の自給率…… 23
木材の防火性能…… 32
木材の割れと強度…… 76
木材流通…… 26
目視等級区分…… 64
目視等級の表示…… 65
元口…… 52
モルダー…… 142

や

谷地ダモ…… 128
山武スギ…… 35
八溝材…… 34
雇い実…… 142
ヤング係数…… 56
用途別木材需給の動き…… 23
吉野材…… 34

ら

ラーチ…… 110
レッドファー …… 46

索引

数字・アルファベット

4面モルダー……173
D（乾燥材）……62
FFTアナライザー……56
FIPC……78
JAS……58
──製品の規定……58
──認定工場……56
KD材……68
LVL……82
LVLの製造方法……93
MDF……82
MDFの製造方法……95
SD……62
SFC……78
SGEC……78
OSB……82

あ

相决り……142
青森ヒバ……34
秋材……100
秋田スギ……34
赤身……72
アテ……52
アテ材……114
荒板……154
イエローファー……46
板目取り……140
異方性……77
違法伐採……28
エアドライ……72
大分材……35
大多喜スギ……35
岡山材……35
乙種構造材……64
飫肥スギ……34
雄松（男松）……42

か

加圧注入材……149
仮導管……100
金山スギ……34
環孔型……100
官材……38
含水率基準……62
含水率計……63
乾燥応力と割れ……76
貫通割れ……76
木裏……140
木表……140
機械式サンダー……172
機械等級区分……64
紀州材……34
基準強度判定……66
木曽ヒノキ……35
木取り……102
伐り旬……24
久万材……35
グリーン材……154
グレーディング……52
形状加工……142
結合水……54
減圧式……74
高温乾燥……74
甲種構造材……64
高周波……74
構造用Ⅰ……64
構造用Ⅱ……64
合板の製造方法……91
高野マキ……24
国産材……22、24
国産材の樹種別供給量……23
木口割れ……76
五木……116

さ

逆さ柱……52
散孔型……100
サンダーがけ……172
仕上げ加工……142
仕上材……62
実荷重測定式……56
自動カンナ……173
自由水……54
柔細胞……100
集中節……108
蒸気式……74
白太……72
心材……70
心去り材……77
心持ち材……77
水分傾斜……54
末口……52
スカーフジョイント……93
背……52
せい……58
製材の寸法……58
成熟材……70
接線方向……31
背割り……72、73、76
繊維方向……31
繊維飽和点……62
旋回木……40

木の研究会メンバー （順不同）

「木の研究会」は、NPO法人家づくりの会に所属する建築家がコアメンバーとなった、「木の家」に関心を持つ有志の集まりです。建築素材としての「木」について、より理解を深め、「木」を扱うノウハウのより確かな技術の獲得を目指しています。同時に、木に関わる人達とのネットワークを構築し、その成果を専門家向けに公開し、一般の人にはセミナーや見学会などを通じて、「木」の家づくりの質的向上に向けて活動しています。

古川　泰司　（アトリエフルカワ一級建築士事務所　家づくりの会）

松澤　静男　（マツザワ設計一級建築士事務所　家づくりの会）

松原　正明　（松原正明建築設計室　家づくりの会）

金子　真治　（金子製材）

西田　和也　（岡崎製材所）

堀井　満夫　（堀井工務店）

松浦　　薫　（協和木材）

浅葉　健介　（日本ボレイト）

井上　泰一　（井上建築工業）

岩坂　　将　（鳥取CLT）

小野塚彰宏　（オノツカ）

神谷　文夫　（セイホク）

惟村　憲司　（堀井工務店）

阪口　浩司　（阪口製材所）

芹沢　一明　（山崎工務店）

中島　創造　（中島工務店）

長野　麻子　（林野庁林政部木材利用課）

野口　泰司　（野口泰司建築工房）

藤田　宏匡　（イケダコーポレーション）

堀井　良夫　（堀井工務店）

丸山　純夫　（U建築工房）

安井　　昇　（桜設計集団一級建築士事務所）

安田　哲也　（サウンドウッズ）

吉田　孝久　（長野県林業総合センター）

渡辺　ガク　（g_FACTORY）

資料協力者（順不同）

アルファフォーラム
金山チップセンター
北村建築工房
森林総合研究所
全国LVL協会
全国木材検査・研究協会
東北合板工業組合
富野工務店
中川木材産業
長野県林業総合センター
日本エンバイロケミカルズ
日本合板工業組合連合会
日本しろあり対策協会
日本住宅・木材技術情報センター
日本木材総合情報センター
ビジオ
Piccolo：木構造計画
フェアウッド
北海道立総合研究機構森林研究本部林産試験場
ナチュラルウッド
林友
田鉄産業
山儀製材所
とくもく首都圏
アトリエボンド
兼松日産農林
森博建築設計所　家づくりの会
半田雅俊設計事務所　家づくりの会
U設計室　家づくりの会
川口通正建築研究所　家づくりの会
橘　明夫（橘商店）
麻生　翼
森未来
もくもく
アメリカ広葉樹輸出協会

世界で一番やさしい　木材
最新改訂版

2020年10月16日　初版第１刷発行

著　者　木の研究会

発行者　澤井聖一

発行所　株式会社エクスナレッジ
〒106-0032
東京都港区六本木7-2-26
https://www.xknowledge.co.jp/

問合わせ先
編集　TEL：03-3403-1381／FAX：03-3403-1345／info@xknowledge.co.jp
販売　TEL：03-3403-1321／FAX：03-3403-1829

無断転載の禁止
本誌掲載記事（本文、図表、イラスト等）を当社および著作権者の承諾なしに無断で転載（翻訳、複写、データベースへの入力、インターネットでの掲載等）することを禁じます